JN099429

MINERVA
はじめて学ぶ
保育

9

名須川知子/大方美香
|監修|

インクルーシブ保育論

[第2版]

伊丹昌一

|編著|

ミネルヴァ書房

監修者のことば

　本シリーズは、保育者を志す人たちが保育を学ぶときにはじめて手に取ることを想定したテキストになります。保育や幼児教育、その関連領域に関わる新進気鋭の研究者や実践者の参画を得て、このテキストはつくられました。

　2015年に「子ども・子育て支援新制度」がスタートし、今春には新しい「保育所保育指針」「幼稚園教育要領」「幼保連携型認定こども園教育・保育要領」が告示されました。新「保育所保育指針」においては0〜2歳児の保育の充実や、保育所における幼児教育の重要性が提示され、「幼稚園教育要領」では、3歳児からの教育の充実、「幼保連携型認定こども園　教育・保育要領」では、0歳児からの3つの視点と、3歳児からの5つの領域の連続性が示されています。また、指針・要領共通で、小学校からの学びの基盤としての「幼児期に育みたい資質・能力」が10項目の形で提示されました。

　つまり、これから保育者を目指す人たちは、今後は保育所・幼稚園・認定こども園が共通の枠組みで、高い専門性をもって、子どもの健やかな育ちや豊かな学びを支えていく時代となる、ということを理解しておかなくてはなりません。

　また、新指針・要領においては、保育における全体的な計画の作成や評価のあり方、また、小学校への接続についても充実を図る必要性が示されました。保育者は、乳幼児の自発的な遊びのなかでの学びをとらえ、一人ひとりの子どもの成長発達に合わせて、小学校へつなぎ支えていく役割であることが、ますます求められています。

　保育をめぐる現在の動向は日々変化しており、まさに激動の時期といえます。最新の動向を常に学ぼうという姿勢が、これからの保育者にはますます必要となるでしょう。そこで本シリーズでは、保育者が知っておくべき最新の動向については豊富に、これから学ぼうとする人にもわかりやすく解説しています。一方で、昔から変わらず重要とされている基礎的な事項についても押さえられるように配慮してあります。また、テキストを読んだあとで、さらに学習を進めたい人のための参考図書も掲載しています。

　みなさんが卒業し、実際に保育者になってからも、迷いがあったときや学びの振り返りとして、このテキストを手元において読まれることを期待しています。

2017年9月

名須川知子

大方　美香

はじめに

　本書の改訂にあたっては、2018（平成30）年4月に施行された「保育所保育指針」「幼稚園教育要領」「幼保連携型認定こども園教育・保育要領」の3法令のねらいを踏まえています。

　また、日本の法律における診断名の根拠となっている、世界保健機関（WHO）が国際疾病分類である「ICD」を約30年ぶりに改訂し（2019年5月採択「ICD-11」）診断名を大きく変更しました。日本での適用にはしばらく時間がかかりますが、今回のテキスト改訂においては、「ICD-11」の日本での適用に先がけて診断名を新しくし、「新しい考え方」に基づいた視点で解説を行っています。「新しい考え方」とは、ICF（国際生活機能分類）の考え方であり、「障害」を固定的なものとしてとらえるのではなく、「健康状態」としてとらえ、「心身機能・身体構造」「活動」「参加」といった「生活機能」と「環境因子」、「個人因子」といった「背景因子」の要素が影響しあって「健康状態」はプラスにもマイナスにもなり得るとしています。その考え方を受けた「ICD-11」では、「○○障害」が「○○症」という診断名になっています。

　つまり、人の生まれながらのやりにくさや困難を「障害」というマイナスイメージでとらえるのではなく、「症状」としてとらえ、「生活機能」と「背景因子」との相互作用によって「障害」になり得るという考え方です。

　この考え方はインクルーシブ保育においても非常に重要で、子ども本人のみの努力で困難を克服させようとするのではなく、保育者や保護者、まわりの子どもたちとの相互作用のなかで、どのように困らない環境をつくっていけるかという視点を大切にしなければなりません。

　また、関わり方で配慮が必要な子どもは"困った子ども"ではなく、"困っている子ども"です。子ども本人はわざと困った行動をしているのではなく、「ぼく、私は困っている」とのサインを発信しているのです。配慮が必要で困るのではなく、困っているのは「子ども自身」です。ぜひ、子どもの困難に共感して、「困った子ども」から「困っている子ども」へとその見方を変え、子どもの立場に立ってこれまでの関わり方や声かけを見直すことにより、何らかの困難を有する子どもとその他の子どもがともに遊び、ともに学び、ともに育つ保育をめざしてください。

　2021年7月

伊丹　昌一

第 4 章　家庭及び自治体・関係機関との連携

資料編

第 1 章

障害児保育を
支える理念

本章では、「障害」に対する正しい理解について歴史的変遷を踏まえながら学びます。また、障害児保育を支える理念である「インクルーシブ」保育とはどのような考え方であるかについても理解していきましょう。

「障害」の概念と障害児保育の歴史的変遷

本レッスンでは、「障害」の概念の正しい理解と障害児保育のこれまでの経緯からの歴史的変遷を学びます。そして、現在のインクルーシブ保育にどのようにつながったのかを学んでいきましょう。「障害」の概念は、生まれながらのやりにくさではなく、健康状態や環境との相互作用のなかで起こる困っている状態ととらえるように変わっていることに注意が必要です。

1. 「障害」の概念

1 気になる子どもへの支援のために

保育所（園）や幼稚園は子どもたちにとって、はじめての集団生活を経験する場となります。家庭での保護者中心の関係から、同年齢の集団はもとより、異なる年齢集団の子どもたちと生活することで大きな成長の姿を見せてくれます。また、保育所や幼稚園における**保育者**との関わりは、はじめて出会う保護者以外の大人として、子どもたちのその後の長い人生に大きな影響を与えます。

保育所や幼稚園全体を見渡すと、子どもたちは楽しそうに過ごしているように見えますが、一人ひとりに視点を移すと、なかには困っている子どももいます。保育者が子どもたちの困っている様子に気づくことで、「先生にわかってもらえて安心」という気持ちが芽生え、保育所や幼稚園での生活に不安がなくなります。不安がなくなると、子どもたちはいろいろなことにチャレンジし、さまざまな成功の体験を重ねます。そしてその後、とても成長します。それに何よりも、小学校に入学することをとても楽しみにするようになります。保育者との信頼関係が、今後の社会生活の基盤となるといっても過言ではありません。ですから、子どもたちの困りごとに気づく力を高めていくことが大切なのです。

では、困っている子どもに対してどのように気づけばいいのでしょうか。

保育所や幼稚園に**巡回相談**[*]に出かけると、子ども集団という視点で見たときにはすべてが楽しそうでいきいきとしているように見えても、一人ひとりの子どもに視点を移すと、子どもたちの行動には気になることもあることが見えてきます。

写真①と写真②を見てみましょう。

写真① 写真②

　左の写真①のように、集団のなかで楽しそうに遊ぶことができる子どももいれば、写真②のように集団に入らずに一人で泥んこ遊びをする子どももいます。「クラスのみんなが楽しそうにプールで遊んでいるのに、なぜこの子は集団に入らないのだろうか？」「集団に入るように促しているのに、なぜずっと一人で自分の遊びたい遊びを続けるのか？」といったことがとても気になると思います。この子どもは何かに困っているのでしょうか。ほかの場面でも同様に集団に入ることができないのでしょうか。

　気になる子どもたちの背景には、月齢差、粗大運動や微細運動の不器用さ、対人関係・コミュニケーションのとり方の違和感、こだわりの強さ、感覚の過敏さや鈍感さ、動きや衝動性の強さ、注意の集中困難、見え方や聞こえ方の違い、発達の遅れなど、多くのものがあります。

　気になる行動を示す子どもを保育していると、保育者としてはついつい、「困ったなぁ……」と思いがちですが、この子どもたちは本当に「困った子どもたち」でしょうか。

　たいていの気になる行動は、一見するとどの子にも当てはまる行動かもしれませんが、一部の子どもにとっては困っていることのサインかもしれません。保育者に一生懸命、自分のつらさやわかってほしいことを訴えたいけど、自分の思いをうまく言葉や態度で表現できずに、気になる行動をしてしまっているのかもしれません。

　したがって、気になる行動をする子どもがいたとしても、頭ごなしに「困った子ども」としてとらえるのではなく、「困っている子ども」としてとらえることが大切です。保育者が子どもの困りごとに気づき、それを否定することなく共感し、子どもとの信頼関係をつくったうえで、気になる行動ではなく、よい行動を誰の前でも自分からできるように指導しなくてはなりません。

　それとは逆に、気になる行動をする子どもを「困った子ども」として保育しようとすると、どうしても、気になる行動をやめさせようとする

対応のみになってしまう可能性があります。保育者が一生懸命になって気になる行動をやめさせようとしても、子どもにとっても保育者にとってもつらい思いをすることになり、かえって問題を悪化させることになりかねません。子どもの気になる行動を頭ごなしに否定し、強い叱責（しっせき）で子どもを抑えつけることで、気になる行動は見えなくなるかもしれません。しかし、子どもはどのように正しく行動すればよいのかわからず、いつ保育者に叱られるかわからないという不安な毎日を過ごすことになります。また、強く叱責しない保育者の前では余計に気になる行動がひどくなるといったことも起こります。このような対応を続けていると、子どもはさらに不安を強め、保育者の顔色を見てびくびくと毎日を過ごすという不幸な結果となります。

　大切な子どもを人の顔色で行動するような人間にしないために、自らの力で、よい行動を誰の前でも自発的にできるよう支えることが大切です。そのためにも、「困った子ども」としてとらえるのではなく、「困っている子ども」としてとらえることから保育をスタートしましょう。

2 ▶「障害」とは

　困っている子どもたちのなかには、生まれながらにして、何らかのやりにくさを有する子どもがいます。なかには、それで「障害」とよばれる"状態"になっている子どももいます。保育者は医師ではないので、目の前にいる子どもに「障害」があるのかどうかということが問題ではなく、どのように保育すれば困らないようになるかということが重要です。ですから、安易なラベリングにつながる診断まがいのことは避けなければなりませんが、子どもたちのやりにくさの背景にある「障害」という状態について理解を深めることは、子どもの努力の問題や保護者の養育態度などを否定しない"誰も責めない支援"のために必要なことです。

　それではそもそも「障害」とは何なのでしょうか。

　「障害」とは、個人の精神、身体における一定の機能が、比較的恒久的に低下している状態をいいますが、その概念は社会情勢とともに変化しています。

　国際的な動向としては、障害者の社会参加に関する取り組みの進展を踏まえて、2006（平成18）年12月、国際連合総会において**「障害者の権利に関する条約」**（以下：「障害者権利条約」）が採択され、障害者の権利や尊厳を大切にしつつ社会のあらゆる分野への参加を促進することが合意されています。わが国も2007（平成19）年にこの条約に署名し、その後「障害者基本法」の改正、2013（平成25）年には「障害を理由とする差別の解消の推進に関する法律（以下：障害者差別解消法）」の成立（施行は2016［平成28］年）など必要な法令の国内整備の段階を経て、2014（平成26）年1月20日に障害者権利条約を**批准**[*]しました。

参照
障害者権利条約
→レッスン2

　国内においては、1993（平成5）年の「障害者基本法」の改正をはじめとして、障害の有無にかかわらず、国民の誰もが相互に人格と個性を尊重し支え合う共生社会を目指した施策が推進されてきました。その後、2003（平成15）年度を初年度とした「障害者基本計画」により、障害者本人の自己選択と自己決定のもとに、社会のあらゆる活動への参加を一層促す施策が積極的にすすめられているところです。

※ 用語解説
批准
条約を最終的に国として同意・確認したことを表す。

　このような社会情勢の変化にともない、「障害」のとらえ方にも変化がありました。それまで、世界保健機関（WHO）が1980（昭和55）年に発表した**「国際障害分類（ICIDH：International Classification of Impairments, Disabilities and Handicaps）」**によって、疾病等に基づく個人のさまざまな状態を分類していましたが、各方面から、疾病等に基づく状態のマイナス面のみを取り上げているとの指摘から、2001（平成13）年5月の総会において、従来のICIDHの改良版として**「国際生活機能分類（ICF：International Classification of Functioning, Disability and Health）」**を採択しました（図表1-1）。

　ICFでは図表1-1のように、人間の生活機能は「心身機能・身体構造」「活動」「参加」の3つの要素で構成されており、それらの生活機能に支障がある状態を「障害」ととらえています。「障害」を固定的なものととらえることなく、健康状態や環境因子との相互作用のなかで起こる状態としていることに注意が必要です。

　また、図表1-1のなかには「障害」という言葉が使われておらず、生活機能のプラス面を特に強調したモデルになっています。

　たとえば、脳性まひという健康状態のAちゃんをICFモデルによってとらえると、「園庭で友だちと遊ぶことができない原因」は、歩行な

✳用語解説

心身機能
身体系の生理的機能のこと
（心理的機能を含む）。

身体構造
器官・肢体とその構成部分
などの、身体の部位のこと。

活動
課題や行為の個人による遂
行のこと。

参加
生活・人生場面への関わり
のこと。

環境因子
人々が生活する物的環境や
社会的環境のこと。

個人因子
健康状態や健康状況以外の
その人の特徴。

図表 1-1　ICFの構成要素間の相互作用

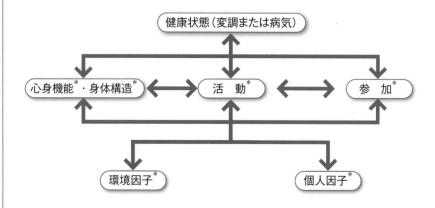

図表 1-2　ICIDHの障害モデル

どの本人の移動の難しさのほかに、

・でこぼこな地面、車いすの性能、本人の内向的な性格など。

・まわりの子どもたちの雰囲気を気にする保育士の存在。

・家庭での対応も含めてあまり外出する機会がないから、車いすで移動
　する力も伸びず、近所の人たちと接する機会も減り、ますます外出し
　にくくなっている。

というように、健康状態の変調などを環境因子と個人因子の相互作用と
してとらえるようにしており、その人の生活全体を理解しようとしてい
るモデルだといえます。

　それと比較してICIDHでは、図表1-2のように矢印が一方向で、疾
病などに基づく状態のマイナス面のみが強調されています。

　ICIDHでは、障害を「機能・形態障害（impairment）」「能力障害
（disability）」「社会的不利（handicap）」という3つのレベルでとらえ
ています。

　「機能・形態障害（impairment）」とは、何らかの疾患や変調により、
体の機能の一部に喪失や異常が生じることをいいます。

　「能力障害（disability）」とは、「機能・形態障害（impairment）」によっ
てもたらされる生活するうえでの困難（活動の制限や欠如）を表してい
ます。

　図表1-2にもある「社会的不利（handicap）」とは、社会との関わり

のなかで生じる不利益ということになります。たとえば、障害のある子どもが一生懸命に**サイン言語**[*]を学んだとしても、まわりの子どもたちにとってサイン言語の意味がわからなければコミュニケーションとしての意味をもたず、集団のなかで生活するときの障壁になるといったことです。先ほどのＡちゃんをICIDHでとらえると、「脳性まひにより下肢にまひがあるため、歩行には制限がある。したがって、園庭へ遊びに行きたくても行けない」といったように、社会的不利を安易に疾患や変調に結び付けるという一方的な考え方になってしまいます。

　医学の診断においても、子どもが生まれながらに有する困難をいきなり障害と診断するのではなく「症状」としてとらえ、社会生活を送るうえで（環境と個人の相互作用で）困難をきたす状態になれば「障害」と診断するという方向に来ています。2014（平成26）年に出版された『DSM-5 精神疾患の分類と診断の手引』（日本精神神経学会日本語版用語監修、髙橋三郎・大野裕監訳、American Psychiatric Association 編、医学書院：以下、本テキストにおいては『DSM-5』と表記する）においては、「発達障害」を発達症、「知的障害」を知的発達症、「注意欠如多動性障害」を注意欠如多動症というように併記するようになっています。2019年に改訂された『ICD-11』においても同様の表記になる予定です（WHOでは2022年1月発効予定）。

　保育所や幼稚園におけるインクルーシブ保育のスタートは、はじめに診断ありきではありません。子どもが困っていれば助けるのは当然のことです。しかし、診断そのものを否定するものでもありません。診断によって子どもの困りごとがさらに深く理解できることもありますし、子

✳ 用語解説

サイン言語
音声言語や文字でのコミュニケーションが困難な場合に用いられる、手話などのサインを用いて行われるコミュニケーションのこと。

✚ 補足

ICD-11
WHO（世界保健機関）が作成した世界中の疾病、傷害および死因の統計分類。正式には、International Statistical Classification of Diseases and Related Health Problems（疾病及び関連保健問題の国際統計分類）の第11版。2019年に改訂（採択）され、今後日本でも適用される予定。

生涯にわたる一貫した支援のために

どもを支援する者の間で、子どもの状態を正しく共有することもできます。また、保護者にとっても、子どものやりにくさは自分の育て方のせいではなく、生得的なやりにくさに起因するものだと理解することになり、保護者や子どもによっては非常に役に立つこともあります。しかし、子どもに関わる機関ではその役割が違うということを認識しなければなりません。保育する子どもにどのような障害特性があるのかを診断するのは医師などの専門機関の役割で、保育者はどうしたら子どもが困らないようにするのかを考えることが役割です。その役割分担を明確にしたうえで、障害児とよばれる状態についての保育のあり方を学んでいただきたいと思います。

2．　障害児保育の歴史的変遷

1　戦前の障害児保育

　家庭の「育児」に対して、社会の手による「保育」が出現したのは200年前のことです。背景には、産業革命による婦人労働の発生による育児困難があげられます。その困難で取り残された子どもたちのために**オーウェン***や**フレーベル***らによって社会的保育施設が設立され、婦人の就業保障と児童保護の両面をもつこととなった保育施設は、身近な施設として各国に広まりました[†1]。

　わが国においては1878（明治11）年に開設された京都盲啞院が国内最初の障害児保育だといわれています。そこでは、聴覚障害児・言語障害児の保育が中心でした。

　肢体不自由児では、東京帝国大学の二代目の整形外科教授であった**高木憲次***がドイツに留学して学んだ肢体不自由児のための治療と教育、職能を一体化したクリュッペルハイムの総合施設を紹介してから（昭和9年）がはじまりだといわれています[†2]。知的発達症児では、1891（明治24）年に**石井亮一***が滝乃川学園を創設したのが最も早いといわれています[†3]。しかし、それらの動きはいずれも個人によって行われたもので、国による援助や制度の確立はありませんでした。

2　戦後の障害児保育

　戦後における障害児保育は、さまざまな法制度が新しく制定され、教育や福祉の制度も徐々に整ってきました。しかし、1947（昭和22）年に「学校教育法」によって特殊教育諸学校（盲学校・聾学校・養護学校）に幼

人物

オーウェン
（Owen, R.）
1771〜1858年
イギリスの社会改革思想家。環境改善によって優良な性格形成を促せるとして先進的な教育運動を展開した保育所の創設者。

フレーベル
（Fröbel, F.W.A.）
1782〜1852年
ドイツの教育者で、幼児教育に生涯を捧げた。「幼稚園」の創始者。

出典

†1　加藤静・宮本康子・山下祐依「明治から昭和初期における保育と現代の保育」『中村学園大学短期大学部「幼花」論文集』1（1）、2009年、24-36頁

人物

高木憲次
1888〜1963年
日本における肢体不自由児教育の創始者で「肢体不自由の父」と呼ばれる。

出典

†2　柴崎正行「わが国における障害幼児の教育と療育に関する歴史的変遷について」『東京家政大学研究紀要』42、2002年、101-105頁

人物

石井亮一
1867〜1937年
日本における知的障害児者教育・福祉の創始者。知的障害児に対する教育に注力した。

稚部を設置することができるようになりましたが、「知的発達遅滞」児のための養護学校幼稚部はほとんど設置が進みませんでした。1950年代から1960年代においては、障害特性が重度である場合は施設にも受け入れられず、「障害」のある多くの子どもたちが自宅で過ごすといった状況がみられました。

　1957（昭和32）年 4 月に「児童福祉法」が一部改正され、新たに精神薄弱児（知的障害児）通園施設が規定されることになり、それ以降、通園施設が全国に設置されるようになりました。

　1950年代から1960年代を通じて、特殊教育諸学校幼稚部は、各都道府県に平均すると数校程度しか存在しておらず、障害児保育の実施機関としては不十分でした。この状況を考慮した文部省（当時）は、1972（昭和47）年に「特殊教育諸学校幼稚部学級設置10年計画」を策定し、これにより、1970年代において、特殊教育諸学校で幼稚部が設置されていきました。

　また、1970年代に入ると、幼児の療育の場が公的に保障されることになりました。1972年に厚生省（当時）が「心身障害児通園事業実施要綱」を策定しました。この「心身障害児通園事業実施要綱」では、その目的を「市町村が通園の場を設けて心身に障害のある児童に対し通園の方法により指導を行い、地域社会が一体となってその育成を助長すること」としており、そしてその対象を「精神薄弱、肢体不自由、もう、ろうあ等の障害を有し、通園による指導になじむ幼児」としました。つまり、この「要綱」において、就学前の障害幼児も通園制の療育施設に通うことが可能になり、また、その親子が居住する地域に、療育施設が設置されることが定められました[4]。

　1980年代に入ると「国際障害者年」（1981年）が国連で決議され、障害の有無によって差別されないという意味である、「**ノーマライゼーション**」の理念のもとに障害児保育に取り組むことが各国に求められました。

3 　現在の障害児保育

　学校教育では、2007（平成19）年から**特別支援教育**が「学校教育法」に位置づけられ、完全実施されています。特別支援教育とは、障害のある幼児児童生徒の自立や社会参加に向けた主体的な取り組みを支援するという視点に立ち、幼児児童生徒一人ひとりの教育的ニーズを把握し、そのもてる力を高め、生活や学習上の困難を改善または克服するため、適切な指導および必要な支援を行うものです。まさに特別支援教育は「障害」のある子どももない子どももともに学ぶ「**インクルーシブ保**

▶出典
†3　小川英彦「石井亮一の知的障害児教育福祉思想に関する歴史研究――1891年から1919年までを対象に」『愛知教育大学幼児教育研究』(12)、2005年、15-21頁

▶出典
†4　末次有加「戦後日本における障害児保育の展開――1950年代から1970年代を中心に」『大阪大学教育学年報』(16)、2011年、173-180頁

参照
ノーマライゼーション
→レッスン2

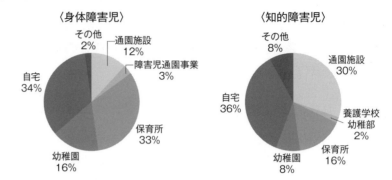

図表 1-3　在宅障害児（就学前）の日中活動の場の状況

〈身体障害児〉
その他 2%／通園施設 12%／障害児通園事業 3%／保育所 33%／幼稚園 16%／自宅 34%

〈知的障害児〉
その他 8%／通園施設 30%／養護学校幼稚部 2%／保育所 16%／幼稚園 8%／自宅 36%

出典：厚生労働省「就学前の支援策」（第 4 回障害児支援の見直しに関する検討会参考資料）2008年をもとに作成

参照
インクルーシブ保育
→レッスン 2

参照
個別の指導計画
→レッスン 9

補足
真のインクルーシブ保育システム
障害のある子どもが集団にいることだけをよしとするような保育ではなく、障害のある子どもを含めたすべての子どもがともに遊び、ともに育つことを意味する。

育システム」構築のためのものであると言えるでしょう。そして、「障害」のある一人ひとりの子どものために、生涯にわたる一貫した支援のために、「幼稚園教育要領」などにも、個別の教育支援計画・**個別の指導計画**の作成や特別支援教育の観点が導入されています。

　インクルーシブ保育に向けた動きが加速しつつあり、就学前の「障害のある子ども」たちへの保育が充実してきているということですが、障害特性の程度が比較的重度な子どもたちはまだまだ自宅で過ごすことが多く、特に知的発達症のある子どもたちは図表 1-3 からもわかるように、自宅が最も多くて36%、通園施設に通う子どもが30%、保育所が16%、幼稚園が 8%となっています。

　このように、**真のインクルーシブ保育システム**の構築に向けて、まだまだ不十分なところもありますが、「障害のある子ども」たちの就学前の受け入れ先として、保育所や幼稚園などの役割は今後さらに大きくなっていくでしょう。

演 習 課 題

①あなたのまわりに暮らす「障害のある人」は、どのような生きづらさをもっていますか。環境因子と個人因子の相互作用で考えてみましょう。
②「障害のある当事者」について書かれた本を読みその心理を学びましょう。
③特別支援教育とインクルーシブ保育システムの関連について考えてみましょう。

インクルーシブ保育とは

本レッスンでは、インクルーシブ保育について学びます。まずインクルーシブという考え方が生まれてきた経緯や、インクルーシブ保育とはどのような保育かについて学びます。また、現代の教育や保育実践を支える理念として、インクルージョンがあげられます。インクルージョンの概念が生まれた経緯、世界的な動きやわが国の取り組み、インクルーシブ保育実践の意義について検討します。

1．インクルーシブ保育という概念が生まれてきた経緯

1 「インクルーシブ保育」という言葉の意味

　現在の障害児保育を支える理念として、**インクルーシブ保育**が叫ばれていますが、どのような考え方でしょうか。インクルーシブ（inclusive）とは「包み込む」「包括的な」という意味をもちます。インクルージョン（inclusion）は、その名詞形で、「包含」「包括」などと訳され、「排除」を意味するエクスクルージョン（exclusion）の対義語となっています。この理念には、今まで排除されてきた人たちの存在を認め、**障害のあるなしにかかわらず、すべての人を社会のなかで包み込んでいこうとする変革**の意味も込められています。

　次頁の図表 2-1 に示すように、わが国（の特別支援教育）は**共生社会**の実現に向かってすすんでいますが、さまざまな考え方が今日の保育や教育に大きな影響を与えてきました。その思想や歴史的な経緯を振り返りながらインクルーシブ保育とは何かについて考えてみましょう。

2 ノーマライゼーション理念の誕生と発展

　インクルーシブ保育という概念誕生の背景には、**ノーマライゼーション**理念の発展が基盤にあり、インテグレーションやメインストリーミングという概念を経てインクルージョンの考え方へと展開してきました。

　一人の子どもを目の前にしたとき、その育ちの様子を障害の「ある」「なし」で、判断することは普通の考え方でしょうか。ノーマライゼーション（normalization）を理解するには、ノーマル（普通）とはいったい何か、当たり前の生活とはいったい何かなどをいったん立ち止まって考える必要があります。ノーマライゼーションは「通常化」や「正常化」と訳され、障害があっても誰でも参加し、普通に暮らせる社会を目

✳ **用語解説**

共生社会
誰もが相互に人格と個性を尊重し支え合い、人々の多様な在り方を相互に認め合える全員参加型の社会のことをいう（文部科学省「共生社会の形成に向けたインクルーシブ教育システム構築のための特別支援教育の推進（報告）」2012年）。

ノーマライゼーション
地域社会のなかで、子どもや高齢者、障害者などがほかの人々と同じようにノーマル（普通）に生きることができる社会づくりを目指すという理念のこと。

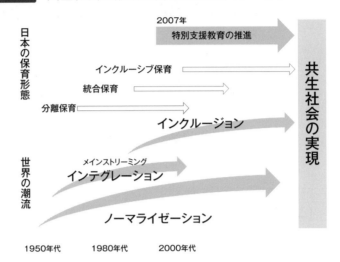

図表 2-1　共生社会の形成に向けた流れ(イメージ)

出典:三木美香「障がい児保育の理念と形態」小川圭子・矢野正編著『保育実践にいかす障がい児の理解と支援』嵯峨野書院、2014年、9-16頁をもとに作成

■人物
バンク゠ミケルセン
(Bank-Mikkelsen, N.E.)
1919～1990年
劣悪な環境の大型施設に収容されていた知的障害児者の処遇に心を痛め、生活条件の改善や法改正のために尽力した。「ノーマライゼーションの父」ともよばれる。

指すという理念です。1950年代のデンマークにおける知的障害児の親の会による運動から誕生した思想であり、**バンク゠ミケルセン***がその理念を「その国で障害のない人が普通に生活している通常の状態と、障害がある人の生活状態とを可能な限り同じにすること」と定義したことに始まります。1960年代以降、スウェーデンをはじめ、その他の北欧諸国から北米へと伝わり、世界に影響を与えていきました。国連では、「知的障害者の権利宣言」(1971年)、「障害者の権利宣言」(1975年)、「国際障害者年行動計画」(1979年)、「障害者に関する世界行動計画」(1982年)などにおいて、基本理念として位置づけられました。

　この理念に基づき、のちのインテグレーション、インクルージョンの実践へと発展していくこととなります。

❸　インテグレーションからインクルージョンへ

　インテグレーション(integration)は、ノーマライゼーションの考え方を受けて生まれてきた概念で、「統合化」と訳されます。それまでの分離教育(分離保育)と相対する考え方であり、社会から分離(セグリゲーション)されてきた障害児を、障害のない子どもと一緒に教育・保育しようとするもので、メインストリーミング(mainstreaming:主流化)ともよばれました。このインテグレーションの考えに基づき、統合教育・保育がすすめられるなど、わが国の障害児保育の推進に大きな影響を与えました。その後、インテグレーションやメインストリーミング

に代わる理念として、1980年代ごろから**インクルージョン**という言葉が
アメリカなどで用いられるようになっていきます。

　1994年、スペインのサラマンカで、「特別なニーズ教育に関する世界
会議」が開かれ、92か国の政府および25の国際組織を代表する300名以
上が参加しました。ユネスコとスペイン政府の協力によって開かれたこ
の会議では、「特別なニーズ教育における原則、政策、実践に関するサ
ラマンカ声明」（以下：**サラマンカ声明**）が採択され、インクルーシブ
教育（inclusive education）のアプローチを促進するために必要な基本
的政策の転換を検討することによって、「**万人のための教育（Education
for All）**」の目的をさらに前進させる必要性を国際社会に呼びかけまし
た。サラマンカ声明が世界の障害児教育・保育に与えた影響は大きく、
この声明によって、インクルーシブの用語が市民権を得たともいえます。
「**特別な教育的ニーズ**（SEN：Special educational needs）」という用語
は、障害のある子どもだけではなく**英才児***、**ストリートチルドレン***や
労働している子どもたちなど、人種・民族・文化的にマイノリティの子
どもたちなども含めた、学習・生活上の困難さを経験している「すべて
の子どもたち」を対象としています。

　人は違いによって区別されるのではなく、どのような子どもも「一人
ひとり違って当たり前」であるという前提に立ち、必要な支援を保障し
ていこうとするのがインクルージョンの考え方です。

４　インクルーシブ教育システム構築の流れ

　2006年、第61回国連総会において「**障害者の権利に関する条約**」（以
下：「障害者権利条約」）が採択され、インクルーシブ教育システム構築
に向けた世界各国の動きが盛んになりました。第24条「教育」の項で
は、「インクルーシブ教育システム（inclusive education system）」とは、
人間の多様性の尊重等の強化、障害者が精神的および身体的な能力等を
可能な最大限度まで発達させ、自由な社会に効果的に参加することを可
能とするとの目的のもと、障害のある者と障害のない者がともに学ぶ
仕組みであり、障害のある者が一般的な教育制度（general education
system）から排除されないこと、自己の生活する地域において初等中
等教育の機会が与えられること、個人に必要な「**合理的配慮**」が提供さ
れることなどが必要とされています。

　わが国は、2007（平成19）年にこの条約に**署名***し、その後「障害者
基本法」の改正、2013（平成25）年には「障害を理由とする差別の解
消の推進に関する法律」（以下：「障害者差別解消法」）の成立（施行は

✳ 用語解説

英才児
ギフテッドともよばれ、内
在的な学習の素質、生まれ
ながらの高い知能や豊かな
精神性を有する子どものこ
と。

ストリートチルドレン
都市の路頭で生活している
子どもたちのこと。

参照
合理的配慮
→レッスン15

✳ 用語解説

署名
ここでいう「署名」とは、
条約の内容について合意を
表明していることを表す。

2016［平成28］年）など必要な法令の国内整備の段階を経て、2014（平成26）年1月20日に「障害者権利条約」を**批准**しました。これによって、障害者施策の一層の推進が、国の内外から求められているところです。教育界では2006（平成18）年に「教育基本法」を改正し、第4条に「国及び地方公共団体は、障害のある者が、その障害の状態に応じ、十分な教育を受けられるよう、教育上必要な支援を講じなければならない」と規定しました。

　翌2007（平成19）年には「学校教育法等の一部の法律を改正する法律」の施行により、それまでの「特殊教育」から「特別支援教育」への転換を図り、障害のある幼児・児童・生徒一人ひとりの教育的ニーズに応じた適切な指導と必要な支援を提供するようになりました。

　また、中央教育審議会による「共生社会の形成に向けたインクルーシブ教育システム構築のための特別支援教育の推進」（2012［平成24］年）の報告では、「学校教育は、障害のある幼児児童生徒の自立と社会参加を目指した取組を含め、『共生社会』の形成に向けて、重要な役割を果たすことが求められている」と述べられています。その報告では、**共生社会**を「誰もが相互に人格と個性を尊重し支え合い、人々の多様な在り方を相互に認め合える全員参加型の社会」と定義し、その形成に向けて特別支援教育を着実にすすめていく必要があるとしました。また、それによって、障害のある子どもだけでなく、学習上または生活上困難のある子どもを含んだ、すべての子どもによい効果をもたらすことができると説明しています（図表2-2）。

図表 2-2　インクルーシブ教育による効果の対象

すべての子ども

学習上または生活上困難のある子ども

障害のある子ども

2．インクルーシブ保育とは何か

1　わが国の障害児保育の形態

　わが国の障害児保育は、分離保育から統合保育そして共生社会を意識したインクルーシブ保育に転換してきていますが、それぞれの形態についてみていきましょう。

　分離保育とは、障害のある子どもと障害のない子どもを別々に保育する形態です。特別支援学校幼稚部、障害児施設などがこれに当たります。専門の教職員が配置され、障害のある子どもの発達状況に応じた特別な設備やカリキュラムなどが充実しており、専門性の高い保育が受けられることがメリットといえるでしょう。

　しかし、子どもは子ども同士のぶつかり合いのなかで成長が大きく促されます。分離保育では、教職員との密接な関係づくりはできても、障害のない子どもとの交流の経験が希薄である点がデメリットとしてあげられます。

　統合保育とは、障害のある子どもと障害のない子どもを同じ場所で保育する形態であり、分離保育では経験できないような刺激を受ける機会も多くなります。では、インクルーシブ保育とどのように違うのでしょうか。障害のある子どもと障害のない子どもが同じ場所で保育されるという点においては、その差がわかりにくいかもしれませんが、子どもをとらえる視点が大きく違います。統合保育は、「障害のある子ども」と「障害のない子ども」を**2つに分け**たうえで統合していくという二元的なとらえ方が前提にあります。したがって、障害に関する専門的知識、教職員の配置・施設設備などの配慮のないまま「場だけの統合」が進み、障害のある子どもへの支援が行き届かないという問題点もありました。一方、インクルーシブ保育は障害の有無にかかわらず一人ひとりがユニークな存在であり、**違っていて当たり前**という前提に立ち、ともに育つ保育を目指している点が大きく違います。

2　インクルーシブ保育の対象

　インクルーシブ保育は、障害のある子どもだけではなく困難さを経験している「すべての子どもたち」を対象としており、どんなに障害の程度が重くても、排除されることなくすべての子どもが包容されている状態を指します。すなわち、すべての子どもに「**合理的配慮**」が十分に提供されている状態ともいえます。インクルーシブ保育を語るうえで、「合

理的配慮」という用語はキーワードとなってきますが、「障害者権利条約」の定義（第2条）において以下のように定義されています（番号と下線は筆者）。

> 障害者が他の者との平等を基礎として全ての人権及び基本的自由を享有し、又は行使することを確保するための[1]必要かつ適当な変更及び調整であって、特定の場合において必要とされるものであり、かつ、[2]均衡を失した又は過度の負担を課さないものをいう。

ここで、自閉傾向のある5歳の男児Aくんを取り巻く子どもたちとそれに関わった保育者のインシデントをみてみましょう。

インシデント①：自閉傾向のある5歳の男児Aくん

　Aくんは、こだわりが強く、思いどおりにならないとものを投げたり大声を出したりするなどたびたびパニックを起こしていた。当初は、Aくんに関わろうとする友だちもいたが、たび重なるパニックをとおして、「Aくんは何したって怒られない」「Aくんには言ったってわからない」などの言葉がささやかれ、関わる子どもが減ってしまった時期があった。担任は子どもたちを集め、Aくんは気持ちを上手に伝えられずにイライラしてしまうことがあるが、いじわるな気持ちでものを投げたり叩いてしまうのでないこと。でもやってはいけないことはAくんもみんなも一緒であること。我慢するのではなくAくんに伝えるか、先生に知らせてほしいことなどを具体的に伝えた。

　その後も担任が周囲の子どもたちの動きに目を配りながらAくんの気持ちを代弁し、双方の気持ちをすくい上げながら保育をすすめていった。トラブルはなくなったわけではないが、まわりの子どもたちはAくんの言動を我慢したり避けたりするのではなく、互いに文句を言ったり助け合ったりするなど双方の働きかけが増えていった。Aくんも少しずつ感情のコントロールができるようになり、おだやかな表情がみられるようになっていった。

　保護者からは「うちの子ども、最近優しくなりました」との声が聞かれるなど、Aくんを取り巻く子どもたちに変化がみられるようになった。

◆ 補足
インシデント
インシデントは、「問題」や「課題」が生じているとされる、一つの「場面」「状況」を切り取ったものを指す。似たような用語に「エピソード」があるが、インシデントと異なるところは、そこに問題や課題を見出さないということである。「事例」というのは、基本情報がある程度整っており、援助方針や計画などを協議するために用いるものである。

　インシデント①は、担任がうまく介入し、子ども同士の理解や助け合いを促すことができた一例であり、前ページの「合理的配慮」の定義下線部 1 に示した、「必要かつ適当な変更及び調整」に該当します。

　インクルーシブ保育は、障害特性のある子どもの行動を何でも許すということでも、あるいは、障害特性のない子どもと同じように何でもさせるような、どちらか一方に我慢を強いる保育でもありません。**すべての子どもが配慮される保育**です。障害のある子どもを受け入れるにあたり、まわりの子どもたちに我慢ばかりを強いる保育は、下線部 2 に示した「均衡を失した又は過度の負担」に当たるといえるでしょう。また、それによって障害のある子どもの存在が疎ましくなってしまうことがあり、障害のある子どもへのマイナスイメージをもたせることにもなりかねません。インクルーシブ保育では、すべての子どもが「ありのままの自分であっていい」という実感がもてるように目を配りながら環境を構成していく必要があります。子ども同士の気持ちの橋渡しをする保育者の役割は大きく、ハード面・ソフト面双方の支援体制が求められます。

3　インクルーシブ保育実践の意義

　障害児保育といえば、障害のある子どもに注目しがちですが、そのほかの子どもにとっても貴重な体験です。インクルーシブ保育の意義について、障害のある子ども本人だけでなく、それを取り巻く、子どもたちや保育者に与える影響について考えてみましょう。

①子どもが障害のある子どもに出会う意義

　「幼保連携型認定こども園教育・保育要領」、「保育所保育指針」、「幼稚園教育要領」を参考に、障害のある子どもとの関わりについて、みていきましょう。

　「幼保連携型認定こども園教育・保育要領」（以下：「教育・保育要領」）[1]では、下記のように述べられています。

> **（1）障害のある園児などへの指導**
> 　障害のある園児などへの指導に当たっては、集団の中で生活することを通して全体的な発達を促していくことに配慮し、適切な環境の下で、障害のある園児が他の園児との生活を通して共に成長できるよう、特別支援学校などの助言又は援助を活用しつつ、個々の園児の障害の状態などに応じた指導内容や指導方法の工夫を組織的かつ計画的に行うものとする。また、家庭、地域及び医療や福祉、保健等の業務を行う関係機関との連携を

▶ **出典**
†1 「幼保連携型認定こども園教育・保育要領」第1章第2の3「特別な配慮を必要とする園児への指導」

> 図り、長期的な視点で園児への教育及び保育的支援を行うために、個別の教育及び保育支援計画を作成し活用することに努めるとともに、個々の園児の実態を的確に把握し、個別の指導計画を作成し活用することに努めるものとする。

▶出典
†2 「保育所保育指針」
第1章3（2）「指導計画の作成」

「保育所保育指針」[†2] では、下記のように述べられています。

> **（2）指導計画の作成**
> キ　障害のある子どもの保育については、一人一人の子どもの発達過程や障害の状態を把握し、適切な環境の下で、障害のある子どもが他の子どもとの生活を通して共に成長できるよう、指導計画の中に位置付けること。また、子どもの状況に応じた保育を実施する観点から、家庭や関係機関と連携した支援のための計画を個別に作成するなど適切な対応を図ること。

とあり、障害のある子どもがほかの子どもとの生活をとおしてともに成長できるよう配慮することが求められています。

「幼稚園教育要領」[†3] では、下記のように述べられています。

▶出典
†3 「幼稚園教育要領」
第1章第5「特別な配慮を必要とする幼児への指導」

> **1　障害のある幼児などへの指導**
> 障害のある幼児などへの指導に当たっては，集団の中で生活することを通して全体的な発達を促していくことに配慮し，特別支援学校などの助言又は援助を活用しつつ，個々の幼児の障害の状態などに応じた指導内容や指導方法の工夫を組織的かつ計画的に行うものとする。

また、「幼稚園教育要領解説」には、「障害のある幼児など一人一人の特性等に応じた必要な配慮等を行う際は、教師の理解の在り方や指導の姿勢が、他の幼児に大きく影響することに十分留意し、学級内において温かい人間関係づくりに努めながら、幼児が互いを認め合う肯定的な関係をつくっていくことが大切である」と記されています。

では、保護者は子ども同士の交流についてどのように考えているでしょうか。田村・根本によるインクルーシブ保育の効果に関する保護者の認識を調査した結果を図表2-3に紹介します。

インクルーシブという用語自体の認識は低かったものの、障害のある

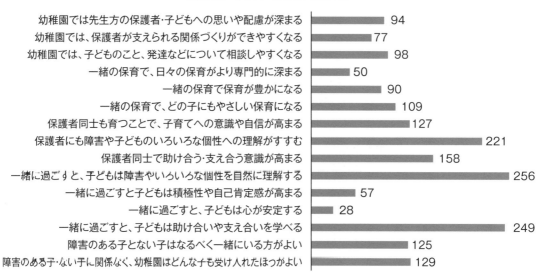

図表 2-3　インクルーシブ保育の効果に関する保護者の認識

複数回答　回答率 96.3%（n:312）

項目	値
幼稚園では先生方の保護者・子どもへの思いや配慮が深まる	94
幼稚園では、保護者が支えられる関係づくりができやすくなる	77
幼稚園では、子どものこと、発達などについて相談しやすくなる	98
一緒の保育で、日々の保育がより専門的に深まる	50
一緒の保育で保育が豊かになる	90
一緒の保育で、どの子にもやさしい保育になる	109
保護者同士も育つことで、子育てへの意識や自信が高まる	127
保護者にも障害や子どものいろいろな個性への理解がすすむ	221
保護者同士で助け合う・支え合う意識が高まる	158
一緒に過ごすと、子どもは障害やいろいろな個性を自然に理解する	256
一緒に過ごすと子どもは積極性や自己肯定感が高まる	57
一緒に過ごすと、子どもは心が安定する	28
一緒に過ごすと、子どもは助け合いや支え合いを学べる	249
障害のある子とない子はなるべく一緒にいる方がよい	125
障害のある子・ない子に関係なく、幼稚園はどんな子も受け入れたほうがよい	129

出典：田村光子・根本曜子「障害のある子を含む保育（インクルーシブ保育）への保護者の意見」『植草学園短期大学紀要』15、2014年、25頁をもとに作成

子どもと一緒に保育されることで、「個性への理解がすすむ」「助け合いや支え合いを学べる」など、肯定的な意見が多くみられました。

　ここで事例をみていきましょう。

　Bちゃんは知的発達症のある5歳女児で、**療育手帳***を所持していました。入園当初は他児との差は目立ちませんでしたが、進級するにつれてコミュニケーション上でのトラブルが頻発するようになりました。トラブルのたびに肩身の狭い思いをしていた母親からの要望でBちゃんの障害について保護者会で説明を行った際に、出席していた保護者の発言の一部を紹介します。

インシデント②：ともに生きるとは

　私の家のまわりには障害のある人だけではなく、外国の人や……いろいろな人がたくさんいます。街にもいろいろな人がいます。そのなかでいろいろな考え方に出会うことで、優しい心や思いやりなどさまざまなことを学んでいます。いろいろな人がいるということを知るだけでも意味があります。手助けをするだけでなく、目にするだけでも意味があります。Bちゃんがいて迷惑だなんて思ったことはありません。むしろ感謝したいぐらいなのです。うちの子はBちゃんのおかげでさまざまなことを教えられています。自分とは

※ 用語解説

療育手帳

知的障害者・児への一貫した指導・相談を行うとともに、これらの者に対して各種の援助措置を受けやすくするため、児童相談所又は知的障害者更生相談所において知的障害と判定された者に対して、都道府県知事又は指定都市市長が交付する（厚生労働省「資料10 身体障害者手帳制度の概要」）。

違った人がいるなかで、勝手に育ってくれます。これは言葉で教えられるものではありません。Bちゃんがいてくれることは、うちの子にとって大変よい経験だと思っているのです。

　Bちゃんの場合、コミュニケーションがとりにくい、他児とのトラブルが頻発するなど、一見好ましくない状況が園内で発生していました。これを手がかかるととらえるか、それによって学ぶことができるととらえるか、その差は大きく、保育のあり方を左右します。「障害のある子どもと仲よくしましょう」や、「人に優しくしましょう」などと口で伝えることも大切ですが、障害のある子どもと実際に接するなかで、子どもみずからが体験的に優しさや思いやりを身につけていくことの効果は計り知れません。「Bちゃんのおかげでさまざまなことを教えられています。自分とは違った人がいるなかで、勝手に育ってくれます」とは、すべての人がともに育つ、まさしくインクルーシブ保育の真髄を言い得た発言ではないでしょうか。

　『新・教育心理学事典』によると、偏見が生じてくるのは就学前後であり、10歳ごろまでにある程度固まってくると述べられています。このことからも、偏見が生じる前の幼児期段階にさまざまな人と出会い、幅広い価値観にふれる経験がいかに大切かがわかります[4]。

▶出典

†4　依田新監修『新・教育心理学事典』金子書房、1979年

　子どもはさまざまな人に出会い、ときには衝突し、折り合いをつけながら育っていくなかで、一人ひとりがユニークな存在であることを知り、コミュニケーションの能力をつけていきます。考え方や価値観の違う人に出会う経験が、その人の人生を豊かにしていくように、幼いころにさまざまな人や子どもに出会うことは、きわめて意義深く、そういった意味でも障害のある子どもとの出会いは、まわりの子どもの人生も豊かにしていくと考えられます。

②保育者が障害のある子どもに出会う意義

　子ども一人ひとりが違うように、障害のある子どももまた、一人ひとり違います。障害児保育において、保育者に求められる役割は何でしょうか。子どもが好きなだけでは保育ができないのと同じく、障害のある子どもを理解したいという思いだけでは対応に限界が生じます。障害のある子どもを理解したい、その子どもの成長を支えたいという気持ちを土台に、障害についての専門的知識や技能を学びながら、目の前の一人ひとりの子どもにていねいに関わっていく姿勢が求められます。

　障害のある子どもと接したり、担当したりすることは、保育者にとってとまどいの経験であることも多く、それまで行ってきた保育ではうま

く対応できないこともあります。これまでの保育の見直しを迫られ、保育者自身の子ども観や保育観が大きく変わることもあります。この変革は、保育者個人だけに求められるものではなく、園全体の保育のあり方に影響を与えます。園全体が連携して障害のある子どもの支援に取り組むことをとおして、保育の質の向上が期待できます。障害のある子どもがいることで、それを取り巻く子どもたちや保育者らが学び、相互の発達を促していくのです。

　また、保育者の態度がまわりの子どもたちに与える影響の大きさも自覚しておかねばなりません。子どもは大人の行動をよく見ており、保育者は子どもにとって家族以外の最も近いモデルとなります。保育者が障害のある子どもを受け入れ、しっかりとした保育観をもってその子に接することによって、それが間接的に子どもの障害特性への適切な理解を促すことになります。

　障害のある子どもの保育をとおして、違いがあってもともに生活していけることを実感し、子どもやそれを取り巻く保育者や保護者らの理解が深まります。多くの障害のある子どもに出会うことで保育者自身も、保育の自信をつけていくことが可能となり、その後に出会う障害のある子どもへの不安も軽減されていきます。違いを排除するのではなく、違いを認め合い包み込んでいくことで保育の質や生活の質が向上し、インクルーシブ保育の実践につながっていくのです。

演 習 課 題

①統合保育とインクルーシブ保育の違いは何でしょうか。具体的な例をあげながら考えてみましょう。

②障害特性とはいったい何でしょう。障害特性があると診断されることのメリットやデメリットについて考えてみましょう。

③ノーマル（普通）とは、当たり前の生活とは、いったいどのような状態でしょうか。障害のある子どもがどのような暮らしをするのが当たり前なのでしょうか。ノーマライゼーションの思想を踏まえて考えてみましょう。

参考文献···

レッスン 1

伊丹昌一編著　『「気づき」からの支援スタートブック──幼児の困難サインを上手に
キャッチする』　明治図書出版　2012年

国立特別支援教育総合研究所編著　『ICF 及び ICF − CY の活用──試みから実践へ
特別支援教育を中心に』　ジアース教育新社　2007年

American Psychiatric Association ／日本精神神経学会日本語版用語監修、髙橋三郎・
大野裕監訳　『DSM-5 精神疾患の診断・統計マニュアル』　医学書院　2014年

レッスン 2

三木美香　「障がい児保育の理念と形態」　小川圭子・矢野正編著　『保育実践にいか
す障がい児の理解と支援』　嵯峨野書院　2014年　9-16頁

文部科学省中央教育審議会初等中等教育分科会　「共生社会の形成に向けたインク
ルーシブ教育システム構築のための特別支援教育の推進（報告）」　2012年

───────
おすすめの 1 冊

**伊丹昌一編著　『「気づき」からの支援スタートブック──幼児の困難サインを上
手にキャッチする』　明治図書出版　2012年**

「障害」に対する ICF に基づく新しい考え方や障害のある子どもを含めたすべての子
どもへの関わり方の基本をわかりやすく紹介している。

第2章

障害の理解と
保育における発達の援助

本章では、各障害に対する理解と、発達の援助を学んでいきます。それぞれの障害の特徴と、具体的にどのような配慮が必要であるのかについて学ぶことは、保育者として大切なことです。

身体面の支援の必要な子どもの理解と援助

症状によっては、身体面の機能が制限されている場合もあります。本レッスンでは、身体面の機能が制限されている子どもへの理解を深めるとともに、どのようなことに注意しながら日々の保育を実践するかを考えます。特に身体面の支援が必要な子どもに対しては、安全・安心がキーワードになります。安全な環境のなかで、安心して過ごせることをとおして発達の促進を目指してください。

1. 身体面の支援の必要な子どもの理解について

1 身体面の支援が必要な状態とは

身体面の支援が必要な状態とはどのようなことでしょうか。それは**子どもの身体機能に何らかの制限がある状態**をいいます。制限が生じた原因はさまざまです。先天性あるいは後天性の何らかの原因で身体機能に制限が生じたと考えます。このような状態にある子どものことを**肢体不自由児**ととらえます。文部科学省は肢体不自由を以下のように定義しています[†1]。

▶ 出典
†1　文部科学省初等中等教育局特別支援教育課「教育支援資料」2013年

> 肢体不自由とは、身体の動きに関する器官が、病気やけがで損なわれ、歩行や筆記などの日常生活動作が困難な状態をいう。

肢体とは体のなかでも上肢（手、腕）、下肢（脚、足）、体幹を指します。この定義のポイントは、**何らかの医学的原因がある、日常生活動作（ADL[*]）に困難が生じ、かつ個人差がある**という点があげられます。医学的原因とは何なのか、日常生活動作の困難とはどのようなことなのかを考えてみましょう。

2 医学的側面について

肢体不自由の原因はさまざまですが、医学的側面からのアプローチは重要です。肢体不自由には**成長過程におけるいずれかの段階での受傷や疾病**が関係しています。それらは先天的あるいは後天的なものに分かれます。

1）先天的：出生時点で四肢体幹の形質や性質に不全があるものをいう。不全の原因は周産期や出生後に見当たらず、出生時

⊞ 用語解説
ADL
（Activities of Daily Living）
摂食、睡眠、着脱衣、移動、衛生、排泄、意思交換などの日常的生活における動作のこと。

◈ 補足
「障害」の表記
インクルーシブ保育の観点やICFの視点から「障害」表記をできるだけ避け、「不全」「症状」（診断名に近い場合は）「症」としている。

点にはその個体に形質や性質が備わっていることをいう。

　2）後天的：出生時点では四肢体幹に形質や性質の不全はないが、成
　　　　　　　育過程における疾病や受傷などで、それらの機能に変化
　　　　　　　をきたしたことをいう。

　このように、生まれた時点で身体機能上何らかの困難がある場合は
「先天性の肢体不自由を有している」となり、出生時点では何ら変化が
なくとも、成育過程で事故にあい、身体機能に支障をきたす場合は「後
天性」となります。さらに、形態的要因による運動不全と、中枢神経系
や筋力の機能に不全が現れる場合とに分けられます。では、医学的側面
からみた先天性の肢体不自由の要因について、多くみられる病気をみて
いきましょう。

①脳性まひ

　肢体不自由の要因となる脳性疾患のなかでも最も多いのは**脳性まひ**で
す（厚生労働省「平成18年身体障害児・者実態調査結果」）。厚生労働
省による脳性まひの定義は次のようになっています[†2]。

> 受胎から新生児期（生後4週間以内）までの間に生じた脳の非
> 進行性病変に基づく、永続的なしかし変化しうる運動および姿
> 勢の異常である。その症状は満2歳までに発現する。進行性疾
> 患や一過性運動障害または将来正常化するであろうと思われる
> 運動発達遅延は除外する

　脳性まひが起こる要因として、出生前には**小頭症**[＊]や**水頭症**[＊]、**脳梁欠
損**[＊]等の脳機能への影響や、遺伝子や染色体の異常などが考えられます。
また出生後の要因としては、胎児期や周産期における低酸素状態や頭蓋
内出血によるものが考えられます。これらの要因から脳の機能に不全が
発生し、身体のコントロールが困難になるのです。

　また、脳性まひはその主な症状から、主に2つの類型に分けて考える
ことができます。

　1）痙直型：脳性まひの約8割を占める。**伸張反射**[＊]の亢進によって四
　　　　　　　肢等の伸展と屈曲が著しく困難になる。

　2）アテトーゼ型：不随意運動型ともいう。四肢等に自分の意思と関
　　　　　　　係なく奇妙な運動が起こる。一部の筋肉に異常な緊張が
　　　　　　　起こるジストニアや手指等のふるえなどの症状も含まれ
　　　　　　　る。

▶ **出典**

†2　厚生省（現：厚生労働省）「脳性麻痺研究班会議」1968年

✺ **用語解説**

小頭症
何らかの原因で脳の発育が遅れる、あるいは停止することで、脳の発育が悪く、頭蓋や大脳半球が小さくなる状態のこと。

水頭症
脳と脊髄の表面（クモ膜下腔）に循環している脳脊髄液が過剰にたまることで、脳室が拡大したり、脳が圧迫を受けたり頭蓋内の圧が高くなったりする状態のこと。

脳梁欠損
左右の大脳半球をつないでいる神経の束である脳梁が欠損している状態のこと。

伸張反射
筋肉に何らかの力を与えた際に、その筋肉が収縮することで生じる反射。

②筋ジストロフィー

　肢体不自由を引き起こす筋原性疾患としては筋ジストロフィーがあげられます。これは**筋原性の変性疾患**[＊]であり、かつ進行性であり、筋力の低下にともない運動機能に困難を及ぼします。遺伝子異常から筋肉の機能が阻害されるのです。筋肉の機能がうまく作用しなければ、歩行や運動はもちろんのこと、呼吸等の体の機能にも支障をきたします。ここでは発症率の高い2つの類型を取り上げます。

　　1）デュシェンヌ型：**X染色体の劣性遺伝**[＊]で**ジストロフィン**[＊]を体内でつくれない。はじめは歩き始めるのが遅いという形で顕在化し、2〜3歳ころまでに発症する。その後、徐々に歩行等の動作が困難になり、車いすでの生活や寝たきりとなることも多い。

　　2）ベッカー型：X染色体の劣性遺伝である。デュシェンヌ型と症状は似ているが、不十分な量でもジストロフィンの生産があるので発症年齢も遅く、進行も比較的ゆっくりな場合が多い。

③二分脊椎

　肢体不自由を引き起こす脊椎脊髄疾患として多いのは**二分脊椎**です。遺伝的要素に胎生期における環境要因が重なり発症するとされています。本来ならば脊椎の管のなかにあるべき脊髄が脊椎の外に出て癒着や損傷しているために起こるさまざまな神経症状の状態をいいます。症状は、下肢のまひや膀胱や直腸に不全がみられます。また、水頭症を合併することもあり、その際は脳圧を下げるために手術が必要なこともあります。

3　日常生活動作（ADL）について

　肢体不自由の状況になると、私たちが日々当たり前のように使っている機能がうまく働きません。

　ベッドの上からの起床場面から考えてみましょう。朝起床すると、まずはベッドから起き上がります。その際には腹筋や腕力を用い、かつ自分の意識を上体に向けることで起き上がるという動作を行うことができます。そして足を床に下ろし、自身の体を支えるようにして立ちます。このときには足の筋肉や腹筋、体幹を支える筋肉などを使っています。そして自身の「歩く」という意識を体に向けることで歩行へとつなげていきます。このような一連の流れを、私たちはあまり意識することなく行っています。では、同じ場面でも、右腕の動きがうまく機能しない場合はどのような様子でしょうか。あるいは、下肢の動きがうまく機能し

✳ **用語解説**

筋原性の変性疾患
筋肉は神経の命令によって動くが、筋肉そのものに原因があり、萎縮し、衰えて変質していき、ついには機能を失うこと。

X染色体の劣性遺伝
X性染色体にある遺伝子の異常。

ジストロフィン
筋細胞の構造を保つためのタンパク質のこと。

ない場合はどのような様子でしょうか。

　肢体不自由の状態では、これらの日常生活動作（ADL）の遂行には多くの場面で困難がともないます。しかし「できない」とは限りません。保育者の関わり方によっては、日常生活動作を子ども自身が行うことは可能ですし、そのような関わりを目指さなくてはなりません。

　そのためには、子どもの置かれている環境、疾病や不全の状態等を理解することが必要です。そのうえで、環境の調整や補助具を用いることで、自身が行動する達成感や自己効力感を高めていくことが望まれます。

　日常生活動作が困難であっても、どのように関わればできるのかを考えることが、保育の専門性であるといえます。その具体的な方法について考えてみましょう。

2.　身体面の支援の必要な子どもへの援助について

1 ▶ 子ども理解

　肢体不自由のある子どもを理解し援助するには、まずその子ども自身をわかろうとすることが必要です。そのためには子どもの育っている環境や、発達の状態等を把握しておくことは大切です。

　　1）環境：子どもがどのような環境、思いのなかで育ってきたのか、
　　　　　　ということは現在につながることであり、子どもの理解に
　　　　　　は必要な視点である。
　　2）発達：病気や疾病の正しい理解と、子どもの発達の状況を把握す
　　　　　　ること。また、子どもがどのような医療あるいは援助機関
　　　　　　に関わっているのか、そこでの援助内容の把握。そして子
　　　　　　どもの発達年齢をとらえることが必要である。

　保育者はこれらの内容を把握して、子どもの様子を確認しながら援助を行います。

2 ▶ 保育場面における援助

　保育場面での具体的な援助内容について考えていきましょう。その前にまず必要なのは、**保育所や幼稚園はあくまでも保育・教育の場である**ということへの理解です。医療機関やトレーニングの場ではない、ということをまず理解しておいてください。本来、保育場面は子どもの発達や興味・関心に合わせた環境設定がなされた場面であり、子どもの育ちには最もふさわしい空間です。そして、保育場面に参加すること自体が、

子どもの有する身体機能を維持促進したり、心理的な意欲を高めるものなのだととらえて保育を実践することが望ましいのです。

①姿勢の維持

　肢体不自由の場合、個人差はありますが、筋力の低さをともなうことから**姿勢の維持が困難**なことが少なくありません。歩行や走ることはもちろん、いすでの座位についても苦手な場合がみられます。いすでの座位のときには、**足が床に着いているか、背もたれとの距離が適切かなどの確認**が必要です。特に両足が床に着くには、図表3-1のような工夫が必要です。両足が床に着くと、体幹を支えて踏ん張る力が身につきます。足の力はもちろんですが、腹筋などにも影響を与えます。そのためにも、**両足が床に着く**、ということは大事なポイントになります。

> **図表 3-1**　いすの高さの調整

　図表3-1はウレタンマットをいすの脚の下と背もたれに入れて、子どもの身長に合わせて高さを調節することができます。ウレタンマットは薄いものを重ねるので、子どもの成長に合わせて2枚を1枚にしたりと調整することができます。また、図表3-2のような工夫も可能です。

> **図表 3-2**　さまざまな高さのいす

　図表3-2はテラスのいすの様子です。いすの脚の高さ、背もたれのあるなしなど、さまざまないすが並んでいます。子どもの発達に合わせて環境構成しているのです。子どもは、まずは背もたれがあり、足が着

くいすに腰かけて靴の着脱を行います。足が着くことで安定した姿勢で着脱が行えます。靴の着脱という日常生活動作を遂行するための環境を整えることで、子どもはその行為に必要な姿勢や筋力を培っていくのです。体のバランスが育ってくると、背もたれがないいすや、背もたれがあっても脚が高いものなど、子どもの発達に合わせて活用することができます。

　また、ただ自力でできるようになることだけが大事なのではありません。自身で日常生活動作を行う達成感や意欲の醸成は、子どもの心理的発達には欠かせないものです。ですから、そこには**保育者が子どもの行為を認める視点**が必要です。保育場面の有効性を考えて、保育内容に少しの工夫を加えながら子どもの発達を見極めて関わることで、子どもへの有意義な援助につながります。環境や保育内容がどのような状態であれば肢体不自由の子どもにとって望ましいのか、保育の専門性を考えながら援助をしていきましょう。

②補助具等の活用

　子どもの状況によっては、**補助具**等の活用は効果的です（図表3-3）。移動を補うものや、行為を補うものなど、さまざまな種類の補助具がありますから、子どもの肢体不自由の状況に合わせて活用することができます。その際には、子どもが関係する医療機関や援助機関の助言を受けながら行うことが望まれます。

　また、保育場面で使用する食器やスプーン、フォークやはしなども、持ちやすい形状のものを活用することも効果的です。それらを使用することで、子どもの日常生活動作の幅が大きく広がります。

図表3-3　さまざまな補助具

シリコン製のスプーン

先が自由に曲がるスプーン

持ちやすいはし

かえしのある食器

　　肢体不自由と一口に言っても、その発生要因、状態はさまざまです。保育者は個々のニーズを把握し、個別に柔軟に対応することができなければなりません。すべてをひとまとめにとらえることなく、目の前の子どものニーズ把握に努める姿勢こそ、保育者のあるべき姿です。

演 習 課 題

①歩行に困難がある子どもが保育室内で快適に過ごせるためには、保育者はどのような環境調整を行うべきでしょうか。
②子どもの身体機能が育つために、保育に、体を動かすどのような遊びを取り入れますか。
③子どもの自立活動を援助するために、保育者間ではどのような連携が必要でしょうか。

レッスン**4**
∙∙∙∙∙∙∙∙∙∙∙∙∙∙∙∙∙∙∙∙

知的な面の支援の必要な子どもの理解と援助
∙∙∙

本レッスンでは、知的な面で発達の遅れがある子どもたちの理解と援助を考えます。私たちはある一定の発達過程を経て成長していきますが、その速度はさまざまです。個々の発達を理解した個別のニーズにこたえるためにも、知的な面で支援が必要な子どものことを理解するよう努めましょう。

1. 知的な面の支援が必要な子どもの理解について

1 知的な面の支援が必要な状況とは？

　子どもはさまざまな遊びをとおして成長します。保育の場で子どもと関わると、1年間の子どもの成長、入園から卒園までの子どもの成長がよくわかります。0歳児で入園したての子どもは、みずから移動することも言葉によるコミュニケーションもままならない状態です。それは0歳児のあるべき姿であり、保育者は抱っこをすることで移動を手助けし、子どもの表情や泣き声から多くの要求にこたえます。その繰り返しが子どもの言葉の獲得や心理的安定、歩行へとつながるのは周知のことです。

　やがて子どもはみずからものに関わり、遊ぶようになります。そして、ものと関わっていた時期から、他者に興味をもち、人と関わる時期へと変化していきます。これが子どもの発達の姿であることは、これまでの学びから理解されていることでしょう。しかし、子どものなかには、適当な年齢に達しても発語の少ない子どもや、友だちとうまく遊べない子どもがいます。そのような子どもは言葉を介してのコミュニケーションが苦手で、自分の思いを伝えることや人の話を理解することが苦手です。

　知的な面の支援が必要な子どもには、保育場面でも**気になる姿**がみられます。言葉の発達が遅いため、自ら他者に働きかけることも難しいし、自身に話しかけられる言葉の内容を把握しかねることもしばしばです。また、友だちへの興味はあっても、ともに遊ぶことが困難な場合もあります。これは、**子どもの知的な面の発達がゆっくりである**ために、遊びのルールが理解できない、遊びのなかで自身の役割がわからないことが原因と考えられます。このような子どもには、遊びや生活場面において、保育者の援助が必要になってきます。

2　知的な面の発達について

　知的な面での支援が必要な状態は、一般的に**知的障害／知的発達症**という言葉で表されます。知的障害については法律上の明確な定義はないが、厚生労働省では以下のように定義しています[†1]。

▶**出典**

†1　厚生労働省社会・援護局「平成17年度知的障害児（者）基礎調査結果の概要」

> **知的障害の定義**
> 　知的機能の障害が発達期（おおむね18歳まで）にあらわれ、日常生活に支障が生じているため、何らかの特別の援助を必要とする状態にあるもの

　なお、知的障害であるかどうかの判断基準は、以下によります[†2]。

▶**出典**

†2　†1と同じ
別記1は掲載を省いた。

> **知的障害の判断基準**
> 　次の（a）及び（b）のいずれにも該当するものを知的障害とする。
> （a）「知的機能の障害」について
> 　標準化された知能検査（ウェクスラーによるもの、ビネーによるものなど）によって測定された結果、知能指数がおおむね70までのもの。
> （b）「日常生活能力」について
> 　日常生活能力（自立機能、運動機能、意思交換、探索操作、移動、生活文化、職業等）の到達水準が総合的に同年齢の日常生活能力水準（別記1）の a、b、c、d のいずれかに該当するもの。

　「知的機能の障害」とは、**言語能力や認知能力などの発達が、同年齢の子どもと比較して遅れがある**ことをいいます。言語能力が発達するときに、子どもは周囲が語る言葉を取り込んでみずからの能力にしていきます。しかし、その取り込みがうまく機能しないと、言語能力の機能の発達は遅れます。また認知能力の発達とは、ものを理解する力を指します。年齢に応じた発達であればものの名称や用途が理解できますが、認知面の遅れがある場合はその点の理解に困難が生じます。このように、言葉の意味の理解と行為に関わる点と、**ものごとの理解における困難さ**が知的機能の障害です。

　「日常生活能力」とは自身で自立した日常生活行為が行えるということです。私たちはさまざまなことを調整しながら日常生活を送っています。たとえば、今日の晩ご飯にカレーをつくろうと考えます。そのため

にはどのような食材が必要かを考えます。不足していれば購入しなければなりません。複数のお店がある場合、どのお店に買いに行きますか？自宅から近いところでしょうか、食材が新鮮であるとされるお店でしょうか、安価なお店でしょうか？　これらのなかから選択する力が必要です。お店が決まれば、そこまでどのような交通手段で買いにいくのでしょうか？　徒歩でしょうか、自転車でしょうか、バスでしょうか？徒歩の場合、信号等の交通法規にのっとった行動が求められます。自転車だと、決まった駐輪場にとめることが必要です。公共交通機関であれば乗車して運賃を支払うことがともないます。これらの行為を理解し遂行することが必要です。お店に到着したら、必要なものを適量選び、代金を支払うことが求められます。自分の予算を検討しながら食材を選ぶことが必要になります。いざ調理になると、どの手順で調理をしていくか、段取りを考える必要があります。また夕食に間に合わせるには時間を逆算して準備を始めなければなりません。このように、一つの料理をつくるという日常場面でも、多くの動作や思考がともないます。これらがバランスよく使われることで日常生活を維持しています。つまり、「自立して移動ができる」力というのは、場の状況に応じてどの手段で移動するかを適切に考えられるように、「移動」という行為ができるかどうかではなく、それを調和させて使われることが重要になるのです。

3 知的障害／知的発達症の分類について

では、知的障害／知的発達症であるということはどのように見極めるのでしょうか。厚生労働省が示している基準は図表4-1、4-2のようになります。

図表4-1、4-2のように知的障害／知的発達症は発達検査を行い、その検査結果の数値をもとに分類されます。これらの数値は子どもの発達とともに変化するので、年に1回程度の適切な時期に再検査を実施することが子どもの発達理解にも役立ちます。しかし発達検査の実施は保護者の意向に沿うものが大きいので、保育者の思いを子どもや保護者に押しつけないような配慮が必要です。

子どもの困難の程度によっては、自治体から**療育手帳**の交付を受けることもできます。これも希望者からの申告によって取得できます。療育手帳とは、各自治体における福祉サービスを受けるためのものです。保育者はこのような知識ももち、必要に応じて保護者に伝えることが望まれます。

また、子どもの困難の程度によっては、保育現場に**加配保育者**[*]が配

参照
療育手帳
→レッスン2

＊ 用語解説
加配保育者
困難のある子どもが生活しやすいよう、配置基準を上回る保育者を配属すること。

33

図表 4-1　知的障害の分類

IQ ＼ 生活能力	a	b	c	d
Ⅰ（IQ　　～20）	最重度知的障害			
Ⅱ（IQ　21～35）	重度知的障害			
Ⅲ（IQ　36～50）	中度知的障害			
Ⅳ（IQ　51～70）	軽度知的障害			

注：1）知能水準がⅠ～Ⅳのいずれに該当するかを判断するとともに、日常生活能力水準がa～dのいずれに
　　　該当するかを判断して、程度別判定を行うものとする。
　　2）身体障害者福祉法に基づく障害等級が1級、2級又は3級に該当する場合は、一次判定を次のとおり
　　　に修正する。
　　　最重度→最重度　重度→最重度　中度→重度
　　3）程度判定においては日常生活能力の程度が優先される。例えば知能水準が「Ⅰ（IQ　　～20）」であっても、
　　　日常生活能力水準がdの場合の障害の程度は「重度」となる。
出典：厚生労働省社会・援護局「平成17年度知的障害児（者）基礎調査結果の概要」をもとに作成

図表 4-2　保健面・行動面の判断基準

領域 ＼ 程度	1度	2度	3度	4度	5度
保健面	身体的健康に厳重な看護が必要。生命維持の危険が常にある	身体的健康に常に注意、看護が必要。発作頻発傾向	発作が時々あり、あるいは周期的に変調がある等のため一時的又は時々看護の必要がある	服薬等に対する配慮程度	特に配慮は必要ない
行動面	行動上の障害が顕著で、常時付添い注意が必要	行動上の障害があり、常時注意が必要	行動面での問題に対し注意したり、時々指導したりすることが必要	行動面での問題に多少注意する程度	特に配慮は必要ない

注：行動上の障害とは、多動、自分を傷つける、物をこわす、拒食の問題等、本人が安定した生活を続けることを困難にしている行動をさす。
出典：図表4-1と同じ

置される場合があります。保育者を増員することが子どもの発達に望ましい、と判断された場合に配置されます。この制度は1974年厚生省（当時）の「障害児保育事業実施要綱」に定められたのをはじまりとし、今も継続して行われています。自治体によって違いはありますが、困難のある子ども2人か3人に保育者1人が増員して配置されることが多いです。この制度も、保護者からの申し出があって審査、加配の決定となります。保育者はこのような制度のあり方についても理解しておく必要があります。

■4▶ 知的障害／知的発達症の原因的理解

　知的障害／知的発達症の背景はさまざまです。何らかのウイルス感染によって脳に影響が出たものや、事故等による脳への損傷という物理的要因や、代謝異常や染色体異常等によるものがあります。ここではダウン症について説明をしましょう。

　ダウン症は染色体異常による疾患です。人間の細胞内の核には、2本で1対の染色体が通常23対（46本）あります。この染色体が何らかの原因により数や形に変化をきたしてしまうことを**染色体異常**といいます。本来2本で1対の染色体ですが、ダウン症の場合は21番目の染色体が3本あります（21トリソミー）。この染色体異常が人の発達に影響を及ぼします。特に染色体に含まれる遺伝子は人の体の構造をつくるのに必要なものですから、21番目の染色体に異常があるダウン症の子どもの身体的特徴は似たものとなります。色が白く、目じりが吊り上がり、鼻が低い顔貌を呈するのが特徴です。同時に先天性心疾患や消化器疾患を有することもあります。これらの特徴を踏まえて関わることが必要です。また、同じダウン症であっても、子どもによって発達の程度は違います。疾患だけで判断するのではなく、子どもの日々の様子から全体像の把握に努めましょう。

　いずれにしろ、脳の機能への影響があり、知的機能の行使に困難がともなうということを理解することが大切です。そして保育現場で大切なのは、原因を追求することよりも、目の前の子どもに何ができるかを考えることです。

　近年の出生前診断はより正確さを増しています。いくつかの染色体異常は、胎児のときから診断されるようになりました。特に2013年度から開始された**新型出生前診断**の精度は上がり、胎児に染色体異常があると診断された場合、90％の夫婦が中絶を選択しているともいわれています。しかし、新型出生前診断やその後の選択の是非よりも、私たちは障害のある子どもや家族が安心して生活できる保育の場をつくるという役割を、社会の一員として考えていきましょう。

参照
新型出生前診断
→レッスン15

2.　知的な面の支援が必要な子どもへの援助について

　ここまで知的な面への支援が必要な子どもの状態を説明してきました。ここでは、保育の現場で、そうした子どもたちにどのように援助するべきかについて考えてみます。

1　保育場面における援助を考える

①子どもの状態を把握する

　まずは**目の前の子どもの発達**を把握することに努めます。たとえば、知的障害／知的発達症の分類はされているものの、軽度と診断された子どもがみな同じ状態であるとは限りません。その子どもの発達、疾患、家族、環境などによって子どもの状態は違ってきます。一人ひとりの子どもの状態を把握し、適切な関わりができるように、子どもの状態を理解するように努めましょう。

　また、重複して何らかの疾患がある場合もあります。疾患に関する知識を身につけておくことは、子どもへの援助に欠かせないことです。

②基本的生活習慣の確立に向けて

　保育の場で日々集団生活を送るには、**基本的生活習慣の確立**が欠かせません。基本的生活習慣が確立されていれば、子どもが自分自身で行う活動の幅が広がるからです。保育は生活の場ですから、排泄、食事、衣類の着脱の機会は多くあります。知的な面の支援が必要な子どもの場合、たとえば子どもの服が外遊びで汚れたら、保育者は着替えをするよう促しますが、子どもは「なぜ着替える必要があるのか」を理解していないこともあります。

　保育の場は集団生活の場です。3歳児のクラスにいても、子どもの発達によっては2歳児の状態ということもあります。実際の子どもの発達に合わせて、関わることが必要です。子どもが着替えることを理解していなければ、理由を繰り返し伝えます。保育者の言ったことを一度で理解できる子どもはいません。何度も同じことを繰り返し伝えることで、子どもは汚れと着替えの関係性に気づいていきます。着替えの際にも、ズボンであれば前と後ろがあること、どこに右足を入れるのか、といったことを一つずつゆっくりと伝えていきます。このように順序を追った**スモールステップ**[*]による対応が必要です。

　また、自分で着替えたりおむつからパンツになり自分でトイレに行けるようになることは、発達としては望ましいですが、そこに「早くできるようになる」という速度は関係ありません。子ども自身が理解して一つずつの行為を獲得することが重要なのであり、早い遅いは子ども個人のペースにすぎません。保育者が焦らずに、じっくりと関わることが大切です。

2　子どもの理解を助ける関わりと環境

　知的な面で支援を要する子どもは、ものごとへの理解に困難がともな

✽ 用語解説

スモールステップ
発達の順序性を活用する。子どもが関わりやすいやさしい課題から取り組む。子どもが理解して動作を行えることを確認してから、少し難しい課題へ取り組むようにする。細かい課題を達成しながら、目標にたどり着くようにする。

います。保育者が話す言葉も、耳慣れない単語や長文だったりすると混乱をきたすことがあります。保育者はできるだけ平易な言葉で、短文による会話を心がけましょう。「靴を履き替えたらおトイレに行って、好きな絵本を読んでお友だちが来るのを待っててね」という文章を考えてみましょう。一文にやるべきことが4つ入っています。理解に困難がある子どもは、最初の一つはわかっても、残りの部分がわからないままになることがあります。文章は区切って「靴を履き替えましょう」「トイレに行きましょう」と、短文で知らせることで、情報を理解することができます。言われたことを理解し、達成できたことは、子どもにとっての自信につながります。子どもの様子を確認しながら、できることを提案する関わりを心がけましょう。

　折り紙や制作などの遊びの際も、保育者がそばにいて援助をすることが望まれます。手順や道具の使い方がわからないままでは、子どもにとって有意義な活動になるとはいえません。子どもの理解度を確認しながら、子どもの手に保育者が手を添えるなどの工夫で子どもの理解は違ってきます。子どもに合わせた関わりを心がけましょう。

　また、**視覚支援**も有効です。クラスの大事なお約束や、手洗いや排泄の手順を子どもがよく見える場所に貼っておけば、子どもはみずから行動することを学びます。子どもの状況に合わせて用いることが望ましいでしょう。

参照
視覚支援の具体例
→レッスン7、レッスン10

3　子ども間の関わりを援助する

　保育の魅力の一つは、**遊びをとおして人との関係性を育てる**ことにあります。知的な面での支援の必要な子どもも、自身のペースで発達していくなかで、周囲の友だちに興味・関心を抱くようになります。しかし、遊びへの参加のしかたが不器用であったり、遊びのルールが理解できなかったり、言葉での表現が苦手なために暴力で対応してしまうこともあります。保育者はどのように関わるべきでしょうか。

　保育者が、知的な面で支援を要する子どもの「友だちと関わりたい」「一緒に遊びたい」という思いをくみ取ることは不可欠です。そのうえで、保育者も一緒に遊びに入り、遊びのルールを伝えたり、思いを伝えにくい子どもの代弁者となることから始めましょう。子どもは集団のなかで育ちます。遊びをより楽しむためにはルールを守ることの必要性や、遊びのなかでさまざまな感情や人との関係を学びます。知的な面で支援が必要な子どもにとっても、ともに遊びの場にいるためには自己の行動を考える機会にもなります。また、友だちと一緒に遊ぶ、ともに何かをつ

くりだす経験は子どもの育ちには不可欠です。人との関わりが同年齢の子どもと比較して未熟なところがあっても、その橋渡しをするのが保育者の役割です。子どもの力、集団の力を信じて、知的な面の支援が必要な子どもが他者に興味をもつようになった成長を喜びながら、さらなる成長のために援助をしましょう。

　このように、知的な面で支援の必要な子どもへは、保育者の理解とそれに基づいた関わり方が必要です。

演 習 課 題

①一日のスケジュールを視覚的にわかるように表示するにはどのような方法がありますか。

②「シャツの前ボタンを自分でとめる」ためには、保育者のどのような関わりが考えられるでしょうか。

③絵の具を使って表現活動をしている際、活動内容を理解しにくい子どもがいた場合、保育者としてどのように対応しますか。

感覚面の支援の必要な子どもの理解と援助

本レッスンでは、視覚、聴覚、嗅覚などの感覚面において、支援を必要とする子どもの理解とともに、その具体的な援助の方法について学びます。子どもの感覚面における発達を把握するとともに、感覚面の支援を必要とする子どもの状態を理解し、適切な支援の実施をすることが大切になります。

1. 感覚について

1 ▶ 感覚の起こるしくみ

感覚とは、光、音、においなどの刺激を感じる働きと、それによって起こる意識のことを示し、視覚、聴覚、嗅覚などがあります。「いちごは赤い」「ごはんは白い」などのように、さまざまな物質の色を識別したり、太陽の光を感じたり、「何かの音が聞こえる」と感じる意識の過程のことをいいます。

どの感覚も、その反応が起こるためには、目・耳・鼻・舌・皮膚などの各感覚器官が、光、音、においなどの刺激（感覚情報）を受け入れ、感覚ごとに違った経路でその情報が感覚神経を通じて、脳の表面部分にあたる大脳皮質の感覚野に伝えられます。目から入った情報は視覚野に、聞いた情報は聴覚野にと、それぞれ違う感覚野に伝えられ、感覚が発生します（図表5-1）。そして、それぞれの感覚野に相当する脳が働いて、「見える」「聞こえる」「味わえる」といった感覚が発生するしくみになっています。

図表 5-1 視覚情報が処理される経路（感覚野に伝わるまで）

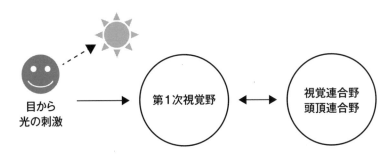

目から
光の刺激 → 第1次視覚野 ⟷ 視覚連合野
頭頂連合野

図表 5-2　感覚の分類

分類	感覚の種類	感覚の受容・伝達
特殊感覚	・視覚、聴覚、嗅覚、味覚 ・前庭感覚（重力・平衡感覚）	目や耳などの特殊な感覚器官によって受容され、脳神経を介して伝達される
体性感覚	・触覚、圧覚、冷覚、痛覚（皮膚感覚） ・固有覚（位置覚・運動覚・抵抗覚・重量覚）	関節や皮膚・筋肉などからの刺激を伝達し、表在感覚（皮膚感覚）と深部感覚（固有覚）に分類される
内臓感覚	・臓器感覚、内臓痛覚	内臓の受容器によって受け入れられ、反射などに関係している

2　感覚の種類

　感覚は、受容する感覚器官の違いによって、大きくは、特殊感覚・体性感覚・内臓感覚の 3 つに分類されます。いわゆる五感（視覚［見る］・聴覚［聞く］・嗅覚［嗅ぐ］・味覚［味わう］・触覚［触る］）のほかに、重力や平衡感覚を感じる前庭感覚や、関節や皮膚・筋肉からの感覚を感じる固有覚などがあります（図表5-2）。また、これらの各感覚は、一つずつ感じているのではなく、複数の感覚を同時に感じています。

　感覚の内容としては、たとえば視覚であれば、色調、明度、彩度等が視覚の内容になります。また、聴覚の内容であれば、音の高低や大小、音質等になります。

①脳の発達と感覚について

　感覚器官をとおして得られた感覚情報は、それぞれ違った経路を通って大脳皮質の感覚野に伝えられます。この見る、聞くなどといった感覚野への神経回路は、1 歳ごろまでにはほぼ完了します。

　感覚が発生すると、次に、感覚連合野が働き、より細部の情報を見る、聞くことができるようになります。たとえば、「いちご」が情報として目に入ってきたときに、その情報はまず、大脳の第 1 次視覚野に伝えられ、線や色の点といった情報に分解されます。そして、その情報が視覚連合野に集められ、「色のついたものの形＝赤いいちご」という視覚が発生します。

　大脳皮質の同じ組織構造ごとに区分した**ブロードマンの脳地図**[*]（図表5-3）でいうと、17野が第 1 次視覚野、18野が第 2 次視覚野、19野が視覚連合野に当たります（図表5-3点線部分）。41野と42野は第 1 次聴覚野であるとともに聴覚連合野でもあります。また、その聴覚連合野に続く22野は音声言語処理を担う感覚性言語中枢（ウェルニッケ中枢）の領域になります（図表5-3波線部分）。43野は第 1 次味覚野、

✳ 用語解説
ブロードマンの脳地図
コルビニアン・ブロードマン（1868〜1918）による大脳新皮質の解剖学・細胞構築学的区分の通称。ブロードマンは大脳皮質組織の神経細胞を染色して可視化し組織構造の違いにより、大脳皮質を52の領野に区分した。

図表 5-3 ブロードマンの脳地図（外側表面）

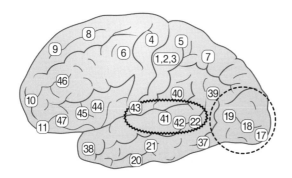

出典：「脳科学辞典」https://bsd.neuroint.jp/wiki/（2021年9月16日確認）ブロードマンの脳地図をもとに作成

3-1-2野は第1次体性感覚野になります。

　感覚連合野の回路は、2・3歳ごろに完了するといわれており、このころには、ものの形・大きさ・色等は、目からの情報で感じることができます。そして、これらの感覚の発生に、経験や知識、記憶等が形成されたり、また、それらをもとに、考えたり、判断したりして理解に結びつけていく、いわゆる認知という過程へと、脳がさらに発達していきます。

② 「保育所保育指針」「幼稚園教育要領」における感覚

　このことは、「幼稚園教育要領」における「環境」領域のねらい[†1]の一つに、「身近な事象を見たり、考えたり、扱ったりする中で、物の性質や数量、文字などに対する感覚を豊かにする」と示されています。その「内容の取扱い」においても、「数量や文字などに関しては、日常生活の中で幼児自身の必要感に基づく体験を大切にし、数量や文字などに関する興味や関心、感覚が養われるようにすること」とされています。

　また、「言葉」領域のねらいの一つには、「日常生活に必要な言葉が分かるようになるとともに、絵本や物語などに親しみ、言葉に対する感覚を豊かにし、先生や友達と心を通わせる」と示され、「内容の取扱い」において、「絵本や物語などで、その内容と自分の経験とを結び付けたり、想像を巡らせたりするなど、楽しみを十分に味わうことによって、次第に豊かなイメージをもち、言葉に対する感覚が養われるようにすること」とされています。

　「保育所保育指針」の「3歳以上児の保育に関するねらい及び内容」においても、「環境」領域及び「言葉」領域に「幼稚園教育」と同様のねらいと「内容の取扱い」が示されています[†2]。

◆ 補足
「保育所保育指針」「幼稚園教育要領」
2017年3月に告示された「保育所保育指針」「幼稚園教育要領」である（2018年4月施行）。

▶ 出典
†1 「幼稚園教育要領」第2章「環境」1（3）、3（5）、「言葉」1（3）、3（3）

▶ 出典
†2 「保育所保育指針」第2章3（2）「ねらい及び内容」ウ（ア）（ウ）、エ（ア）（ウ）

　この「感覚を豊かにする」発達は、感覚の発生と同時にすすみます。たとえば前述の「赤いいちご」の感覚が発生する場合、「いちごには、つぶつぶがいっぱいあるね」「いちごは、甘いにおいがするね」「いちごは、おいしいね」などの、より詳細な状況や、複数の感覚との関連や、感情や心の動き等の情報について、子どもが体験をとおして実感できるように感じさせる過程が大切であるといわれています。

2.　感覚面の支援が必要な子どもへの援助について

　私たちの体には全身に感覚器官があり、この感覚器官により外部からの刺激をキャッチしています。そして感覚受容器で受け取られた感覚の情報は脳に送られ、分類・整理されます。そして、周囲の環境に対して適切な思考や感情、運動・動作などの反応をしています。

　ところが音やにおいなどの刺激の処理が、どこかの過程で適切に処理されず、1つまたは複数の感覚について、過剰に感じすぎたり（過剰に反応したり）、反対にほかの人が感じる感覚を得られなかったり（情報伝達が鈍くなったり）する場合があります。過剰に反応する場合を「感覚過敏がある」、また情報伝達が鈍くなっている場合を「感覚鈍麻がある」のように分類し、子どもの困っている状況の把握につないでいます。

　過剰に反応する場合（**感覚過敏**）や、情報伝達が鈍い場合（**感覚鈍麻**）のいずれも、思考や感情、運動・動作などの周囲の環境からの刺激に対する反応において、適切な反応が現れにくく、子ども自身にも苦痛や嫌悪感、困難さをともなうものとなります。

▶ **出典**
†3　『DSM-5』49-50頁

　このことは、『DSM-5』において、**自閉スペクトラム症（ASD）の診断基準**[3]に感覚過敏や感覚鈍麻に関する項目が設けられ、「感覚刺激への過剰反応もしくは鈍感さないし環境の感覚的側面への通常でない関心（例：苦痛／気温への識別のなさ、特定の音や触感への嫌悪反応、過敏な臭覚、ものの感触、光や運動への視覚的な魅了）」のように示されています。

　周囲の環境からの刺激に対する反応に関する、子どもの困難さに気づいた場合には、まず、その反応の状況のそれぞれを、子どもが困っているサインであるととらえ、感覚面での支援を必要としている子どもであることを理解し、支援を開始することが大切です。

図表 5-4　眼の構造

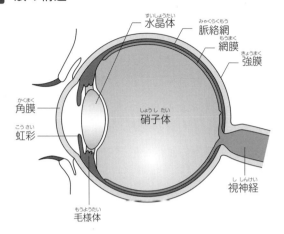

1　視覚について（視覚障害／視覚症児への支援）

　視覚障害／視覚症とは、視機能の永続的な低下により、学習や生活に支障がある状態をいいます[4]。学習では、読字や書字の困難、的確な概念を形成すること、体の動きなどを模倣することの困難等があります。また、生活では、移動の困難、昼夜逆転した生活、周囲の状況把握、相手の意図や感情の変化を読み取るなどのコミュニケーションの困難等があります。

　視覚障害／視覚症は、角膜から網膜等の眼球（図表 5-4）および視神経で構成されている視覚機構のいずれかの部分の障害によって起こります。

　このように広い範囲での困難が原因となるので、その状態もさまざまです。①文字や形態等を視覚で認知することが難しいといった視力に課題のある場合、②視野狭窄のために視野が限られてしまうといった場合、③光の加減の調節が難しく、明るい場所で見えにくくなる明順応や、逆に暗い場所で見えづらい暗順応等の光覚に課題がみられる場合があります。また、色の認識力が弱い子どももいます。

　支援には視覚の困難の状況を正確に把握することが重要です。行動観察の結果、かなり見えているように思われるときでも、絵や文字などに興味を示さず言葉による質問にも答えられないような場合には、知的障害／知的発達症等の症状が重複していることも考えられ、医療機関等での正確な実態把握が必要となります。なおかつ、医学的な観点から得られた情報については教育的な観点から見直し、教育上の配慮や特別な指導の必要性等を整理して、それぞれの適時性、系統性などを総合的に検討する必要があります。視覚の困難から生起する視機能関係、生活・行

▶ 出典
[4]　文部科学省「特別支援教育資料」2013年

動関係、学習関係のつまずきや困難を教育的にどのように改善・克服していけるのかがポイントとなるでしょう。

　視覚障害／視覚症に対する支援のポイントは、視覚のみに情報の入力を頼るのではなく、触覚や聴覚などの視覚以外の感覚を用いて子ども同士をつないだり、遊びを構成するといった配慮が必要です。視力はそれほど低下していないにもかかわらず、見え方に弱さのある子どもには、絵や文字を拡大するなどの配慮が求められます。見えないこと・見えにくいことによって、生活上の意欲を低下させないことが最も重要です。

2　聴覚について（聴覚障害／聴覚症児への支援）

　聴覚障害／聴覚症とは、身の周りの音や話し言葉が聞こえにくかったり、ほとんど聞こえないような状態をいいます[5]。

▶出典
†5　†4と同じ

　鼓膜や中耳など伝音系の器官に病変がある難聴を伝音難聴、内耳や聴神経の感音系の器官に病変がある難聴を感音難聴、伝音難聴と感音難聴の合併を混合難聴と呼びます（耳の構造は図表5-5参照）。聞こえの程度は軽度難聴、中等度難聴、高度難聴、重度難聴に分類されます（図表5-6）。

　聴覚障害／聴覚症のある子どもたちにはできるだけ早期から適切な対応を行い、音声言語をはじめその他多様なコミュニケーション手段を活用して、その可能性を最大限に伸ばすことが大切です。

　子どもたちはさまざまな生活経験をとおして音を聞くことにより、その能力を高めていきます。生まれたときから、あるいはごく幼いときか

図表 5-5　耳の構造

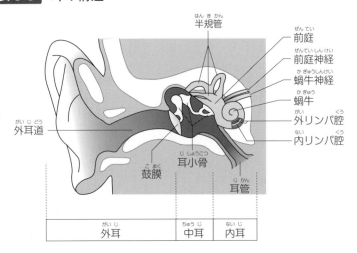

出典：「めまいプロ」ホームページ（https://www.memai-pro.com/ear/structure.htm 2021年4月19日確認）

図表 5-6　聞こえの程度の分類

分類	聴力レベル	障害等級	きこえの状況等と日常生活の音
軽度難聴	25dB以上〜40dB未満	該当しない	・小さな声（ひそひそ話）や騒音下での会話の聞き間違いや聞き取りが難しい ・テレビの音を大きくする
中等度難聴	40dB以上〜70dB未満	該当しない	・普通の大きさの声の会話の聞き間違いや聞き取りが難しい ・自動車が近くまで来て、はじめて音に気づく
高度難聴	70dB以上〜90dB未満	70dB〜：6級 80dB〜：4級	・非常に大きな声でも正しく聞き取れない ・補聴器を用いないと会話が聞こえない
重度難聴	90dB以上	90dB〜：3級 100dB〜：2級	・補聴器でも聞き取れないことが多い ・人工内耳装用も考慮される

注：障害等級では、両耳の聴力レベルで示している。
出典：日本聴覚医学会による分類をもとに作成

ら聴覚障害／聴覚症である場合、聴覚の発達のために必要な音・音声の刺激が少ししか（あるいは、ほとんど）入らないので、その発達が制約されることになります。したがって、聞こえの困難にできるだけ早く気づき適切な支援を行うことが求められます。補聴器等の早期からの導入や人工内耳の施術が有効な場合が多いので、医療機関との連携を密にする必要があります。また、本人のみならず、保護者や家族に必要な情報を提供し、助言や援助を行うことが大切です。

　聴覚障害／聴覚症児へのコミュニケーション方法は話し手の口元を見させて言葉や話の内容を理解させる読話、文字を相手に伝える筆談、手話・指文字といった視覚言語、身振りやジェスチャー、またスマートフォンやタブレット端末等のICT機器を有効に活用するなど、複数のコミュニケーション方法を組み合わせた伝え方が重要となります。聞こえないことによる音声情報の制約から、コミュニケーションや言語発達、学力、社会性にできるだけ影響を与えないように支援したいものです。

　聴覚が過敏であると、特定の音に対して過剰に嫌がったり、特定ではないけれども、雑音を嫌がるという場合もあります。それらの苦手とする音刺激に対する反応としては、その場から離れていったり、耳をふさいで大声を出したり、テレビや音楽を大音量にするなどがみられます。

　また、自分のすぐ近くにいる人が発する音も、遠くにいる人の話し声も、同じ音量・レベルの刺激に感じている場合もあります。そのような子どもは大事なことが聞き取れなかったり、近くの人と遠くの人の声が聞き分けられないという困難な状況となります。

　これらの反応は**防衛反応**であり、言い聞かせたり、子どもより大きな声を出して話す・叱るなどの関わりは子どもにとっては、過度なストレ

図表 5-7　聴覚過敏のある子どもの支援機器

支援機器名	説明	効果
耳栓	耳穴に直接挿入して塞ぐ防音保護具。プラスチック製やシリコンゴム製、綿などがある	音の遮断 必要な音が聞こえなくなる不安は増大する
デジタル耳栓	ノイズキャンセリング機能があり、比較的低めの音（おおむね300Hz以下）を遮断する。機械の動作音等は低減し、呼びかけ声・アナウンス・着信音などの音は聞こえる	必要な音が聞こえなくなる不安が軽減される。低い音の遮断
イヤーマフ	耳全体を覆うタイプの防音保護具	防音・消音 聞こえる周囲の音を制御 会話の声がささやき声程度になる
ノイズキャンセリングヘッドホン	環境音と逆位相の音を発生させ、連続的な環境騒音を消すヘッドホン	消音 かなり無音に近い状況になる

ス・負担となります。耳栓やデジタル耳栓、イヤーマフ、ノイズキャンセリングヘッドホンなど、一人ひとりの子どもの状況に応じた**支援機器**の使用を検討するなど、子どもにとってストレスとなる音の刺激から、子ども自身が自分を守るなかで、活動に参加できる方法の工夫や環境調整を行うことが大切になります（図表5-7）。

3　前庭感覚について

　主に重力と平衡感覚や、環境と自分との関係に関する感覚を**前庭感覚**といいます。「高い高い」や「回転遊具」「ブランコ」「滑り台」「トランポリン」など、回転やジャンプ、前後の揺れ、高所から低所への動きに関する感覚です。

　前庭感覚が過敏であると、このような動きを嫌がったり、苦手だったりします。また、「ボール転がし」や「おふねがぎっちらこ」などのような、動きに力のコントロールが必要な遊びが苦手であったり、おゆうぎなどで次の動きに移れなかったり、いったん動きを開始すると、すぐには止まれなかったりする場合もあります。嫌がる場合は、無理に体験させようとせずに、好きな遊びに少しずつその動きを取り入れつつ、経験を広げることを目標に支援をすることが大切になります。

　一方、前庭感覚が鈍麻であると、回転や揺れなどの動きを取り込むことで、外部からの刺激を得ようとするため、その動きを特に好んだり、固執して繰り返す場合があります。また、環境と自分との関係がつかみにくいために、人やものによくぶつかったり、ぶつかるのを避けること

が難しかったりします。

　同じ動きに固執する場合などは、無理にやめさせようとせずに、その動きを取り入れつつも、その他のいろいろな動きに展開するような工夫を行います。たとえば、「ブランコ」での揺れの動きに固執する子どもの場合、「あと10回しよう！」と一緒に数えたり、「アリさんのブランコは、小さい小さい。ゾウさんのブランコは、大きい大きい」などと歌いながら揺れの大きさを意識づけることなどにより、ブランコの揺れの感覚とともに、「一緒に数えた」「一緒に歌った」などの実感をさせることが大切です。遊びのレパートリーや興味・関心の幅を広げる工夫をすることで、結果として、一つの動きに固執している時間を短くしたり、ほかの遊びや動きに移り変わるまでの時間を短くしたりすることが、可能となります。

◢◢ 4 ◣◣　皮膚感覚（触覚）について

　触覚について支援を要する子どもの状況としては、砂遊びや水遊びを過剰に好む、または嫌がる、耳あか取りや爪切りを嫌がる、帽子・めがね・マスク・靴下などの着用を嫌がる、自分から人に触れていくが、自分が触れられることは極端に嫌がる、などがみられます。一人ひとりの状況は違いますが、シャワーや雨を、まるで体に針が刺さってくるように感じている子どももいます。そのことで、活動への参加を阻んだり、遊びや生活上における困難を感じている場合も考えられます。

　これらの場合の「嫌がる」という反応は、触覚に対する防衛反応であり、活動内容への否定や拒否ではないことを理解し、結果として活動への参加や、遊びや生活上において子どもが困難となる状況について把握することが大切です。そして、一人ひとりの触覚に応じて、対象となるものや状況の**除去、軽減、代替**などの工夫により、子どもが安心して活動に参加できるための環境調整が大切です。

◢◢ 5 ◣◣　感覚過敏のある子どもの食に関する困難さについて

　感覚過敏のある子どもの多くに、**食に関する困難**がみられます。食は、触覚、嗅覚、味覚などが絡み合って関係しています。感覚過敏のある子どもは、口のまわりや口腔内に触れる食べものの触感に敏感なため、食べものが口のまわりにつくことを嫌ったり、スプーンなどの食器の触感を嫌がり、手づかみでしか食べようとしなかったり、食べもの自体の触感（舌触りも関係する）に好き嫌いがある様子がみられます。また、熱い、あるいは冷たい食べものに敏感で、自分が食べられる温度に電子レ

ンジで調節をしてからでないと食べられない場合もあります。

　いっぽうで、口のまわりや口腔内の感覚が極端に鈍麻である子どもも　います。この場合は、食べものを口に詰め込みすぎてむせたり、一気に　吐き出してしまったりします。また、固い食べもの、熱い食べものでも　臆せず口に入れて、やけどやけがになる場合や、自分の好みの高い温度　まで、食べ物を温めないと食べられない子どももいます。また乾燥して　いないと食べられない、焦げていないと食べられないなど、さまざまな　困難な状況がみられます。

　食べる行為自体にストレスを感じる子どももいます。そのような子ど　もの場合、食べものの好みや食べる量なども含めて、食に極端な偏りが　みられることもあります。このようなときにまず大切なのは、口のまわ　りや口腔内の過敏さの軽減、鈍麻の解消につながる関わりを考えること　です。顔の体操、ほおをふくらませたり、つつき合いっこをしたりする　遊び、うがいの練習（グジュグジュペー、口に水をためてピューッと出　す）、歯磨きの練習などの遊びをとおして、刺激を受け入れる経験やい　ろいろな段階の刺激を経験させることが大切です。

　まずは今の状況を受け入れながら少しずつ、過敏さの軽減や鈍麻の解　消につながる関わりをします。また、実際に食べるのではなく、食べも　のと遊ぶ・親しむという視点で、レストランごっこやお店やさんごっこ、　おやつづくりなどをとおして、食べものに触れる経験も大切です。

6　感覚過敏のある子どもの不器用さについて

　折り紙の角と角がそろえられない、のりを適量取ることができない、　ボタンがなかなかとめられない、紐結びができない……などの、生活に　おけるものの操作や作業などの微細運動に困難のある、いわゆる「不器　用さ」のある子どもがいます。

　感覚過敏のある子どもに、この不器用さがみられる場合、たとえば、　「ボタンがうまくとめられないので、ボタンとめを繰り返し練習させて　いる」などの、手指の巧緻性そのものを高めようとするトレーニングを　行っても、子どもは不安感や、「自分はこんなに練習してもできないん　だ」というように、自尊感情を損なう結果になりかねません。感覚過敏　があると、刺激を受け取るときに、身体側に過剰な緊張やこわばりなど　もあるため、刺激に対して苦手・嫌いといった感覚を生じてしまいます。　支援の方法としては、嫌いな刺激を少しでも除去・コントロール（軽　減）する工夫とともに、子どもがリラックス・安心できる、楽しい雰囲　気、静かな教室などの環境調整の工夫をすることも大切です。

演 習 課 題

①視覚や聴覚に困難がある子どもに適した保育環境の調整で配慮すべき
　ポイントをあげてください。

②Cちゃんはブランコが大好きで、すぐ集団活動から離れてブランコに
　乗っています。「みんなと一緒に〜しよう」と誘ったり、「〜が終わっ
　てから（ブランコを）しようね」と園庭遊びの前に約束をしたりしま
　すが、うなずくだけで、すぐにブランコへと向かいます。いったんブ
　ランコに乗ると、どんな声かけをしても、まるで聞こえていないかの
　ように乗り続け、一向にブランコから降りようとしません。乗ってい
　る間は目をつぶり、どんどん大きな揺れになるように勢いをつけてい
　ます。無理にブランコを止めて降ろそうとすると、急に大声をあげて
　泣いたり怒ったりしてしまいます。あなたが保育者の場合、Cちゃん
　の援助をどのように考えますか。

③Dちゃんは、足が地面に着いていない状況や、身体全体の揺れや回転
　をともなう動きを「怖い！　やめる。おうち帰る！」と泣くなど、極
　端に嫌がります。ところが運動会で輪になって横にぐるぐると回転す
　る動きがあります。あなたが保育者の場合、Dちゃんに対しての具体
　的な支援と、運動会に向けて保育者同士が共通理解をすすめておかね
　ばならないことがらについて、話し合いましょう。

④Eちゃんは、服の袖やすそが水で濡れることを過剰に嫌がります。手
　洗い時に、手に水がかかることは平気ですが、ほかの子どもの手洗い
　時に水がはねてEちゃんの服のすそに水がかかったり、ほかの子ども
　の水筒のお茶がこぼれて、Eちゃんの袖に少しかかったりすると、「い
　やいやー」と言って泣き声になり、服も全部脱いでしまいます。あな
　たが保育士の場合、Eちゃんの手洗い時の援助をどのように考えます
　か。

愛着・言語面の支援の必要な子どもの理解と援助

本レッスンでは、愛着に課題のある子どもの理解と援助、言語に課題のある子どもの理解と援助について学びます。愛着に課題のある子どもについては、チェックリストを用いて、子どもが出している困難サインを発見することが大切です。言語に課題のある子どもについては、正しく話すことへのプレッシャーをかけないことが最も重要です。

1. 愛着に課題のある子どもの理解と援助

1 愛着とは

　愛着とは、"Attachment（アタッチメント）"に対する日本語訳で、子どもが特定の人に対して築く特別な情緒的結びつきのことで、特に幼児期までに養育者（特に母親）との間に形成される情緒的関係のことをいいます。

　乳児期後半になると赤ちゃんは人見知りをするようになり、知らない人が来たときにおびえ、泣いて親（養育者）にしがみつく行動がみられるようになります。常に親のほうに視線を向け、親といるときが一番安心した表情になり、親が離れると近寄ってこようとします。

　イギリスの精神科医**ボウルビィ**[*]はその際、乳幼児に愛着のシステムが働いていると考えました（愛着行動）。乳児期を過ぎるようになると、子どもは外の世界に気持ちが向き始め、夢中で遊んでいて親の不在に気づき、親を探して親に駆け寄り、愛情を蓄積させるかのようにして外界に戻っていくようになります。以上で述べたことを繰り返して、徐々に子どもは親から離れるようになり、親のイメージだけで愛情のエネルギーを保てるようになっていきます。養育者はこのような乳幼児の愛着行動に対して、**感受性をもってなだめる機能**を発揮することが適応的であるとされています。乳幼児はこのような感受性のある養育者との安全な愛着関係を繰り返し体験することにより、他者に対する安全感・安心感を獲得していくと考えられています。

　愛着の形成は対人関係の基本であるだけではなく、情動コントロールの基本でもあります。これら一連の行動は、子どもが不安なときや怖れを抱いたときに養育者によってなだめてもらう行動でもあります。そのため主要な養育者との愛着の形成（愛着システムの健全な発達）は、乳幼児期の最も重要な心理・社会的発達課題の一つとされており、実際多

くの実証的研究により愛着の形成が以降の発達に大きな影響を与えることが示されています。愛着形成が何らかの理由によりうまくなされなかった乳幼児には、愛着の課題が生起します。

2　愛着に課題のある子どもの行動

　これらの愛着形成や愛着行動に不全がみられ、愛着に課題が出てしまうとはどのような状態でしょうか。

　子どもにとって、常に暴力を振るうような養育者と一緒にいるときには、安心して過ごせるどころか、いつ暴力を振るわれるかわからず、気を抜く間もないままに緊張した状態で過ごすことになるでしょう。心が休まる間がない状態が続き、その結果、過剰な覚醒状態を引き起こすことになり、生理的な緊張状態とハイテンションな気分が持続することになるでしょう。別のパターンでは、養育者からあまり関わりをもってもらえない状態（ネグレクト）で育ったとき、まわりにまったく無関心な子どもになってしまうことがあるのです。こうした状態の子どもが、対人関係の希薄さという視点で、自閉スペクトラム症（ASD）とよく間違われることがあります。『DSM-5』の診断基準では「反応性アタッチメント症」に分類されます。

　ネグレクトの状態がそれほどひどくないときには、誰かれかまわずに人にくっつく子どもになり（『DSM-5』の「脱抑制型的対人交流症」）、学童期には落ち着きのなさや集中困難として発現するので、注意欠如多動症（ADHD）とよく誤解されています。

　愛着をめぐり、重要な後遺症の一つとしてあげられているのが、養育者との間に形成される"歪んだ愛着"[1]です。杉山によれば、「被虐待児にとっては、親といるときのリラックスした安心感の代わりに、ドキドキする緊張感、父親のアルコール臭い息、殴られるときのしびれ、口に広がる血の味、こういったものが対人関係の基盤を作る記憶になっていく」という"歪んだ愛着"を有する子どもが成長したときに、かつての父親のような暴力的な夫と結婚してしまうといった反復が起きることがあります。その理由こそが子どもたちのなかに生きる基盤として位置づいてしまっている記憶による連鎖だといわれています。したがって、この"歪んだ愛着"の修復は容易ではなく、愛着の再構築というマイナスからのスタートになってしまうのです。

3　愛着に課題のある子どもの援助法

　このように、愛着に課題がある子どもの支援は多くの場合、愛着の再

参照
ASD、ADHD
→レッスン7

参照
『DSM-5』
→レッスン1、7頁

▶ 出典
[1]　杉山登志郎編著『講座 子ども虐待への新たなケア』学研プラス、2013年

構築というマイナスからのスタートになり、難しさをともないます。愛着に課題があると思われた場合は、早期に理解し、適切な対応をすることが重要です[†2]。まず以下に米澤の示すチェックリストを掲載します。

▶ 出典
†2　米澤好史「愛着障害・社交障害・発達障害への『愛情の器』モデルによる支援の効果——愛着修復プログラム・感情コントロール支援プログラムの要点」『和歌山大学教育学部教育実践総合センター紀要』24、2014年、21-30頁

✚ 補足
多動における愛着障害とADHD・ASDの違い
ADHDの多動は生まれながらの特性なので一貫性があるが、愛着に課題のある子どもは多動や意欲のもち方にムラがある。一方で、ASD特性のある子どもは、居場所を求めている姿が多動のように感じられてしまう。

✚ 補足
アンビバレント・混乱型
人やものに対して相反する感情を抱くのがアンビバレントである。さまざまな困難の状態が混在しているのが混乱型である。

【愛着に課題のある子ども発見チェックリスト】

○多動：ADHD・ASDとの違い

・落ち着きがなく動き回る、次々にものをさわりながら歩く、座っていてもゆらぐ：多動や意欲にムラ（日や時間による。家庭に問題がある場合には月曜日に多動。エネルギー切れタイプは週後半）。ムラがないのはADHD、ASDは居場所探し。

○ものとの関係：愛着の「移行対象」との関係

・ものをさわりまくる：べたーっと（脱抑制型）／いじる（反応性アタッチメント症）。

・ものを独占して貸せない（反抗期の特徴持続）。

・ものをなくす（大事にできない）。

・大事なものは壊せない、そう思えないものは乱雑に扱い壊す、絵を消したりする。

・ものを力任せに押しつける、投げる。

・渡されたものを落とす。

○口の問題：自律課題

・かみつく、指を口に突っ込む、指吸い、爪かみ、舌・腕・もの舐め、人を舐める、がっつき食い。

・服装の乱れ、遺糞、遺尿、尻拭きやトイレの後始末をしない。

・手の指が伸びきらず伸縮しない、ぎこちない。

・だらっとした姿勢、崩れた身体的印象。

○人への接触→脱抑制タイプ（脱抑制型対人交流症）

・人にべたーっと抱きつく、まとわりつく、衣服に手を突っ込む。

・1対1だと比較的おとなしい。

・飛び込み、潜り込みも（アンビバレント・混乱型の場合、後ろ向きに近寄る、抱きつきと同時に攻撃。ほかの子どもを叱るとしがみつくのは被虐待児）。

○床への接触：接触感欲求と包まれる安心感欠如

・床に寝転ぶ、はい回る（安定と接触欲求）、寝技的にける。

・靴や靴下を嫌う：知覚過敏によるASDと違うのは、束縛を嫌い、安心を知らない、床との接触感を欲しがる（寝転ぶの

も安定を求める）から。履かせようとしてもごまかしたり適当に扱う、いい加減なやり方は反応性アタッチメント症型。

○**危険な行動：高所・投擲*・痛さへの鈍感**

・危険な行動をする、窓から出入りする、高い所に登る（ASDでもそこが好きですることあり。ADHDにこの行動を指摘するのは根本的に誤りで、愛着形成不全またはASDの特徴である）、高い所からものを投げる。

・痛がらない。

○**愛情欲求：注目されたい行動・愛情試し行動・愛情欲求エスカレート行動**

・注目されたい行動。

・わざと友だちにいじわるをする（反応性アタッチメント症型）。

・発言は自信なさげ。

・大人の様子をよく見ている：観察者のメモを気にする。何をしているかを聞く。「なぜ」と聞く。こちらを見ながら逃げる。

・愛情試し行動（反応性アタッチメント症型）：これは許されるか試す（疑心暗鬼）、自作自演の事件を起こし反応を試す（「これして」といろいろと要求する。事件を起こして発見者を装い通告する）。

・愛情エスカレート行動：愛情をためられず、愛情をもらう快感だけを求める（馴化）。

・注意すると暗い顔になり、反抗する、咳き込む等の身体症状（受け入れられないから）。

○**自己防衛：目撃されても認めない**

・自己防衛：自分のせいにされることを恐れる（犯人捜しへの極端な拒絶反応→問われてもいないのに自分ではないと抗弁）。指摘されるとADHDは「そうか」と気づく、ASDは「だって」と理屈（納得するとできる）、愛着症は「知らん」、低体重出生児や限局性学習症（SLD）児は「？」と気づけない。

・うそをつく、自己正当化。

・他責（人のせいにする）。

・伏し目がち、顔が歪む（脱抑制型対人交流症）。

・自分から建設的なことをしない。

○**片づけができない：ADHDとの違いは意欲**

・片づけしようとする意欲・気持ちが生まれない。ADHDは実行機能の問題でできない。愛着に課題のある子どもは、片

✳ **用語解説**

投擲
ものを使って投げること。

参照
SLD
→レッスン 7

53

づけ支援（入れる場所の枠組みづくり）をしても壊し、乱雑に押し込む。

・忘れ物をする。ADHDは実行機能の問題なのに対し、忘れても平気、なくてもいいと正当化する（愛情の基地がない）。

○**自閉傾向のある愛着症：籠もる・執拗なパニック的攻撃**

・脱抑制型対人交流症、ASD傾向があると教室でもフードを被る、帽子を被る、タオルで覆う、狭い戸棚に籠もるというような囲い行為をし、脱抑制的対人交流症、ADHD傾向があると（ASDの場合にもある）、裸足、衣服を脱ぐ、ものをさわるなどの刹那的解放的感触を求める。

・執拗な攻撃、繰り返す常同行動的攻撃（頭を机に打ちつけ続ける、ペンでつつく、ペンを折り続けるなど）、暴発的な手が着けられないパニック攻撃はASD児が愛着症の場合に起こる。

○**関係性の視点：しっかり関わる養育でも生じる**

・母親が愛着的に見えても、子どものほしがっているものとずれるアンビバレントタイプと子どものほうのとらえ方が特異で受け止められないASDが原因の2つがある（愛情の行き違い）。特にとらえ方の違いに気づけない自閉傾向のある愛着症に行き違いが生じることが多い。

出典：米澤好史「愛着障害・社交障害・発達障害への『愛情の器』モデルによる支援の効果——愛着修復プログラム・感情コントロール支援プログラムの要点」『和歌山大学教育学部教育実践総合センター紀要』24 、2014年、21-30頁を一部改変

　上記のようなチェックリストを用い、愛着に課題のある子どもを発見した場合は、その原因論からアセスメントするのではなく、子どもが困難サインとして発信している行動について一刻も早く理解してあげてほしいと思います。そして、早急に支援を行い、よくない行動→叱責→自尊感情の低下→さらによくない行動といった悪循環による誤学習を重ねないようにする必要があります。

　筆者も米澤の論文を参考に支援を行い、成果を上げていますので、その方法を紹介したいと思います。

①キーパーソン決定と役割分担によるわかりやすい支援体制の構築：1人の子どもと1対1の関係を構築する。

②受容による信頼関係構築：行動ではなく行動の裏にある意図を受け入れる（「わかるよ。そういうつもりだったんだね」）

　　＋行動の結果について気づかせる（「こうするとこうなるよ
　　ね」）。
③感情ラベリング支援（気持ちの受け止め方支援による信頼関
　　係の確立）：気持ちに名前をつける感情のラベリングは、幼
　　児から効果的（「こういう気持ちだね」→同じ口調、表情で
　　繰り返すことで安心）。
④振り返り支援：「具体的行動」→「その成果」→「付随する
　　感情認知」→「キーパーソンとともにという意識」（何をす
　　るとどんないいことが起こり、そのときどんな気持ちにな
　　り、それは誰といるとなったのかに気づく支援）。
⑤主導権*をキーパーソンが握る：求めに応じるだけでは効果
　　がない。先手をうつ（後手対応は効果なし）。
⑥働きかけと報酬強化：わかりやすい枠組み「こうすればいい・
　　これがいい・これがよくない」の呈示！「効果的に褒める」
　　ことで報酬意識に着目させる。
⑦役割付与支援：わかりやすい関係性に埋め込まれた学習の枠
　　組みをつくる。
⑧気持ちの変化意識支援：変わってきた感情に着目して褒める。

✳ 用語解説
主導権
子どもに先んじて、主となってものごとを動かしすすめることができる力のこと。

　米澤の論文では詳細な支援がもう少し続くのですが、就学前の愛着に課題のある子どもを支援する際には、ここまでの流れで十分に成果を上げることができます。「愛着に課題のあるかわいそうな子ども」として甘やかすのではなく、①から⑧までの流れを毅然と支援してあげてください。愛情試し行動が多く、感情的になりそうな自分との戦いになりますが、一貫した支援をすることで必ず子どもたちは回復します。また、早急な成果を期待しすぎることなく、根気よく支援を続けてください。

2. 言語面に課題のある子どもの理解と援助

1 言語障害／言語症とコミュニケーションの課題

　コミュニケーションといえば、あまりにも一般的な言葉になりすぎていて、だからこそかなり広い意味で使われることが多くなっていると思います。
　『広辞苑』によれば、「社会生活を営む人間の間に行われる知覚・感情・思考の伝達。言語・文字その他視覚・聴覚に訴える各種のものを媒

介とする」となっています。言語を介したコミュニケーションのみなら
ず、あらゆる情報の入出力と受容による伝達を意味するものとしてとら
える必要があります。しかし、人類が哺乳類のなかで最上位に属するの
は、言語というコミュニケーションを身につけたからだといわれていま
す。ここでは、言語面に課題のある子どものなかでも、保育、教育現場
で支援することの多い吃音（と場面緘黙）の子どもの支援を考えたいと
思います。

　吃音とは、言葉が円滑に話せない状態で、発語時に言葉が連続して発
せられる、瞬間あるいは一時的に無音状態が続くなどの症状を示すこと
をいいます。

　吃音には、次の5つの段階があります。

　第1段階……難発。吃音発生時。

　第2段階……連発。本人にあまり吃音の自覚のない時期。

　第3段階……連発。伸発。本人が吃音を気にし始める時期。次
　　　　　　　第に語頭の音を引き伸ばすようになる。

　第4段階……難発。吃音を強く自覚するようになる時期。伸発
　　　　　　　の時間が長くなり、最初の語頭が出にくい難発になる。と
　　　　　　　きに随伴運動が現れる。

　第5段階……吃音のことが頭から離れず、どもりそうな言葉や
　　　　　　　場面をできるだけ避けたり、話すこと自体や人付き合いを
　　　　　　　避けたりする。

　なお、「連発 → 伸発 → 難発」へと順番に移行していくものではなく、
「難発 → 連発 → 連発＋伸発 → 連発＋伸発＋難発」と新たな要素が加
わりながら移行していくものとされます。

　また、吃音には以下のような3つの型があります。

　○連声型（連発、連続型）

　発声が「お、お、お、おは、おはようございます」などと、あ
　る言葉を連続して発生する状態。

　○伸発

　「おーーーはようございます」と、語頭の音が引き伸ばされる
　状態。

　○無声型（難発、無音型）

　「ぉ、……（無音）」となり、最初の言葉から後ろが続かない状態。

　吃音の問題は音声に違和感があるということだけではなく、随伴症状としてさまざまな状態が合併してしまうというつらさがあります。吃音にともなう不随意な運動や心理的ストレスによって、言葉を話さなくなるといったような状態がそれに該当します。

　吃音に随伴する症状としては以下のようなものがあります。

- ・随伴運動……吃音による不自然な身体の動き（瞬き、体を叩く、手足を振る、足踏みする、目をこするなど）。
- ・吃音回避……どもる言葉を避けようとする。
- ・**転換反応**[*]
- ・波状現象（変動）……流暢（りゅうちょう）に話せていたと思うと、急に吃音が出る。
- ・吃音予期不安……どもったことで、またどもるのではないかと恐怖を感じる。
- ・吃音不安……どもったことで、相手にどう思われるか恐怖を感じる。
- ・吸息反射……緊張し、吸息したままの状態になる。
- ・呼吸の乱れ
- ・早口
- ・全身（口唇、舌、声帯、直腸筋、腹筋、横隔膜筋、胸筋、肛門など）や一部の筋肉の過緊張……**バルサルバ反射**[*]
- ・吃音に意識が集中し、話がまとまらない。
- ・頭が真っ白になり、言葉が思い浮かばない。
- ・どもったことで自己嫌悪になる。
- ・吃音を気にし、話すことや人付き合いを避けるようになる。

　吃音の原因についてはまだまだ解明されていない部分が多い状況です。
　言語障害／言語症とは発音が不明瞭であったり、話し言葉のリズムがスムーズでなかったりするため、話し言葉によるコミュニケーションが円滑に進まない状況であること、また、そのため本人が引け目を感じるなど社会生活上不都合な状態であることをいいます[3]。言語障害／言語症のうち、言葉を正しく発音できない状態を構音障害／構音症といいます。**口蓋裂**[*]（こうがいれつ）や**口唇裂**[*]（こうしんれつ）のように音声（構音）器官における形態的な異常により引き起こされる器質性構音障害／器質性構音症と、構音器官の働きがうまくいっていない機能性構音障害／機能性構音症に分けられます。成長しても幼児語が続いたり、サ行、カ行の音が違う音に置き換わっ

＊ 用語解説
転換反応
かつてヒステリーとよばれていたもので、ストレスや葛藤を、身体症状として転換すること。

＊ 用語解説
バルサルバ反射
息を止めて、力むことによる副交感神経の緊張で、直腸筋、腹筋、声帯、口唇などが筋緊張を起こしてしまう反射。

▶ 出典
†3　文部科学省「特別支援教育資料」2013年

＊ 用語解説
口蓋裂
口のなかの天井に相当する口蓋が裂けている状態のことをいう。

口唇裂
上唇が割れた状態のこと。

たりするといった状態（「かさ」→「はしゃ」など）も機能性構音障害／機能性構音症に分類されます。

　言語障害／言語症は日常の生活や教科等の学習への影響が少ないと考えられやすく、見逃されやすかったり、対応が遅れたりしがちになることがあります。単におとなしい子どもと思われたり、困っている状況が理解されないことがあるため発見が遅れたり、発見されても放置されたりすることが少なくありません。しかし、子ども自身が感じているつらさが予想以上に強かったり、劣等感、欲求不満などの情緒面への影響が大きいといったこともあります。

2 ▶ 言語面に課題のある子どもの援助法

　これらの言語障害／言語症の子どもたちに共通することは、人前で話せないことや流暢に話せないことから、心理的なストレスによってさまざまな状態を合併してしまうということです。

　構音障害／構音症児への支援において大切にしたいことは、決して話す意欲をそぐような支援をしないということです。特に聞き取りにくいからといって、何度も聞きなおして言いなおさせることは百害あって一利もありません。子どもの話し方に注意を向けるのではなく、話の内容に注意を向けるようにすることが大切です。

　発声・発音の基礎指導としては以下のようなものがあり、これまでの小学校等の通級指導教室での実践例が役に立ちます。実際の支援ではこれらの方法を複数組み合わせて支援するとよいでしょう。

---

　a 構音可能な音から誘導する方法
　　［ga］音をささやき声で無声化し、［ka］音にするなどのように、構音運動の似た音を利用して誘導する方法
　b 構音器官の位置や動きを指示して、正しい構音運動を習得させる方法
　c 結果的に正しい構音の仕方になる運動を用いる方法
　　まず、「うがい」を練習し、その動きを基に［k］音を導く方法等。
　d 聴覚刺激法
　　聴覚的に正しい音を聞かせて、それを模倣させる方法。
　e キーワード法
　　キーワード（時に正しく構音できる音を含む単語）を用いて、目的の音を獲得させる方法。

---

　f　母音変換法
　　　正しく構音できる音について、その母音を変えて目的の音を
　　　獲得する方法。

出典：文部科学省「教育支援資料」2013年

　筆者が吃音のある子どもによく行う支援方法は、以下のとおりです。

---

①大きく息を吸ったら、おなかのへそのあたりにある「**丹田**＊」
　に力を入れたまま、少しずつ息を吐き出していきます。息を
　吐きながら言葉を伸ばすように発声します。単語から始めて、
　徐々に長い言葉を発声するようにしていきます。
②ゆっくりと話をすることを心がけ、どもってしまっても気に
　せずに話す練習を繰り返します。
③先生と向き合って話をすることが難しい子どもの場合には電
　源の入っていないスマートフォンをもって、誰かに電話する
　ように話をさせることもあります。

田 用語解説
丹田
へその下3寸に位置する
部位。1寸は約3cmなので、
約9cm。

　これらのことを根気よく続け、少々どもっても気にせずに話をするこ
とができるようにすることも重要です。
　特にコミュニケーションに課題のある子どもの保護者は焦っている場
合が多いので、その気持ちは受け止めますが、保育者が同じように焦っ
て子どもに余計なストレスをかけないことが重要です。子どもの上手に
話せない状態を責めず、家庭と保育所や幼稚園などが連携・協力して目
立たないけれど、しっかりとサポートする支援を行い続けてください。

演 習 課 題

①あなたが関わった経験のある子どものなかで、愛着に課題のある子ど
　もの行動特性を思い出し、チェックリストの行動に当てはめて考えて
　みましょう。
②言語は使用せず、身振りのみを用いて自己紹介をしてみましょう。
③丹田呼吸を実践し、胸式呼吸のときの自分自身の話し方との違いを実
　感してみましょう。

行動面・学習面の支援の必要な子どもの理解と援助

本レッスンでは、行動や学習に困難をともなう子どもの理解と支援方法について考えます。行動に困難がともなうとはどのようなことでしょうか。行動変容は、保育者の関わり方一つで変化します。どのような援助が望ましいのかを考えてみましょう。

1. 行動面・学習面の支援の必要な子どもの理解について

　現在、保育所や幼稚園をはじめとした保育現場では、友だちとのコミュニケーションが成立しにくい、こだわりが強い、集中力が保ちにくいなどの気になる子どもへの対応が求められています。これらの子どもたちの多くは、知的発達に遅れはありませんが、行動面や学習面において困難がともなうことになります。保育現場では子ども同士がさまざまな遊びをとおして互いに成長することが重要ですが、行動面や学習面に困難がある場合は、遊びをとおしての関わりそのものが成立しにくいのです。このような状況の子どもたちは**発達障害／発達症**と考えられます。保育者は発達障害／発達症の特性を理解し、保育現場での関わり方を考えることが子どもの成長を促すことであると自覚しなければなりません。

　発達障害／発達症は、**自閉スペクトラム症（ASD）、注意欠如多動症（ADHD）、限局性学習症（SLD）**の 3 つに分けられます。

　これらの症状が認知され始めた当初は「親の育て方が悪いからこのような状態になるのだ」と、育て方が症状の原因であるかのように考えられたこともありました。しかし、近年の研究において発達障害／発達症は親の育て方にその原因があるのではなく、脳の機能不全によるものと考えられています。このことを踏まえたうえで、本レッスンではADHDとSLDを取り上げて、その特性の理解と援助について考えます。保育現場での関わりについて理解を深めましょう。

1 　注意欠如多動症（ADHD）の理解に向けて

　ADHD（Attention-Deficit/Hyperactivity Disorder）は注意欠如多動症とよばれる発達障害／発達症の一つです。主な特性は**不注意、多動性、衝動性**の 3 点があげられます。原因は脳の機能障害といわれていま

すが、詳しいことはまだ解明途上にあります。ADHDは文部科学省に
よって以下のように定義されています[†1]。

▶出典
†1　文部科学省「今後の特別支援教育の在り方について（最終報告）」2003年

> 　　ADHDとは、年齢あるいは発達に不釣り合いな注意力、及
> び／又は衝動性、多動性を特徴とする行動の障害で、社会的な
> 活動や学業の機能に支障をきたすものである。
> 　　また、7歳以前に現れ、その状態が継続し、中枢神経系に何
> らかの要因による機能不全があると推定される。

　次に、ADHDの主な特性をくわしくみていきます。

> （ア）不注意
> 　　話を聞いていない、受けた注意を忘れうっかりミスを繰
> 　　り返す、集中しにくい、ものをなくしやすい。
> （イ）多動性
> 　　みんなで座って話を聞いている場面でも立ち歩いてしま
> 　　う、身体の一部が動いている、じっとしていられず走り
> 　　回る。
> （ウ）衝動性
> 　　自分の思いを抑えられず、ほかの子どもの遊びに介入す
> 　　る、思っていることをすぐ言葉や行動に出してしまう、
> 　　順番を待つことが苦手。

　これらの3点がADHDの主な特性です。保育現場では、これらの特
性が子どもの行動として現れます。たとえば、当番があって早めに保育
室に帰ろうと思っていても、植え込みに気になる昆虫を発見すると注意
がそれ、保育室に戻ることを忘れて昆虫に没頭してしまいます。砂場で
遊んでいてスコップが必要な状況になると、目の前の友だちが使ってい
るスコップを衝動的に断りなく取り上げてしまい、周囲の友だちが驚き
騒然となります。保育者が話をしていても何となくそわそわとして動き、
立ち歩いたりして、落ち着いて話を聞くことが苦手な子どももいます。
このような行動は保育場面でよくみられますが、結果的に、ADHDの
子どもは周囲と違う行動をすることになってしまい、その行動は保育者
の目にとまりやすくなります。子ども自身も自分の行動に困っている場
合がほとんどですので、そのような特性を理解し、どのように援助する
かを考える必要があります。

2 　限局性学習症（SLD）の理解に向けて

SLD（Specific Learning Disorder）は**限局性学習症**とよばれる発達障害／発達症の一つです。文部科学省においては学習障害（LD）として、以下のように定義されています[†2]。

▶**出典**
†2　文部科学省「学習障害児に対する指導について（報告）」1999年

> 　学習障害とは、基本的には全般的な知的発達に遅れはないが、聞く、話す、読む、書く、計算する又は推論する能力のうち特定のものの習得と使用に著しい困難を示す様々な状態を指すものである。
>
> 　学習障害は、その原因として、中枢神経系に何らかの機能障害があると推定されるが、視覚障害、聴覚障害、知的障害、情緒障害などの障害や、環境的な要因が直接の原因となるものではない。

　このように、SLDとは知的な遅れは認められませんが、ある特定の学習能力が機能していない状況をいいます。SLDとして診断されるのは、**学習が中心となる小学校以降**が多いです。しかし、保育場面においても絵本やごっこ遊びなどを通じて、文章を読んだり、あるいは書いたり、ものの分配や計算といったことが必要になってきます。数の概念や言葉の育ちは乳幼児期からの遊びをとおして育つものであり、日常の遊びをとおして自然に獲得・使用しているものですから、それらをうまく活用できない行動は、保育者の目にとまりやすくなります。また、保育者の話の一部分のみをとらえ、全体を理解していないこともあります。折り紙や制作が苦手である手先の不器用さや、体のバランスがとりにくく、なわとびやボールを投げることが苦手な運動能力の未熟さをともなうこともあります。診断等は就学後の課題である場合が多いですが、保育現場で気になることはできるだけ早期に発見し、対応することが望ましいでしょう。

2 ．行動面・学習面の支援の必要な子どもへの援助

1 　ADHDのある子どもへの保育場面での関わりについて

　ADHDのある子どもには、すでに述べた不注意、多動性、衝動性の特性がみられます。その点だけに注目すると、落ち着きなく動き回る手のかかる子どもという像で認識しがちですが、子ども自身もみずからの

特性に困っている場合も少なくありません。ここでは保育現場における
ADHDのある子どもの特性に配慮した援助について考えます。

①見てわかる（気づく）工夫をする：視覚支援

　ADHDのある子どもは努力していても、クラスの約束ごとなど、大
事なことでもうっかり忘れてしまう場合があります。まずは保育者がこ
の特性を理解することが大事です。ADHDのある子どもは、耳から聞
いた話を記憶にとどめておくことに限界があります。しかし、ADHD
の特性は視覚でとらえたものに反応しての行動であることに気づけば、
ADHDのある子どもの視覚的理解が突出していることが理解できるで
しょう。その点が理解できれば、保育者は、ADIIDのある子どもが**見
て理解できる**（気づく）ように環境を整えてみることの必要性に気づく
はずです。クラスの約束ごとを見えるところに貼っておいたり、自由に
使ってよい遊具には「〇」のシールを貼るなど、一目でわかるようにし
ておけば、子どもが一度聞いたことを忘れてしまってミスをする回数も
減ってきます。これを視覚支援といいます。

　子どもが視覚でとらえて理解できると、子どもの達成感や**自己肯定感**[*]
といった心理的な発達にも作用します。また、絵カードを作成し、活用
することも効果があります。

　図表7-1は保育室の棚の写真ですが、かごの中に片づけるべきもの
を写真に撮り、かごに貼ってあります。こうすると子どもはどこに何が
あるのかを視覚でとらえて理解し、行動に移すことが可能です。子ども
にとって必要な支援になります。

　図表7-2は当番の手順を示したものです。写真と文字で、当番がど
のように行動するかを示しています。これを見れば、当番の役割がわか
るので、誰もが手順を行いやすいようになっています。このような視覚
支援を保育に取り入れていくことは、子どもが快適に生活するためには

参照
視覚支援
→レッスン10

✚ 用語解説
自己肯定感
自身のあり方を肯定的に受
け止める意識のありよう。

図表 7-1　視覚支援の例①

図表 7-2 視覚支援の例②

②刺激を減らす

ADHDの多動性や衝動性は、**刺激に反応してしまうこと**と関係しています。つまり刺激をできるだけ統制すれば、子どもの行動は多少なりとも落ち着いてきます（環境の**構造化**[*]）。

保育室内に何種類ものおもちゃが目につく、壁に多くの色を使用した掲示物が、不規則にたくさん貼りめぐらされている、そのような壁を背にして保育者が子どもたちに絵本を読む……。このような場面では、子どもは刺激に次々と反応せざるを得なくなります。保育者や保育環境が、子どもの多動性や衝動性を引き出すことになってしまっているのです。

室内の掲示物を整理したり、おもちゃのある棚に目隠しのカーテンを掛けるなど、少しの工夫をすることで、子どもの負担感は軽減され、行動にも落ち着きがみられるようになります。子どもの行動に眉をひそめる前に、保育室の環境について見直してみましょう。

③できていることを認める

ADHDのある子どもは、その特性からどうしても注意されることが多くなる傾向にあります。不注意、多動性、衝動性は保育者の目にとまりやすく、結果的に子どもを叱ってしまうことが多くなりがちです。叱るよりも、肯定的な言葉かけで子どもに伝えることを心がけましょう。「しゃべったらダメ」というよりも「静かにしようね」のほうが子どもには受けいれやすいです。同様に「走ったらダメ」よりも「歩けるかな？」というように、現状の行為を否定するのではなく、望ましい行動を提示するほうが子どもには理解しやすく、また否定的な感情になりにくいでしょう。ただ、一度伝えたことで子どもの行動が即座に改善されるわけではありませんから、繰り返し望ましい行動を提示し続けることが大切です。叱られ続けることは子どもの自己肯定感の育ちに影響を及ぼすので、子どもの障害特性を理解したうえで肯定的な関わりを心がけ

※ **用語解説**

構造化

構造化とは、生活や学習のさまざまな場面でその意味を理解し、自分に何が期待されているのかをわかりやすく伝えたり、設定したりするための方法である。主にASDのある子どもやその家族の支援を目的として開発され、広く世界中で実践されている生活全般における総合的・包括的なプログラムであるTEACCH（Treatment and Education of Autistic and related Communication-handicapped Children）で用いられている特徴的な手続きで、「時間の構造化」（一日のスケジュールを視覚的に示すなど）、「環境の構造化」（ざわざわした環境が落ち着かない場合には集中できる部屋に移動するなど）、「活動の構造化」（活動に見通しがもてるように、どうするのか、終わったら何をするのかを明確に示すなど）などがある。
→レッスン10

ることが重要です。

2　SLDのある子どもへの保育場面での関わりについて

　SLDは就学後の学習活動が主体となってから診断されることが増えますが、就学前の保育場面でも、不自由さや困惑の表現が感じられる子どもがいます。保育者は子どもの姿から困っていることを察知し、関わり方を考えていかなければなりません。SLDのある子どもの特性を理解しながら、保育場面での関わりを考えましょう。

①視覚支援を活用する

　SLDの子どもの特性として、聞くこと、つまり**耳から得る情報の取り込みが苦手**なことがあります。保育者が話す内容を聞いてはいても理解するところまでたどり着きにくいのです。この点を保育者が理解しておかないと「どうしてこの子は人の話を聞いていないんだろう？」と、子どもへの苛立ちにつながってしまいます。

　このような場面でも、前述した視覚支援が有効な場合があります。視覚から得る情報の取り込みはスムーズな場合が多いので、写真や絵など、一目で全体像を把握しやすいものを提示することは、必要な支援です。

②不器用さに注意する

　SLDのある子どもたちは**手先の不器用さをともなう**ことが多く見受けられます。これは視覚と動作がうまくかみ合わないことから起こるのですが、結果として保育場面においてさまざまな失敗体験が生じやすくなります。うまくハサミが使えなくて作品が完成できない、おもちゃの片づけや遊んでいるときに壊したり崩したりしてしまう……というようなことが保育場面においてみられます。

　このような特性を理解して、保育場面では子どもの手先の器用さをゆっくり伸ばしていきましょう。たとえば、ハサミを使うことが苦手な子どもには「切る」ことをしっかりと楽しむ場面を提供し、ハサミに慣れ、切ることの楽しさを経験していくことが大切です。そののちに線に沿って切ることや、少し複雑な形を切るなど、一つのことができてから次の段階にすすむことで、子どもの器用さを伸ばしていきます。このような取り組みを**スモールステップ**といいます。保育者は**保育技術***と子どもの発達の専門家です。ゆっくりと子どもの発達を見極めながら関わっていくことが望まれます。

　図表7-3は、ままごと遊びの道具の一つです。靴下にリングを通して足を入れやすくしています。靴下の着脱は、衣類のなかでも難しいものです。力加減がわかりにくい子どもには、足が入ればそのあとの手順

参照
視覚支援
→レッスン10

参照
スモールステップ
→レッスン4

用語解説
保育技術
一般に、ピアノ、歌、手遊び、造形などの保育活動に関わる技術をいう。

65

図表 7-3　手先の不器用さに対する援助の例

がスムーズにすすむので、このような遊びの場面で子どもの不器用さに働きかけるようにしていくのも援助の一つです。

③ストレスを軽減する

　SLDのある子どもが困難に感じている事態は、本人の努力ではどうにもならないことが多いのです。文字は読めるのに文章になると読めない、数の概念がわからないなどは、本人の努力不足ではないのです。しかし、保育場面において保育者が「どうしてできないの？」という否定的な発言をしてしまったりしていないでしょうか。また子どもも、子ども同士で遊ぶなかで「どうして自分だけできないのだろう？」という孤立感を強めていないでしょうか。

　「できない」部分ばかりがクローズアップされると、子どもはストレスを感じ、それを内外に向けて発信する場合もあります。いじめや粗暴なふるまいという、一見問題に感じられる行動の根底には、本人の困難さへの周囲の無理解が潜んでおり、ストレスのはけ口となって行動化していることもあるのです。一番困っているのは子どもであり、保育者は子どもが快適に過ごせる環境づくりや関わりについて考えていくことが必要です。

　このように、行動面や学習面で支援の必要な子どもへはその特性を理解し、子どもの特性に応じた援助を考え実行していくことが不可欠です。そして、その内容は特別なことではなく、保育者の保育技術や発達への理解をどのように活用していくかということが肝要なのです。保育者に備わっている専門性を生かすことを考えて、子どもたちへの援助に役立てましょう。

演 習 課 題

①視覚支援が有効だと思われる保育場面をとりあげ、絵カードをつくっ
　てみましょう。
②「廊下は走らないっていつも言ってるでしょう」という言葉を、肯定
　的な言い方に変えてみましょう。
③長い文章で話すことは、子どもの理解が難しい場合があります。自分
　の話し言葉をチェックして、簡潔な内容で話せているか、友だちと確
　認してみましょう。

情緒面・その他の支援の必要な子どもの理解と援助

本レッスンでは、子どもの情緒面における支援について学びます。ここで取り上げる"情緒"とは、「情緒が不安定になる」「情緒の落ち着きがみられる」など、主に周囲のさまざまな環境（ことがらや場所など）に触れたときに生じるさまざまな感情を指す、教育用語としての情緒を取り扱います。情緒面について、支援を必要とする子ども（主として情緒障害／情緒症のある子ども）の理解とその支援の在り方について学びます。

1. 情緒障害／情緒症とは

　情緒障害／情緒症について、一般に、「身体的、あるいは器質的には何らかの原因になると考えられるような要因は認められず、主として社会的あるいは対人関係を中心とした心理的な原因によって生じた、機能的な行動異常」を指します[†1]。

　文部科学省の「教育支援資料」（文部科学省初等中等教育局特別支援教育課、2013年）においては、情緒障害／情緒症の概念を、「状況に合わない感情・気分が持続し、不適切な行動が引き起こされ、それらを自分の意思ではコントロールできないことが継続し、学校生活や社会生活に適応できなくなる状態」と規定しています。

　また、同資料では、情緒障害／情緒症教育の対象に自閉症等も含むものとしています。これは、これまでの歴史的経過により、教育制度として、情緒障害／情緒症の一部として自閉症を位置づけ、それらの症状のある児童生徒を特別支援学級および通級による指導の対象としてきたからです。

　現在では、自閉症およびそれに類する症状と、緘黙（かんもく）、不登校などの心理的な要因による情緒障害／情緒症とは、原因が異なることが明らかであることから、両者に対する指導内容や配慮事項は異なるということを十分に認識しておく必要があります。

　そこで、自閉症と情緒障害／情緒症の違いをより明確にすることが必要であることなどから、2009（平成21）年2月の文部科学省第1167号通知で、従前の情緒障害特別支援学級の名称を「自閉症・情緒障害特別支援学級」と変更しています。

▶出典

†1　杉山雅彦「自閉症・情緒障害児の教育」五十嵐信敬ほか編著『教職教養障害児教育（2訂版）』コレール社、2000年

2．情緒障害／情緒症のある子どもの理解と支援

　情緒障害／情緒症のある子どもは、情緒的な問題により、集団活動や学習活動など学校での社会的な適応が困難な状態にあるためさまざまな行動上の困難のある子どもです。その原因や特性、特別な教育的な配慮や指導の内容の違いから2つのタイプに分けられます。

　第1のタイプは、発達障害／発達症に包括される特性である自閉症およびそれに類するものにより、言語発達の遅れや対人関係の形成が困難であるため、社会的適応が困難な状態にある子どもです。

　そして第2のタイプは、主として心理的な要因の関与が大きいとされている社会的適応が困難であるさまざまな状態を総称するもので、場面緘黙、心理的情緒的理由により登校できない状態（不登校）、およびその他の状態（多動、**常同行動***、**チック***など）にある子どもです。

　感情が激しく現れることは、一般の子どもや大人にも起こることですが、多くは一過性であり、すぐに消滅するのでほとんど問題にされることはありません。しかし、それが何度も繰り返され、極端な現れ方をして、社会的な不適応状態をきたす場合があります。そのような状態にある子どもについては、特別な教育的対応が必要です。

　ここでは、前述の第2のタイプの、場面緘黙のある子どもを中心にして、情緒障害／情緒症のある子どもの理解と支援のあり方について学んでいきます。

■1■　場面（選択性）緘黙について

　場面緘黙等の情緒障害／情緒症のある子どもは、何らかの心理的な要因により、社会的適応が困難な状態にあります。

　場面緘黙は、話ができる人や場面を本人が選択していることから選択性緘黙ともいいます。文部科学省「教育支援資料」によると、選択性緘黙は、「一般に、発声器官等に明らかな器質的・機能的な障害はないが、心理的な要因により、特定の状況（例えば、家族や慣れた人以外の人に対して、あるいは家庭の外など）で音声や言葉を出せず、学業等に支障がある状態」を指しています。

　また、『DSM-5』[2]においては、新たに「不安症群／不安障害群」の一種として、「選択性緘黙」が追加されています（下線筆者）。

▲ 用語解説

常同行動
反復的に同じことを繰り返す行動。

チック
本人の意思とは関係なく、急に運動や発声が反復に起こる状態のこと。

▶ 出典

†2　American Psychiatric Association／日本精神神経学会日本語版用語監修、髙橋三郎・大野裕監訳『DSM-5 精神疾患の診断・統計マニュアル』 医学書院　2014年

選択性緘黙の『DSM-5』における診断基準

A. 特定の状況で話しているにもかかわらず、話すことが期待されている特定の社会的状況（例：学校）において、話すことが一貫してできない。

B. その障害が、学業上、職業上の成績、または対人コミュニケーションを妨げている。

C. その障害の持続期間は、少なくとも 1 か月（学校の最初の 1 か月だけに限定されない）である。

D. 話すことができないことは、その社会的状況で要求されている話し言葉の知識、または話すことに関する楽しさが不足していることによるものではない。

E. その障害は、コミュニケーション症（例：小児期発症流暢症）ではうまく説明されず、また自閉スペクトラム症、統合失調症、または他の精神病性障害の経過中にのみ起こるものではない。

これまでの研究では、主に事例研究によって、子ども側に、発話への抵抗や反抗性があるといった特徴が強調されてきましたが、『DSM-5』から選択性緘黙は、不安関連疾患として「不安症群／不安障害群」のグループに分類されることとなったように、話すことへの抵抗といった子どもの意思を前提としたものではなく、「特定の状況」で緘黙が生じることを意味するものととらえるようになってきました[†3]。

このように場面（選択性）緘黙とは、話す能力にほぼ問題がなく、家庭などでは話すのに、学校や保育所、幼稚園といった話すことが求められる特定の場面や状況で話せない状態が続くことをいいます。

まったく発話のない状況の子ども、発話だけではなく動作が抑制される子ども、うなずきやそぶりは可能な子ども、音読ができる子ども、小さな声では話ができる場合のある子ども、特定の友人や日常生活場面から離れた初対面の人とは話せる場合がある子どもなど、その困難である状況は多様です。

特に、家で家族とは問題なく話すことができるのに、学校や幼稚園では話せないことが多く、深刻なケースでは、全緘黙という状態となり、「ある期間のすべての場面でまったく言葉を発しない」という場合もあります。

▶ 出典
†3　青柳宏亮・丹明彦「選択性緘黙に関する研究動向――臨床的概念の変遷を踏まえて」『目白大学心理学研究』11、2015年、99-109頁

　さらに人前で口を開けることも嫌がり、給食やおやつもほとんど口にしないなど、緘黙になる場面において、言葉だけではなく、笑いや遊び、食事、排泄といった行動も抑えられている場合もあります。

　原因は、集団に対する恐怖や、人間関係のあつれきなどの心理的な要因が指摘されています。

2　場面（選択性）緘黙のある子どもの理解と支援

　まずは、子どもが緘黙の状態になる場面・場所の範囲、緘黙の状況が始まった時期や継続している期間、子どもが緘黙となる場合の様子、子どもの心理面・行動面の特徴などについて、ていねいな観察をすることが大切になります。

　そしてその観察をもとに、子どもが安心している場面、場所、時間について、また、子どもが安心しているときの表情や行動の状況について把握をします。子どもが安心して活動できる環境を整えたうえで、心理的な安定や集団参加を目的とした関わりを開始します。

①自立活動の指導の取り入れ

　困難な状態の多様化への対応や、子ども一人ひとりの状態に応じた指導の必要性などから、特別支援学校に義務づけられている指導領域である「自立活動の指導」を取り入れる、または、参考とすることも大切です。

　「特別支援学校幼稚部教育要領」（文部科学省、2017年）において、自立活動の目標が、次のように示されています。

「特別支援学校幼稚部教育要領」第2章 ねらい及び内容
自立活動
　1 ねらい
　　個々の幼児が自立を目指し、障害による学習上又は生活上の困難を主体的に改善・克服するために必要な知識、技能、態度及び習慣を養い、もって心身の調和的発達の基盤を培う。

　ここでいう「自立」とは、子どもがそれぞれの障害の状態や発達の段階等に応じて、主体的に自己の力を可能な限り発揮し、よりよく生きていこうとすることを意味しています。また、「障害による学習上又は生活上の困難を主体的に改善・克服する」とは、子どもの実態に応じて、日常生活や学習場面等の諸活動において、その障害によって生じるつまずきや困難を軽減しようとしたり、また、障害があることを受容したり、つまずきや困難の解消のために努めたりすることであり、それらを明記

したものとなっています。

　また、自立活動の内容は、人間としての基本的な行動を行うために必要な要素と、障害による学習上または生活上の困難を改善・克服するために必要な要素を検討して、そのなかの代表的なものを項目として6つの区分のもとに分類・整理したものとなっています。

自立活動の内容（6区分27項目）

1　健康の保持
2　心理的な安定
3　人間関係の形成
4　環境の把握
5　身体の動き
6　コミュニケーション

　実際の指導にあたっては、子どもの実態把握をもとに、6つの区分のもとに示されている項目のなかから、個々の子どもに必要とされる項目を選定し、それらを相互に関連づけて具体的な指導内容を設定することになります。

　ここでは、「心理的な安定」の区分を中心に、「特別支援学校教育要領・学習指導要領解説　自立活動編」（文部科学省、2018［平成30］年）に示されている内容から、場面（選択性）緘黙のある子どもの具体的な指導内容に参考となる部分の紹介をしていきます。

「特別支援学校幼稚部教育要領」第2章の2（2）

（2）心理的な安定
　ア　情緒の安定に関すること。
　イ　状況の理解と変化への対応に関すること。
　ウ　障害による学習上又は生活上の困難を改善・克服する意
　　　欲に関すること。

　（2）「心理的な安定」では、自分の気持ちや情緒をコントロールして変化する状況に適切に対応するとともに、障害による学習上または生活上の困難を改善・克服する意欲の向上を図る観点から内容が示されています。そして、「ア　情緒の安定に関すること」では、情緒の安定を図ることが困難な子どもが、安定した情緒のもとで生活ができるようにすることを述べています。

◆補足
心理的な安定
特別支援学校幼稚部教育要領に掲げられた心理的な安定に関する3点は「特別支援学校小学部・中学部学習指導要領」第7章第2の2、「特別支援学校高等部学習指導要領」第6章第2款の2にも記載されており、継続した関わりが重視されている。

　その具体的な指導・支援の内容では、たとえば、子どもが生活環境などのさまざまな要因から、心理的に緊張したり不安になったりする状態が継続し、集団に参加することが難しくなることがあるような場合は、環境的な要因が、心理面に大きく関与していることも考えられることから、睡眠、生活のリズム、体調、天気、家庭生活、人間関係など、その要因を明らかにし、情緒の安定を図る指導をするとともに、必要に応じて環境の改善を図ることが大切であるとされています。

　また、「イ　状況の理解と変化への対応に関すること」は、場所や場面の状況を理解して心理的抵抗を軽減したり、変化する状況を理解して適切に対応したりするなど、行動のしかたを身につけることが示されています。

　そして、場所や場面が変化することにより、心理的に圧迫を受けて適切な行動ができなくなる子どもの場合には、教師と一緒に活動しながら徐々に慣れるよう指導することが必要とされています。

　家庭などではほとんど支障なく会話ができるものの、特定の場所や状況ではそれができない、場面（選択性）緘黙のある子どもの場合には、本人が安心して参加できる集団構成や活動内容等の工夫をしたり、教師が付き添って適切な援助を行ったりするなどして、情緒の安定を図りながら、それぞれの場面に対応できるようにすることが大切であるとされています。

②関わりと支援の方法

　子どもの「話さない」という状態や、子どもの「自発的な発話ができない」という状態だけに注目してしまうと、どうしても、「（自発的に）話せる」ことを目的とした関わりが多くなってしまいます。

　このような関わりは子どもにとっては、ストレスのかかる状況が増大・継続することになります。支援者がまず、その子どもの「話そうとしても話せない」状態の理解をすることが大切です。そのうえで、子どもが話そうとしている内容を、代弁、代筆、ジェスチャー、合図、指差しなどの方法を工夫して表現してみます。そして、子どものうなずきや表情、行動の変化などから、子どもの意図を読み取ります。

　そして、「あなたは、〜と思ったのね」「あなたは、〜がうれしかったのね」などと言葉で表現し、子どもの考えや思いに共感していることを言葉で表すことが大切です。このときに、子どもには返答や感想をけっして求めず、「私は、わかりましたよ」と理解していることのみを伝えることも大切です。

　このような関わりが継続的に実施されることで、子どものストレス、

不安、緊張、恐怖心などが軽減され、子どもが安心して活動できる環境づくりへとつながります。

このように、「自発的に話せるようになる」ことを目的とするのではなく、その背景にある「不安」にうまく対応できるスキルを身につけさせることが、場面（選択性）緘黙のある子どもの状況の改善に有効であるとされています。

③予防的な取り組み

子ども個々の状態に応じた関わりの工夫や対応を行うだけではなく、コミュニティを対象にした予防的なアプローチの取り組みも大切であるとされています。集団生活をはじめて経験する子どもが、場面（選択性）緘黙の状況になることを予防するためには、保護者と学校や園等との連携・協力が必要となります。

発話や自己表現に対する極度の不安を主症状とする不安障害群／不安症群であるため、予防・早期発見・早期対応には不安の測定が不可欠であるとする研究もすすんでいます[4]。藤田・浜田は、予防の第一段階として、入園・就学前に社会的不安を測定する尺度による評価を実施し、結果が高かった子どもに対して、学校や園の協力のもとに、子どもに新しい環境に慣れさせる準備をすることを推奨しています。通園・通学や子どもにとってストレスとなると想定される場面への対処のリハーサルを行い、同時に学校や園側と他の保護者に配慮と協力を求めていくという、コミュニティ全体での予防的な取り組みです。

場面（選択性）緘黙のある子どもに対して、「自発的に話せるようになる」ことを目的とするのではなく、その背景にある「不安」にうまく対応できるスキルを身につけさせる関わりと取り組みは有効です。また、それと同時に、集団生活や他者との関わりに極度のストレスや不安感をもつ子どもを含む、すべての子どもが過ごしやすい、学びやすい環境づくりへの取り組みも大切になります。

▶ **出典**

†4　藤田継道・浜田貴照「保育園・幼稚園・学校で話せない場面緘黙児の理解と支援」『児童心理』68（10）、2014年、874-880頁

3.　重症心身障害／重度心身症・医療的ケアとは

重度の身体運動障害／身体運動症と重度の知的障害／知的発達症とが重複した状態を重症心身障害／重度心身症といい、その状態の子どもを重症心身障害児／重度心身症児といいます。

重症心身障害児／重度心身症児は漸増しています。その理由としては、出生が減っておらず、また医療技術の進歩により新生児などの救命率が

上がっているからと思われます。近年では、障害／症状の重度・重複化がみられ、さまざまな医療的ケアを受けながら在宅で生活している子どもが増えています。

　特徴としては、身体運動障害／身体運動症と知的障害／知的発達症以外にも、筋緊張の亢進、側湾や胸郭の変形、摂食・嚥下（えんげ）不全、呼吸不全、てんかん、消化器疾患（胃食道逆流）、睡眠症、体温調節症、コミュニケーション症、呼吸器感染症を起しやすいなど、さまざまな困難・合併症を呈します。これらの困難・合併症が複雑に絡み合っている重症心身障害児／重度心身症児は医療依存度が高く、予想外の事態が起こりやすいという特徴があります。

　体の機能は発達する一方、早期機能低下の可能性があり、上記の合併症はいわゆる思春期（学齢期）に起きることが多いです。体の変化に合わせて、医療的ケアを含めた介護・治療の方法を再検討する作業が必要です。また、重症心身障害／重度心身症を理解するうえで、一人ひとり皆違うという認識が必要です。合併症の組み合わせ、基礎疾患、身体運動障害／身体運動症と知的障害／知的発達症の程度、医療的ケアの種類、医療的ケアの難易度・リスクにはかなり幅があります。このように非常に個別性の高い子どもたちなのです[†5]。

　医療的ケアとは、人工呼吸器による呼吸管理、喀痰（かくたん）吸引その他の**医療行為**[*]を指します（「医療的ケア児及びその家族に対する支援に関する法律（令和 3 年法律第 81 号）」）。医療的ケア児とは、医学の進歩を背景として、NICU 等に長期入院した後、引き続き人工呼吸器や胃ろうなどを使用し、たんの吸引や経管栄養などの医療的ケアが日常的に必要な児童のことをいいます。同法律のなかでは、「保育所の設置者、認定こども園（保育所又は幼稚園であるものを除く。以下同じ。）の設置者及び家庭的保育事業等（家庭的保育事業、小規模保育事業及び事業所内保育事業をいう。以下同じ。）を営む者は、基本理念にのっとり、その設置する保育所若しくは認定こども園に在籍し、又は当該家庭的保育事業等を利用している医療的ケア児に対し、適切な支援を行う責務を有する」ものとされています。同法の施行により、保育所・認定こども園においては、看護師を配置するなど、今後保育の場で人数が増えていくことが予想される、医療的ケア児などの支援が責務となりました。

　2019 年 2 月 28 日に出された「学校における医療的ケアの実施に関する検討会議　最終まとめ」（文部科学省）では、学校における医療的ケアの実施は教育面・安全面で大きな意味をもつことを示したうえで、学校における医療的ケアの実施にあたっては、教育委員会・学校関係者・

▶ **出典**
†5　文部科学省「特別支援学校における介護職員等によるたんの吸引等（特定の者対象）研修テキスト」2012 年

✳ **用語解説**
医療行為
医療および保健指導に属する行為のうち、医師が行うのでなければ保健衛生上危害を生ずるおそれのある行為のこと。

主治医・医療的ケア児の保護者等の関係者それぞれが責任を果たすことが必要であるとされています。保育所・認定こども園での医療的ケア児の保育においても同様に、自治体・園関係者・主治医・保護者・その他関係機関が協働し、それぞれが責任を果たしていくことが必要です。

　医療的ケア児にとって、保育所・認定こども園は乳幼児期にふさわしい生活の場の一つです。だからこそ、園全体の保育体制を明確にするためにも日常的な医療的ケア・医療行為の実施体制や緊急時・災害時の対応に関するマニュアルの整備等を行い、園としての取り組み方針や職員一人ひとりの役割を明確にするとともに、その役割分担を園の職員全員が理解し、実施できる体制を整えておくことが大切です。保育所・認定こども園等での「医療的ケア児」の受け入れにおける医療的ケア実施の主体は、看護師となります。子どもの命に関わる行為であることを肝に銘じ、さまざまな専門職が協働し、すべての職員で保育に取り組む必要があります[6]。

▶出典
[6]　全国保育士会「医療的ケアを必要とする子どもの保育実践事例集」2019年

4．重症心身障害／重度心身症のある子どもの理解と支援

　重症心身障害児／重度心身症児がほかの子どもとともに生活できる場である保育所・認定こども園は、さまざまな経験ができる場であり、社会参加ができる場の一つです。そのためにも、ほかの子どもたちと生活をともにするうえで、疾患の重症度や特徴により園での生活に種々の制限を要することや、その制限を具体的に明確にし、すべての職員に周知させることが重要です。一人ひとり皆違うという認識のもと、保護者の思いも大切にしながら個に応じた支援をどこまでできるのか考えながら進めなければなりません。特に医療的ケアを必要とする子どもに関しては、支援の体制を整えておくことが重要です。また、園のみで抱え込むのではなく、保護者や関係機関（医療・保健・福祉・行政等）と十分に連携をとりながら進めることも大切です。

5．外国にルーツのある子どもの理解と支援

　文部科学省が公表した「日本語指導が必要な児童生徒の受入状況等に関する調査（平成30年度）」（2019年）の結果をみると、2018（平成30）年5月1日現在、公立の小中高校と中等教育学校および特別支援学校に

在籍する日本語指導が必要な外国人児童生徒は40,755人で、前回調査時の34,335人より6,420人増加しています。学校種別の在籍者数では、小学校で4,160人、中学校で1,468人、高等学校で762人、特別支援学校で16人と全体的に増加していて、小学校での増加が最も顕著となっています。両親ともあるいは一方の親が外国籍という事情を抱え、幼いながらも日本語と母語を中心とした生活を送ることになります。発達上多くの語彙を習得する時期に、不安定な言語獲得がもとで周囲に思いをしっかりと伝えることができなかったり、流暢な日本語会話はできても識字困難があることが学校生活の妨げになるなど、支援が必要な子どもたちです。

　その後、改正「教育基本法」のもと「教育振興基本計画」が2008年に策定され、特別なニーズに対応した教育の推進として、「特別支援教育の推進」と「外国人児童生徒等の教育及び海外子女教育の推進」が示されました。

　日本で生まれ育つ外国にルーツのある子どもの増加にともない、公教育での日本語指導が必要な子どもの状況も変化してきています。特に幼児期は、言語認知発達が著しい時期であり、子どもは、言語を生活のなかで起きる出来事や関わりのなかで学びます。乳幼児期の教育は環境をとおして行われるものでもあるので、児童期後期以降の日本語教育とは、異なる配慮が必要です。乳幼児期の子どもは、言語表現以外の方法も含めてさまざまな方法で自分の気持ちや意思を伝えます。そのサインは、家庭の文化的な特徴を含むことがあります。言語認知発達の前提として、社会的関わりや生活経験を豊かにしていくことが大切です。保育者やほかの幼児との温かいふれ合いのなかで、自然に日本語にふれたり、日本の生活習慣にふれたりすることができるように配慮することも必要で、大人の働きかけやほかの子どもとの関わりは、子どもの育ちの機会を増やす大切な意味をもちます。子どもは心理的な絆・つながりをもつ相手の言語を吸収するのであって、ただ言葉のシャワーのなかにいれば言語が身につくわけではありません。保育者が、その子が暮らしていた国、つながりのある国の生活などに関心をもって理解しようとする姿勢を保ち、一人ひとりの子どもの実情を把握し、そのうえで、その子が保育者によって受け入れられ、見守られているという安心感をもち、しだいに自己を発揮できるよう配慮することが求められます。

　また「保育所保育指針」では、以下のように示されています†7。

▶ 出典
†7 「保育所保育指針」第2章4（1）「保育全般に関わる配慮事項」

> オ　子どもの国籍や文化の違いを認め、互いに尊重する心を育てるようにすること。
> カ　子どもの性差や個人差にも留意しつつ、性別などによる固定的な意識を植え付けることがないようにすること。

　保育所や幼稚園などでは外国籍の子どもをはじめ、さまざまな文化を背景にもつ子どもがともに生活しており、保育者らは子どもや家庭の多様性を十分に認識し、それらを積極的に認め、互いに尊重し合える雰囲気をつくりだすよう努めることが求められます。また、外国籍家庭や外国にルーツをもつ家庭では、日本語によるコミュニケーションがとりにくいことや文化や習慣が異なることなどから、保護者は子育てに困難や不安、負担感を抱きやすい状況にあり、各家庭の状況等に応じた個別の支援が必要となります。

　保育上の配慮としては以下の点を大切にするとよいでしょう。
・活動の見通しをはじめに示す。
・指示の一つひとつを具体的でやさしい日本語で伝える。
・大きな絵や文字にしてカラーペンを使用するなど、視覚的な伝え方にも配慮する。

6．その他——ひとり親家庭・貧困家庭児の理解と支援

　近年、**子どもの貧困**[*]という言葉を聞く機会が増えました。わが国で起きている事実であるということが衝撃的かもしれません。

　「全国ひとり親世帯等調査結果の概要」によると、家族形態では、母子のひとり親世帯で貧困率が高いことが示されています（厚生労働省、2017年）。子どもの貧困の背景には、わが国の抱える社会構造上の課題が存在することが考えられます。特にここでいう貧困は、その社会における習慣や通念上当たり前とされる生活が保てない状況である**相対的貧困**[*][†8]なので、一見すると判別しにくいために周囲から理解されづらいという課題もあります。

　子どもの将来がその子の生まれ育った環境によって左右されることのない社会を実現することが何より大切なので、国をあげて貧困状態にある子どもたちを健やかに育成する環境整備が求められています。

　幼児期の子どもは自分が貧困家庭で育っているという自覚がないため、

❋ **用語解説**
子どもの貧困
経済的な困窮により、栄養バランスの取れた食事ができなかったり、教育など、さまざまな機会が得られない子どもたちのこと。貧困である子どもやその親に自覚がなく、自ら支援を求めなかったり、貧困の自覚があっても、周囲の目を気にして支援を求めない状態。

相対的貧困
その国の文化水準や生活水準と比較して困窮した状態のことをいう。生活すべてにおいて低水準で、貧しい状態を絶対的貧困という。

▶ **出典**
†8　阿部彩「豊かさ・貧しさ——相対的貧困と子ども」『発達心理学研究』23（4）、2012年、362-374頁

自分から支援を求めることができません。教育分野、福祉分野をはじめとする関係行政機関やNPOなど、多様な関係者が連携して取り組むことが重要になります。保育所においては、**スクールソーシャルワーカー (SSW)**[*]といった専門職との連携も効果的です。保育者としては、いち早く子どもの困っている状況に気づき、彼らの困難を理解することで保護者や種々の関係機関とつながることが大切です。

　貧困の背景には、保護者の精神疾患やDV（ドメスティック・バイオレンス）、虐待、ネグレクトといった早急に介入が必要なものもあります。特に児童虐待が疑われる場合には、「児童虐待の防止等に関する法律」により、保育者にも児童相談所などへの通告が義務づけられています。

✠ **用語解説**

スクールソーシャルワーカー（SSW）

問題を抱える児童・生徒を取り巻く環境へ働きかけたり、関係機関との連携・調整を行ったりする専門職。

演習課題

①F児は家庭では母親と話をしますが、保育者や友だちにはいっさい話をしません。粘土遊びをしている子どもを、立ったままじっと見ていたので、「一緒に遊びたい？」と保育者が聞くと、うなずきました。ところが、「粘土がしたいの？」と尋ねても、「一緒にしたいの？」と尋ねてもうなずきます。F児に対する支援方法を考えてみましょう。

②G児は、自分の要求を言葉では、ほとんど表現しません。おしっこに行きたくても、我慢していることが多く、トイレの前で我慢しきれずにおしっこをしてしまうこともしばしばあります。G児に対する支援方法を考えてみましょう。

③H児はシャボン玉遊びやリトミックが好きですが、保育活動の場面で保育者とも友だちとも話す場面はみられたことがありません。まわりの子どもが「Hちゃんは声が出ないの？　お話ができないの？」と保育者に尋ねたとき、保育者はどのような対応が適切であるか考えてみましょう。

参考文献……………………………………………………………………………………
レッスン 3・4
　小川圭子・矢野正編著　『保育実践にいかす障がい児の理解と支援』　嵯峨野書院　2014年
　厚生労働省　「保育所保育指針」　2017年
　国立特別支援教育総合研究所　『特別支援教育の基礎・基本──共生社会の形成に向けたインクルーシブ教育システムの構築（新訂版）』　ジアース教育新社　2015年

高山静子　『環境構成の理論と実践──保育の専門性に基づいて』　エイデル研究所　2014年

中村忠雄・須田正信編著　『はじめての特別支援教育──これだけは知っておきたい基礎知識』　明治図書出版　2007年

レッスン 5

厚生労働省　「保育所保育指針」　2017年

文部科学省　「幼稚園教育要領」　2017年

レッスン 6

角田圭子編、かんもくネット　『場面緘黙Q&A──幼稚園や学校でおしゃべりできない子どもたち』　学苑社　2008年

菊池良和監修　『吃音のことがよくわかる本（健康ライブラリーイラスト版）』　講談社　2015年

杉山登志郎編著　『講座 子ども虐待への新たなケア』　学研プラス　2013年

米澤好史　「愛着障害・社交障害・発達障害への『愛情の器』モデルによる支援の効果──愛着修復プログラム・感情コントロール支援プログラムの要点」『和歌山大学教育学部教育実践総合センター紀要』　24　2014年　21-30頁

レッスン 7

小川圭子・矢野正編著　『保育実践にいかす障がい児の理解と支援』　嵯峨野書院　2014年

厚生労働省　「保育所保育指針」　2017年

国立特別支援教育総合研究所　『特別支援教育の基礎・基本──共生社会の形成に向けたインクルーシブ教育システムの構築（新訂版）』　ジアース教育新社　2015年

佐藤暁・小西淳子　『発達障害のある子の保育の手だて──保育園・幼稚園・家庭の実践から』　岩崎学術出版社　2007年

高山静子　『環境構成の理論と実践──保育の専門性に基づいて』　エイデル研究所　2014年

中村忠雄・須田正信編著　『はじめての特別支援教育──これだけは知っておきたい基礎知識』　明治図書出版　2007年

レッスン 8

厚生労働省「平成28年度　全国ひとり親世帯等調査結果の概要」　2017年

厚生労働省「保育所保育指針」　2017年

文部科学省「学校における医療的ケアの実施に関する検討会議　最終まとめ」　2019年

文部科学省「日本語指導が必要な児童生徒の受入状況等に関する調査」　2019年

おすすめの 1 冊

服部照子・岡本雅子編著　『保育発達学（第2版）』　ミネルヴァ書房　2009年

10のLessonで乳幼児の発達の本質的事項を、3つのTopicで今日的課題を、Basicで基礎的事項を立体的に学ぶことができるテキストである。

第3章

障害児保育の実際

本章では、日々の保育のなかで具体的にどのような計画や環境のもとに、支援児への配慮やともに育つ支援が行われているのかについて学んでいきます。保育の計画や評価について、実際の指導計画等をみながら理解していきましょう。

個別の指導計画の作成

本レッスンでは、個別の指導計画について学びます。乳幼児が生活を展開するために
ふさわしい環境や活動が準備・展開できるように保育計画を立てることは重要です。さ
らに、発達や障害の特性に応じた個別の指導計画の作成も、必要不可欠なものです。
では、どのように作成していけばよいのか、一緒に考えていきましょう。

1. 個別の指導計画とは

1 ▶ 法令に定められた個別の指導計画

　保育所・幼稚園、認定こども園では、それぞれの園が編成する全体的
な計画に従って、長期計画、短期計画、月案、週案、日案と計画を立てて、
保育をすすめています。園が編成する全体的な計画は、保育・教育関係
法令に従い、園や地域の実態に即して、創意工夫されたものです。では、
まずそのもととなる法令では、個別の指導計画はどのように位置づけら
れているでしょうか。

①「保育所保育指針」

　2017（平成29）年3月に告示された「保育所保育指針」では、第1
章3（2）「指導計画の作成」イ（ア）に、「3歳未満児については、一
人一人の子どもの生育歴、心身の発達、活動の実態等に即して、個別的
な計画を作成すること」とあげられています。そして、障害のある子ど
もの保育として、キに「障害のある子どもの保育については、一人一人
の子どもの発達過程や障害の状態を把握し、適切な環境の下で、障害の
ある子どもが他の子どもとの生活を通して共に成長できるよう、指導計
画の中に位置付けること」と記述されており、クラスの指導計画の中に、
障害のある子どもへの支援を含むことが必要ということが明記されてい
ます。

②「幼稚園教育要領」

　2017（平成29）年に改訂された「幼稚園教育要領」では、第1章第5に、
「特別な配慮を必要とする幼児への指導」として、「集団の中で生活する
ことを通して全体的な発達を促していくことに配慮し、特別支援学校な
どの助言又は援助を活用しつつ、個々の幼児の障害の状態などに応じた
指導内容や指導方法の工夫を組織的かつ計画的に行うものとする」とあ

り、「個々の幼児の実態を的確に把握し、個別の指導計画を作成し活用することに努めるものとする」と明記されています。

③「幼保連携型認定こども園教育・保育要領」

2017（平成29）年3月に告示された「幼保連携型認定こども園教育・保育要領」では、第1章第2の1（1）に「教育と保育を一体的に提供するため、創意工夫を生かし、園児の心身の発達と幼保連携型認定こども園、家庭及び地域の実態に即応した適切な教育及び保育の内容並びに子育ての支援等に関する全体的な計画を作成する」とあり、第2の3（1）に「障害のある園児などへの指導」について述べられています。「保育所保育指針」「幼稚園教育要領」の先述した該当部分を受け継いだ形になっており、指導内容や指導方法の工夫を継続的かつ計画的に行うことが明示されています。

2　個別の指導計画と個別の支援計画の違い

これまでみてきた法令のなかでも、個別の指導計画とは別に、「家庭や医療、福祉などの業務を行う関係機関との連携した支援のための計画」としてあげられているものが、「個別の支援計画」です。

園が、子どもの発達の問題に気づく前に、出生後すぐに医療的なケアを必要としていたり、保健所の健診で気づかれたり、保護者が自身で調べて相談に行っていたりすることがあります。その場合、薬の服用や手術の時期など医療的な支援の計画があったり、言葉の訓練や、歩行訓練など専門的な療育機関での指導計画がすすめられていたりします。**こうした個別の支援を実施する専門機関も増えてきています**が、それらがバラバラでは、子どもの全体像が見えなくなってしまいます。訓練が重なり、子どもにも親にも負担が多くなってしまう危険性もはらんでいます。そこで、市町村によっては、出生時からの状況をまとめた「サポートブック」を保護者と作成し、専門機関同士や在籍する園との情報を共有していくような取り組みをしているところもあります。もちろん、こうした関係機関からの情報をまとめ、幼稚園が「個別の支援計画」として作成することを求められることもあります。この場合、「個別の教育支援計画」として、作成主体が教育機関であることを明示するようにしています。なお、幼保連携型認定こども園教育・保育要領では「個別の教育及び保育支援計画を作成する」とされています。

専門機関では、子どもの課題に応じた発達検査などを実施した結果の情報を把握しています。保護者の同意が得られれば、そうした情報には、園での対応を考えるうえで参考になることがあるでしょう。ただし、専

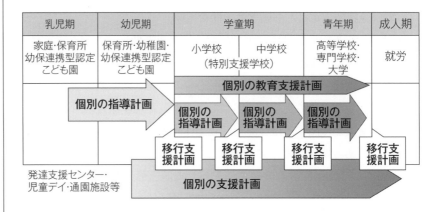

図表9-1　ライフステージにおける個別の指導計画と個別の教育支援計画のイメージ図

乳児期	幼児期	学童期		青年期	成人期
家庭・保育所・幼保連携型認定こども園	保育所・幼稚園・幼保連携型認定こども園	小学校（特別支援学校）	中学校	高等学校・専門学校・大学	就労

保育所等訪問支援

2012（平成24）年、「保育所等に通う障害児に対して、集団生活への適応のための支援が必要」との課題から、児童福祉法の一部改正が行われ、児童発達支援センター事業として、保育所等訪問支援が始まった。支援は2週に1回程度が目安。訪問担当者は、障害児施設で障害児に対する指導経験のある児童指導員・保育士（障害の特性について専門的な支援が必要な場合は、専門職）となっている。

移行支援会議

「移行支援計画」をもとに引き継ぎすることを「移行支援会議」という。保育所・幼稚園・小学校の先生だけでなく、保健所・障害児等療育支援事業の関係者、児童相談所・医療機関・行政などの関係者が集まり話し合う地域のネットワーク形成が重要である。

門機関の情報を得るためには、保護者の同意が必要です。また、保護者や専門機関の了解が得られれば、直接療育の場面を参観させてもらうことも可能です。反対に、園や家庭で困っていることを相談できる**保育所等訪問支援**を活用し、具体的な相談をすることもできます。こうした専門機関との情報交換をいつ誰がどのように行うのかということなども、「個別の教育支援計画」には盛り込むことが重要です。

　園から就学先の小学校、特別支援学校への引き継ぎのための資料を「**移行支援計画**」といいます。それぞれの市町村の教育委員会によって、移行支援計画のために定められた様式を用意している場合もあります。

　図表9-1は、ライフステージにおける個別の指導計画・個別の教育支援計画の関係を図示したものです。

２.　個別の指導計画の作成

1　個別の指導計画のメリット

　個別の指導計画は、一人ひとりの子どもに対して、効果的な保育・教育を行うために、全体的な計画を具現化したものです。その子どもの実態に即したふさわしい生活を展開し、必要な体験を得るためにどのような活動を行えばよいかというねらいと内容、方法を具体的に記します。具体的に示すことによって、子どもの状況や状態に応じて柔軟に対応することも可能になります。

　個別の指導計画を立てるメリットは、次のような点です。

①一人ひとりの子どもの状態に応じた**きめ細やかな指導や支援**が行える。

②目標や指導内容、子どもの様子などについて、**関係者が情報を共有できる**。

③園内の職員の**共通理解や支援体制**がつくりやすい。

④個別の指導だけでなく、**集団・保育活動のなかでの個別的な対応**について検討できる。

⑤**子どもの目指す姿**が明確になる。

⑥指導を定期的に評価することで、より適切な**指導改善**につながる。

⑦学年・担当者の引き継ぎの資料となり、**より一貫性のある指導**ができる。

▌2 ▌ 個別の指導計画の内容

　個別の指導計画は、作成することよりも活用することのほうが重要です。まして、保育所や幼稚園では、忙しいなかでもこまめに日案や週案、月案と指導計画を立てています。そのうえ、クラスに在籍する気になる子ども一人ひとりに個別の指導計画も作成しなければならないとなると、負担が大きくなってしまいます。そこで、個別の指導計画は、**1年単位で作成し、時期ごとの評価の部分を書き込みながら修正していく**という形が書きやすいでしょう。1人1枚の分量で収め、子どもの基本的な情報や年度当初の実態、そして長期目標、短期目標、具体的な指導・支援内容と配慮事項が書かれていれば十分です。

▌3 ▌ 作成手順

　作成にあたっては、担任の保育者が一人で考えるのではなく、保護者から家庭での様子や育児の様子などについて聞いたり、前年度の保育者や養護教諭、加配の保育者などから情報を集めたり、入園までの療育関係者から資料を得たりしながら、実態把握を行い、重点的に取り組むべき課題や内容を絞り、効果的な支援方法についても協議して作成します（図表9-2）。

✱ **用語解説**
ニーズ（needs）
必要、要求、需要という意味。ここでは、ソーシャルニーズと同様に、子どもや家族が実際に困っていることや援助してほしいと望んでいることを指す。

図表9-2 指導計画の作成手順

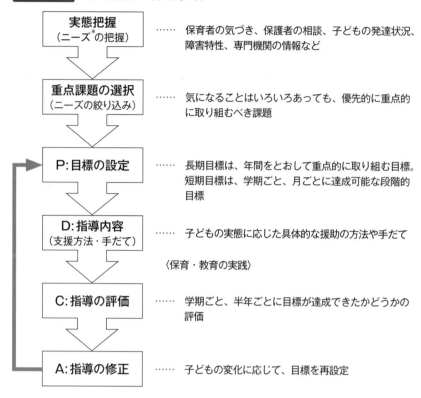

実態把握
（ニーズ*の把握）
…… 保育者の気づき、保護者の相談、子どもの発達状況、障害特性、専門機関の情報など

重点課題の選択
（ニーズの絞り込み）
…… 気になることはいろいろあっても、優先的に重点的に取り組むべき課題

P：目標の設定
…… 長期目標は、年間をとおして重点的に取り組む目標。短期目標は、学期ごと、月ごとに達成可能な段階的目標

D：指導内容
（支援方法・手だて）
…… 子どもの実態に応じた具体的な援助の方法や手だて

〈保育・教育の実践〉

C：指導の評価
…… 学期ごと、半年ごとに目標が達成できたかどうかの評価

A：指導の修正
…… 子どもの変化に応じて、目標を再設定

✱ **用語解説**
PDCAサイクル
事業活動における生産管理や品質管理などの管理業務を円滑にすすめる手法の一つ。

　このように、「Plan（計画）」→「Do（実践）」→「Check（評価）」→「Act（改善）」の 4 段階を繰り返すことを**PDCAサイクル**✱といいます。

①「P（計画）」：目標の設定

　計画を立てるためには、まず子どもの実態が把握されていなければいけません。その子どもが何をどこまでできているか、発達上のどこにつまずきがあるのか、保護者や家庭の状況はどうか、ほかに子どもの支援に関わっている人や機関があるのかなどを正確に把握します。そして、誰が何を一番困っているかを明らかにしておきましょう。専門家はそれを「主訴」といいます。保護者が、「偏食がひどくて困っている」と訴えているにもかかわらず、園での目標が「一人で着替えができる」では、せっかくの個別の指導計画が、保護者にとっては「困っている優先度の違い」にとまどい、「役に立たない」と思われるかもしれません。

【目標の書き方】

　長期目標は、1 年間で変化してほしい子どもの像をイメージして、子どもを主語にして書きます。たとえば、「給食を全部残さずに食べることができる」という長期目標を立てたのであれば、1 学期は「嫌いな食材を一口食べることができる」、2 学期は、「嫌いな食材も自分で決めた

分量であれば食べることができる」、3学期は、「他児とほぼ同量の給食を食べることができる」というように、短期目標をスモールステップで立て、1年間で達成できることを目標とします。「何でも嫌がらずに食べる」や「誰とでも仲よく遊べるようになる」というような抽象的な目標の設定では達成できたかどうかの評価がつけにくく、客観性のある指導目標とはいえません。できるだけ具体的に書くこと、また生活面でも遊びの面でも気になることが多いと、いくつもの目標を立ててしまいがちですが、課題のなかで優先順位をつけて、1年ごとに目標を達成していくほうが重点的に取り組む課題が明確になってよいでしょう。

②「D（指導内容）」：実践

指導内容は、支援の内容や方法ですから、保育者の立場から書きます。文末は、「〜させる」「〜を用いる」「〜ようにする」など具体的な援助のあり方を書きます。この手だてや援助は、それぞれの特性に応じて個別に配慮することを書きます。「片づけの合図として、5分前に音楽をかける」というような全体の配慮事項となることも記入しておきます。

③「C（指導の評価）」：評価

目標を達成したかどうかを、記入した保育者だけでなく、園内委員会のような場を設定し、複数でチェックします。同じ目標が次年度も続くようであれば、目標や手だてが漫然としすぎているということになります。

④「A（指導の修正）」：再設定・再指導

このように、個別の指導計画があると、年度が替わり、担当する保育者が替わっても、その子どもにどのような手だてをしてそれがどのように効果があって、子どもがどう成長してきたのかを読み取ることができます。毎年学年が替わるたびに、保護者が子どもの様子の説明を新担任の保育者に繰り返さねばならないということはなくなり、有効な支援が引き継がれることで、子どもも年度替わりのたびに不安定になってとまどうことが少なくなるでしょう。

3.　開示と守秘義務

個別の指導計画作成は、義務づけられたものですので、障害特性のある子どもの保護者から「うちの子どもの個別の指導計画を見せてください」という開示請求を受ける可能性もあります。突然にそのようなことを保護者が園に要求するという場合は、それまでの保護者との関係がう

まくいっていなかったといえます。日ごろから保護者と子どもについての情報交換をていねいに行い、出来上がっていなくても「今、私たちはこういうふうに子どもさんの支援を考えているのですが」などと一緒に個別の指導計画をつくり、保護者の評価も含むことができれば、いうことはありません。

　個別の指導計画や個別の支援計画には、個人情報が多く含まれていますので、「**個人情報保護法**^{*}」に基づき、その保管には注意が必要です。保護者から提供された関係機関で実施した検査結果や診断書とともに、鍵のかかる場所に保管することはもちろん、安易にコピーしたり職員間に配付したりすることがないように気をつけましょう。

　小学校への引き継ぎ資料についても、子どもの適切な支援が継続するように連携していくことは大切ですが、資料の受け渡しについては、保護者の了解を得ておくことが重要です。

❋ 用語解説
「個人情報保護法」
日本における個人情報保護のために制定された事業者に対する個人情報保護の義務を規定した法律。2005年4月全面施行。

4．　個別の指導計画の実際

　ここでは、一般的な個別の指導計画（図表9-3）とレーダーチャートのある5領域を意識して、領域ごとにスモールステップの段階を示した個別の指導計画（図表9-4）を紹介します。個別の指導計画には、決まった様式はありません。自分たちが書きやすい様式を考えてみましょう。加えて、クラスの指導案（日案）に、対象の子どもへの配慮を書き込んだ例（図表9-5）と複数の担当者が入れ替わりになる例（図表9-6）を紹介します。日案のなかに書き込むと、担任以外の保育者が援助する際に全体の流れもつかめ、スムーズに援助できます。

[演][習][課][題]

①個別の指導計画と個別の支援計画の違いを説明してみましょう。
②実際の個別の指導計画の例を見て、どのような違いがあるのか、比較検討してみましょう。
③子どもの障害によって、必要な支援は違ってきます。今までに勉強してきた、それぞれの特性に応じた支援の方法について、整理してみましょう。

図表9-3 　一般的な個別の指導計画の例

幼保連携型認定こども園

作成年月日：○○年5月20日（最終評価2月25日）　　　　　　　　　　　　　　作成者：あか組担任

No1	名前 ふりがな	あき	○○年10月3日 （3歳7カ月）	3歳児 あか組
生育歴	・3歳児からの入園。 ・マイペースで、身辺処理には大人の手助けが必要。おむつが外れていない。			
基本的 生活習慣	・着替え、食事、排泄など、気がむくとするが、ムラがある。 ・トイレに誘われても嫌がって行かない。 ・偏食が多い。食べられないもののほうが多い。			
運動	・身体の動かし方がぎこちなく、走り方も手足がバラバラで遅い。 ・ふわふわした感じで、高い所にのぼりたがる。			
言葉 コミュニケーション	・テレビのCMや歌などは自然に覚えてしまう。 ・大人の指示は、状況で理解している様子で、言葉の意味は理解できていない。 ・人とやりとりする言葉は、「お帰り」「ただいま」のような言葉が逆転している。			
遊び	・ままごとやお店やさんごっこなどは好きで、つくったものを並べて遊ぶ。 ・外遊びでは、水遊びや砂遊びが好きで、なかなか活動が切り上げられない。 ・お気に入りの三輪車があり、いつもその三輪車に乗りたがる。			
対人関係	・大人の顔を見るようになり、視線も合うときが増えたが、要求は大人の手を引っ張って、ほしいものを取らせようとする。 ・友だちに意識がむき始め、友だちがしていることをよく見るようになった。			
家庭との連携	・母親は、週2回仕事があるが、それ以外は短時間保育。本児に一生懸命関わろうとするが、応答性の低い本児の育児に疲れている。 ・近隣に祖父母がいて、本児の世話や相手をしにくい。			
関係機関との連携	・1歳半健診では、言葉の遅れを指摘され、「しっかり関わって遊んであげましょう」と言われた。 ・2歳のときは、地域の子育てセンターで月2回グループ指導を受けていた。			
課題	・対人面の弱さと、感覚面の過敏さ・鈍感さがある。安全を心がけて活動に取り組む。			
目標	本児の好きなままごとやお店やさんごっこなどをとおして、人と関わって遊ぶ楽しさを味わわせ、簡単な言葉でのやりとりができるようにする。			
月	1学期		2学期	3学期
月の目標 （短期目標）	園生活のリズムに慣れる		繰り返しのある手遊びやダンスを友だちとできる	お店やさんごっこのやりとりが友だちとできる
○手だて・支援	○朝の準備、給食など、毎日決まった活動を少しずつ自分でできるようにする。 ○「タオルをかける」などの指示は短い言葉で伝える。		○ハイタッチがある手遊びや友だちがつながったトンネルをくぐるダンスなどを多く遊びに盛り込む。	○商品を並べる遊びから、客に言われた商品を渡す遊びへと展開し、そのなかで「はいどうぞ」「いらっしゃいませ」などの言葉を使えるようにする。
★全体の配慮事項	★1日の活動の流れがわかるようにボードに時計の絵や活動のイラストを示しておく。		★運動会の練習にはすべて参加させるのではなく、楽しめそうな部分で声をかける。 ★一人園庭にいるときは、高い所から落ちないように見守る。	★グループで好きな店がつくれるようコーナー遊びの場所を設定する。
評価	・最初は、一緒に手を添えても時間がかかったが、好きなプール遊びが始まり、着替えは自分からやろうとする様子がみられるようになった。		・何回も繰り返すなかで、自分から「貨物列車」などと遊びを要求するようになった。	・好きなお菓子やさん遊びをするために、登園後の身辺処理はスムーズになった。 　友だちと一緒に声をそろえて「いらっしゃい」とお店やさんの言葉を言うのを楽しむようになった。

図表 9-4　レーダーチャートのある領域別の個別の指導計画

○○年度　　　　　個別の指導計画（2 学期）

氏名	なつ	生年月日	○○年□月△日（4歳 2 か月）	
性別	男	家族構成	3 人家族（父・母・本人）	
入園前の特記事項		大人との間では、特に手のかかる子どもではなかった。同じ年の友だちとうまく遊べない。		
相談歴・医学的情報		滲出性中耳炎・アトピー性皮膚炎		
領域	項目	現在の様子	1	2
健康	1. 情緒の安定	クラス替えでやや緊張	不安定・分離不安	先生との安定した関係
	2. 運動	体を動かすことは好き	しない・避ける	関心はあるが持続しない
	3. 操作（きき手：右）	ハサミは教師が手を貸す	しない・避ける	言われればする（不器用）
	4. 生活習慣	できるが時間がかかる	無関心・できていない	先生と一緒にする
言葉	5. 言葉（理解）	大人の指示は理解できる	しない・無関心	簡単な呼びかけや話しかけは理解できる
	6. 言葉（表出）	言葉の数が少ない	しない・無関心	どちらか選択できる
	7. 絵本	好んで見る	見ない・避ける	特定の絵本や場面に興味をむける
対人関係	8. ルールのある遊び	自分なりのルールで解釈	しない・避ける	先生と遊びを見る
	9. 対人関係	特定の友だちと遊ぶ	一人遊び	大人とは関係成立
表現	10. 表現活動	絵画表現は幼い	消極的	幼いが楽しめる
環境	11. 自然との関わり	興味は薄い	しない・無関心	関心はあるが持続しない
12. 家庭との連携		母親の不安も高い	無関心・できていない	園から言われればする
プロフィールの概要		保護者は言葉が出にくいことを気にしているが、言葉で説明しようという気持ちはもっている。自などには、意欲がみられるので、無理に話すことを強要しないほうがよい時期である。友だちと		
今学期の指導目標		運動会や制作遊びなどでは本児の得意な遊びに保育者が寄り添い、自信をつけさせる		

※現在の到達を ⬭ 囲みで示している。

○○年9月1日現在　□保育園

クラス（4歳児）	担任（はな先生）
ちょうちょ組	男児 12 名　女児 8 名

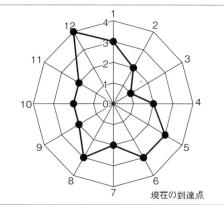

現在の到達点

3	4	評価	次の段階に行くための支援・環境の調整
特定の場　人との安定	クラスでの安定	3	もめごとのときは教師が仲立ちとなって本人の気持ちを代弁する
時間はかかるができる	スムーズに楽しめる	2	不得意な種目にも興味をもって関われるようにする
ぎこちないが、興味をもってやろうとする	集中する・操作は円滑	1	プリントの折りや弁当包などの手作業をとおして手先を動かす機会をつくる
指示されるとできる	自発的にする	2	興味がそれないように言葉をかける
日常会話がわかる	指示の内容がわかり、正しく行動できる	3	経験のないことは理解しづらく、人がしているのを見せる
「ほしい、やめて」などの意思表示ができる	決まったやりとりのパターンで自分の気持ちを言う	3	答え方のパターンを示し、答えるまで待つ
興味のある絵本はだいたいの内容がわかる	クラスで読み聞かせる絵本はだいたい理解できる	2	読んだあと、個別で話を聞く
誘われると参加する	ルールがわかり参加する	3	遊びのルールを個別に確認する
二者関係（上下・対等）	グループで協力	2	行動のペースの合う友だちとグループにする
意欲的にする	友達の刺激を受け、自分なりに工夫する	2	好きな歌を用い、絵画表現遊びに誘う
自分から興味をもって関わろうとする	すすんで関わり、試したり考えたりする	2	先生と一緒に夏野菜の写真をとる
連携に対する意欲がある	子どもの状態を的確に把握し、協力的である	4	降園時、母親の話をじっくり聞くことで、協力体制がとれた
分の気持ちをうまく言葉にできないときもあるが、ダンスや工作一緒に活動できることを優先的に取り組む		支援の評価	運動会をきっかけとして、友だちとポンポンをもって、一緒に CD をかけて踊る姿がみられるようになった。友だちに自分から「やろう」と誘っている。

図表9-5　日案の中に配慮事項を書き込んだ例

（あお）組の保育指導案

9月16日（金）		5歳児（あお組） 担任：つばめ先生（男児12名　女児13名）		配慮を要する幼児 （きいろ・みどり）
時間	活動	予想される幼児の活動	環境構成 全体への配慮	環境構成 個別の配慮
8：45〜	登園する 所持品の始末	もちものの始末をする	一人ひとりとあいさつしながら健康観察	見通しを立てにくいきいろ用に写真入りスケジュールを貼っておく
9：00〜	好きな遊び （砂場・遊具・ままごとなど）	砂遊びや玉入れ遊びをする	砂場のそばに水を入れたたらいを用意しておく 玉入れ台と玉を用意する	きいろが友だちのおもちゃを勝手に取らないよう「貸して」と一緒に言う。 みどりの好きな玉入れが十分楽しめる時間を確保する
10：15〜	集会 （みんなで体操） （リレー遊び）	4歳児クラスと一緒に「動物エアロビクス」の体操をする	のびのびと身体を動かせるよう園庭いっぱい広がらせる	きいろにはCD係として先生と一緒に見学させる。 みどりは友だちとぶつからない場所へ誘う
11：00〜	クラスの遊び 制作遊び 「万国旗」づくり 絵本を見る	見本の「世界の国旗図鑑」を見ながら、好きな国旗をつくる 「スイミー」の絵本を見る	国旗用の用紙、オイルパステル、絵の具を準備する。友だち同士でつくった国旗を見せ合う。保育室に飾る。 絵本を見ながら気づいたことを話したり魚になって動いたりする	模写しにくいきいろには、あらかじめコピーした国旗に色を塗って仕上げさせる。みどりは、「1枚できたらおしまい」と終わりを明示する
11：30〜	お弁当を食べる	弁当の用意をして食べる	自分たちで準備がすすめられるよう見守る	きいろは、手順表を見せながら、一つひとつ確認して用意させる
12：30〜	自由に遊ぶ	食べ終わったあとは、静かに保育室で遊ぶ	ブロックやパズル、絵本を用意	お気に入りのコーナーで好きな遊びがじっくりできるようにする
13：30〜 14：00	降園準備 降園する	明日の予定を話し合う 降園準備をする	明日の活動に期待感をもてるよう話し合わせる	きいろと一緒に明日用にスケジュールボードを変えていく

図表9-6　複数の担当者が入れ替わりになる例

○○年度

複数の担当でつくる日案形式の個別の指導計画　　　　　6月1日（火曜日）

No1	名前：なつ（男・女）		3歳児（かえる組） （男児14名　女児12名）	担任：ろく先生 補助：なな先生
入園前・前年度からの引き継ぎ事項	入園前の1年間、療育機関で親子教室（週1回）に通った。入園にあたって、4月は母親に付き添いを依頼する。パニックは減り、スムーズに園生活に適応できている。			家族構成 父・母・姉（小3）の4人家族
時間	活動内容	◎個別の目標	☆手だて	評価（担当）
8：00～	早朝保育	◎集中して好きなブロックで遊ぶ	☆なつが集中できるようブロックのコーナーを仕切る	コーナーに自分が先に入っていれば大丈夫 （早出担当はち先生）
9：00～	好きな遊び （園庭・室内）	◎砂場の玩具を友たちと一緒に使うことができる	☆なつを「砂場の玩具配り係さん」として、ほかの子どもが勝手に玩具を出さないようにする	「配り係」が気に入って友だちに玩具を渡せる （なな先生）
10：00～	クラスの遊び （制作・ゲーム・音楽・表現）	◎苦手なカスタネットの音があっても、保育室から出ていかない	☆合奏の練習の間は、ヘッドホンをつけるかどうか尋ね、なつがつけてから、音楽遊びの練習を始める	急に音がしないことがわかってきて10分くらいは逃げ出さなくなった （ろく先生）
10：30 11：30	課題遊び （リトミック・英語・体育）など）	◎合図を聞いてから、サーキットを始める	☆サーキットのコースは、写真を貼ったボードで示し、笛の合図で動く。始める場所やコースの変更はOKとする	「笛がなるまでだるまさん」とだるまの絵を指差すと戻ってきて座る （体育遊び担当きゅう先生）
11：30～	お弁当・給食	◎「いただきます」の合図で食べる	☆準備の間、音楽をかけ、音楽が終わったら「いただきます」と言うことを続ける	準備は手伝う必要があり、ウロウロしているが、食べずに待つ （なな先生）
12：30～	お昼寝	◎お昼寝の時間、絵本の部屋で静かに過ごす	☆無理に寝かせようとせず、別室で静かに過ごせればよい	ごろんとカーペットに寝そべって絵本を見る （時間パートてんさん）
3：00～	おやつ	◎「いただきます」の合図で食べる	☆準備の間、お弁当と同じ音楽をかけ、いすに座って待つ	おやつは大好きなので、いすに座って待つようになった （なな先生）
4：00～	延長保育	◎園庭のなかで保育者と遊ぶ	☆門から勝手に飛び出さないよう、外遊びの間は個別に担当がつき、一緒に遊ぶ	母親が来る時間を知らせておくと待てるようになった （延長担当ろく先生）
生活習慣	身辺処理 トイレ	◎「これでおしまい」の部分だけ自分でする	☆最初の部分は手伝うが、食器を運ぶ、ズボンを上げるなど、最後は自分でするように見守る	機嫌がよいとするが、うまくいかないと手をかむ （なな先生）
行事場面	誕生会・遠足・運動会・音楽遊び・異年齢交流など	◎全員が静かに人形劇を見ているときだけ参加できる	☆絵本の部屋から、「○分になったら人形劇」と遊戯室に行く時間を前もって知らせておく	誕生会の後半の人形劇には参加できるようになった （ろく先生）

個々の発達を促す生活や遊びの環境と記録

本レッスンでは、子ども一人ひとりが、生活や遊びの主人公として活動できるようにするための生活や遊びの環境の設定はどうあるべきかについて考えます。そして、用意された場所や遊びが本当にその子どもに合っているのかどうかを振り返るためには、保育者の書く「記録」が重要な証拠になってきます。では、どのような環境構成や記録が有効なのでしょうか、ていねいに見ていきましょう。

1. 子どもにとって、わかりやすく居心地のよい保育の場

1 子どもの目線で、保育室を見回してみると

　皆さんも想像してみましょう。言葉の通じない海外で、飛行機を降り立ったとき、どこをどう行けば目的とするホテルにたどり着けますか。前もって地図をもっていたり、案内板があったりすれば、大丈夫と思うかもしれませんが、はじめての場所では方向もわからず、案内表示の文字が読めないととても不安になりますね。そのため、駅や公共機関ではさまざまなシンボルが表示されています。このように、誰もが理解でき、使いやすいように環境を設定していくことを、**ユニバーサルデザイン**といいます。

　同じように、はじめて保育所や幼稚園の門をくぐった子どもたちは、今まで過ごしてきた家庭にないものがあり、広くて騒々しい雰囲気にびっくりすることでしょう。まして、まだ言葉を獲得していない子どもの場合、「なぜ、ここにいるの」ととまどって固まってしまっても当た

図表 10-1 保育室の配置例

り前です。ここで保育者は少し腰を落として、子どもの目線に合わせて保育室を見回してみましょう。たとえば、図表10-1のイラストのような保育室の配置では、入り口に置かれたタオルかけが子どもの視界をふさいで、奥のピアノの側から声をかけている保育者の姿はまったく見えません。「ほら、ごあいさつして」と付き添った保護者に言われても、どこへ行ったらよいかもわからず、困ってしまうと考えられます。もう一度子どもの目線で、保育室の入り口からの動線を見直してみましょう。

2　子どもが安心できる環境

　子どもは好奇心旺盛で、一つの遊びは長続きしないと思われるかもしれませんが、新しい環境に慣れるまでは、決まった場所に同じお気に入りのものがあるということが大事です。毎朝、保育所に行ったら、「大好きなカートレインがある」ということが、安心感につながります。ここに来れば、いつも同じ遊びができると子どもが思える場所をつくってあげましょう。保育室の真ん中にじゅうたんを敷いて、ブロックや人形を入れたボックスを置いて、どこからでも遊べるようにするという環境と、保育室の右手には絵本のコーナー、左手にはブロック遊びのコーナーなどと区切っておく環境ではどちらが安心できると思いますか。元気のいい子どもはどのような状況でもすぐに遊び始められます。しかし、状況の理解や言葉の理解がゆっくりした子どもの場合、「ここは大好きな絵本がある場所」「ここはブロック遊びをする場所」と決まった空間が用意されているほうが安心できます（図表10-2）。コーナーがわかるように、たとえば、ままごとコーナーには畳、絵本コーナーには机といす、ブロックコーナーにはじゅうたんなどと区切っておくと、子どもが見て区切りがわかりやすいでしょう。ある自閉スペクトラム症の女の子

図表 10-2　落ち着ける場所

は大勢の子ども集団の雰囲気に圧倒されて、ままごとコーナーにある小さな家の窓からほかの子どもたちの遊びを１学期中眺めていました。そこがその女の子にとっては、一番安心できる居場所だったのです。

　同様に、園庭での子どもの遊びを観察すると、すべり台やブランコなどの固定遊具に集まる顔ぶれが同じであることも少なくありません。園庭で自由に好きな遊びを展開するためには、まず園庭のなかに安心できる居場所があることが第一条件であるといえます。子どもによってそれが砂場であったり、花壇の縁のダンゴムシの生息場所、ウサギのいる飼育小屋だったりする場合もあります。園庭は広いので、クラスの担任だけではなく、職員全体で目を配り、それぞれの子どもの安心できる場所を確認しておくことが始まりです。

3　子どもが集中しやすい環境

　絵本を見る、パズルをはめる、絵を描くなどの遊びは、大勢でするより、個人でじっくり取り組ませたい遊びです。安心してその遊びに集中できるように個別に区切っておくのも大事な支援になります。

　目に入る刺激についつい反応してしまう注意欠如多動症（ADHD）の傾向がある子どもは、ごちゃごちゃとした飾りのないシンプルな衝立で視界をさえぎってある場所が、集中して遊びに取り組みやすいのです。

　それから、廊下の奥、階段の下、用具入れ倉庫など、ちょっと暗くて狭い場所に潜り込んでいる子どもたちもよく見かけます。感覚の過敏な子どもの場合、そっとなでられるより、強く押し付けられる「圧」の感覚のほうが安心する場合があります。段ボールハウスや、不要になったふとんをロールにして布をかぶせたドーナツクッションなどのなかだと落ち着くという子どももいます。発達障害／発達症のある子どもだけでなく、情緒的に不安の強い子どもたちには、入園後、できるだけ早く、その子どもが安心して集中できる場所を確保してあげましょう。

　発達障害／発達症、特に自閉スペクトラム症の子どもの場合、一度にあれもこれもと入ってくる複数の情報や課題に対応することは苦手で、刺激が多い環境ではとても疲れてしまいます。そこで、棚にはカーテンをつるして気が散りやすい刺激を隠したり、部屋のなかで落ち着かなくなったり不安になったときは、ほかの子どもたちから見えない場所に行って一人でパズルや絵本など好きな遊びができるようなコーナーを用意したりします。このような一人ひとりに合わせたきめ細やかな支援を、「環境の構造化」といい、アメリカのノースカロライナ大学のショプラー教授らによって1960年代半ばに開発されたTEACCHプログラム*の一つです。

⊛ **用語解説**
TEACCHプログラム
（Treatment and Education of Autistic and related Communication handicapped Children）
1972年から、ノースカロライナ州の行政府より、全州でこのプログラムを展開することが認められ、このプログラムで支援されている自閉症の人々は、地域社会のなかで自立し生き生きと生活している。

4　子どもが自分でわかる生活環境

　家にいるときは、洗面台にあるコップやタオルを何気なく使って歯磨きやうがいをしていた子どもたちも、保育所や園に来ると集団のなかで生じてくるルールを理解しなければならなくなります。「○○ちゃんのコップはどれ？タオルはどれ？」とまず自分の持ち物を見分けて、同じように並んでいるコップの棚やたくさんぶら下げてあるタオルかけから、自分の持ち物を選んで使わなければなりません。当たり前のことのようですが、文字が読めなかったり、言葉の理解がゆっくりしている子どもには、どのようにルールを知らせていけばよいでしょうか。図表10-3に工夫の例を示します。

図表 10-3　生活環境上の工夫の例

お弁当の配膳図を示す

着替える順に置いておく

机といすのマッチングを示す

片づける場所を見てわかるように示す

出席ノートにシールを貼る。ノートと同じものを拡大コピーして位置のマッチングで貼れるようにする

お母さんのお迎えが気になる子どものために、1日の流れを絵カードにしたり時計の針で示したりする。どちらがわかりやすいか、子どものタイプによって変える

　1歳くらいの段階であれば、「どっち？」と2つのなかから選び取れるということができればよく、2歳くらいになると何でも自分でやろうとする気持ちが強くなるので、自分の印（マーク）がついているコップや歯ブラシを選び取ろうとし始めます。子どもの目につくところに、見分けるための手がかりを用意しておくことが大切です。3歳くらいになると、生活の場でのルールも理解できてくるので、順番という言葉と、手洗い場の手前に並んでいる足型を見て、その上に並んで、「順番を待つ」ということができるようになります。そして、4歳くらいでは、使ったコップは洗って元の場所に戻すということも理解でき、5歳では、当番活動として時間になると、グループの友だちのコップの入ったかごを手洗い場の横にもっていくなどの準備をすることができます。6歳では、歯ブラシに書かれている名前を見て、「○○ちゃんの歯ブラシ落ちていたよ」と名前を読み、どうすればよいかを自分で判断して、友だちに関わっていくこともできるようになります。このように、「歯磨き」という生活習慣一つをとってみても、その子どもの発達に応じて、設定する手洗い場の環境は違ってきます。もちろん、この年齢は目安であり、同年齢の子どもの均一的な発達の基準ではなく、一人ひとりの発達過程や心身の状態に応じた適切な援助および環境構成を行うことが重要であることはいうまでもありません。

　一人ひとりの発達に合わせて、子どもが自分でわかって動くことができるような援助を工夫したいものです。そうすることで、「次、○○するよ」「早く○○しなさい」という保育者の言葉かけを少なくすることができます。「何回言ってもできない」「いつも同じことを言わなければならない」という場合は、もう一度その子どもの置かれている環境がその子どもにとって理解しやすい構成になっているかどうか点検していくことが大切です。

5　視覚支援——言葉以外の手がかり

　発達障害／発達症のある子どもたちにも、園生活の決まりを一つひとつ教えていくことは大事です。「どうしたら、わかるように伝えられるか」ということは大きな問題です。話し言葉だけに頼らないで、見てわかるように伝えることを、**視覚支援**といいます。耳から入ってくる言葉の手がかりが十分伝わらないときに、見てわかる手がかりを示すことです。図表10-4に視覚支援の例を示します。

　そして、時間という目に見えないルールを見える形にしていくのが、スケジュールや手順表という視覚支援です。この方法をうまく活用する

◆ 補足

視覚支援

「絵カード」作成用のデータ集もCD化されていたり、それに関する教材本がたくさん市販されている。それらを活用してもよいが、実際の子どもの過ごす場所のものを写真で撮ったり、その子どものお気に入りのキャラクターを使ったりした、その子どもオリジナルのもののほうが効果的である。どのようにつくるのか、どのように使うのが効果的かは、近隣の特別支援学校に見学に行ったり、その学校の先生方にアドバイスしてもらったりするとよい。

→レッスン7

図表 10-4 視覚支援の例

「ぶくぶくうがい」と「がらがらうがい」の違いを伝える

ぶくぶくうがい　　　　　　がらがらうがい

「甘い」「すっぱい」の表情カードを見せ、
「今の味は、どっちの顔かな」と指差ししてもらう

ことで、時間の経過に見通しをもつことができます。いつ、どこへ行って、何をするのかが示されることで、「見通しのつかない不安」「終わりのわからない不安」が軽減され、自分のするべき課題がわかり、意欲的に取り組め、いつも保育者を頼る依存的な態度から脱却することができるのです。

　手順表をつくるコツは、「やさしく、単純に、見通しやすく」です。以下に5つのポイントをまとめます。

①取り組ませたい課題を絞る
・子どもにとって、知りたいことは何か考える
・子どもが実際にしていることをよく観察して、手順を書き出す

②子どもがすることを前向きに、簡潔に示す
・子どもにしてほしい行動を具体的に表現する（たとえば、「廊下を走らない」ではなく、「廊下を歩く」というように望ましい行動の形で表現する）
③場所や道具、材料にも名前をつけて、見てわかる形で示す
・やり方や手順を示すためには、どこで何を使うのかも理解させる
・「ここ」「あっち」「それを使って」「端から順番に」などのあいまいな言葉は使わない
④いつまで、どれだけという時間・回数・量を明示する
・どのくらいするのかを、時計の針の位置を示したり、1回ごとにシールを貼ったりするなど、カウントできる形で示す
・キッチンタイマーや、砂時計なども上手に活用しよう
⑤慣れたら、準備や片づけまで手順に含める
・誰かが準備してくれないとできないというのでは困るので、自分で取りにいき、片づけることができるよう、保育室内の教材の場所も子どもの目線で配置を決めておく。保育室の環境の構造化と同時に行う。

　また、スケジュールは、保育者や園の都合を子どもに押しつけるためではなく、子ども自身が必要とする情報が得られ、見通しをもって生活するためにあることを忘れてはいけません。
　「今日は何するの」と子どもがわくわくしながらスケジュールをのぞきにくるような**楽しみを伝えられるスケジュール**であるといいでしょうね。また、「見たらいいことがある。楽しいことが待っている」という期待をもてることが大切です。「大好きなお母さんのお迎えがあるから、ちょっと寂しいけどお昼寝して待っていよう」と先の見通しをもてることが、がんばる気持ちを育てます。

2. 子どもが自分の好きな遊びが楽しめる環境構成

1 好きな遊びを選ぶことができるために

　保育者に「好きなことして遊んでいいよ」と言われて、ワーッと園庭に飛び出していく子どもたち、みんな楽しそうに遊んでいるように見えますが、一人ひとりの動きをよく見てみましょう。サッカーをしている

友だちのそばでうろうろしている子ども、本当は一緒にやりたいけれど
も、「入れて」と伝えることができず、そばを走ることで雰囲気だけ参
加している気分を味わっているのかもしれません。「この子どもは、虫
探しが大好きなんです」と言われる子でも、実はそれ以外に遊びのパ
ターンが広げられず、毎回虫かごと網をもっていきますが、視線の先は
さまよっています。にこにこと笑顔のかわいいダウン症の女の子はいつ
もままごと遊びに入れてもらっていますが、赤ちゃん役でミルクを飲ま
せてもらうばかりです。この子どもの本当にしたいことを個別で聞いて
みると、「お母さん」で、「ホットケーキがつくりたい」ということでし
た。
　漫然と見ていると遊べているようで、トラブルがない限り保育者も安
心して、次の遊びの準備をしたり、一緒にドッジボールをして遊んだり
していますが、そういうクラスの中心的活動の周辺にいる、本当は好き
な遊びをしていない子どもたちにも目を向ける必要があります。
　パーテン*の遊びに関する発達段階をみてみましょう。

人物

パーテン
(Parten, M.B.)
1902～1970年
アメリカの心理学者。社
会的行動発達の観点から 6
つの発達段階を示した。

---

①ぶらぶらした行動（何もしていない）
　　特に何かで遊ぶでもなく、何もしないで歩き回ったり、部屋
　　のなかを見回したりする。
②一人遊び
　　ほかの子どもたちと関係をもとうとせず、一人で自分だけの
　　遊びに熱中する。
③傍観（者行動）
　　ほかの子どもが遊んでいるのを見て、質問したり、遊びに口
　　出ししたりするが、遊びに加わらない。
④並行遊び（2、3歳から）
　　ほかの子どものそばで、同じような遊びをしているが、相互
　　に干渉したりはしない。
⑤連合遊び（2、3歳から）
　　ほかの子どもと一緒に一つの遊びをし、おもちゃの貸し借り
　　がみられるが、分業などはみられず組織化されていない。
⑥協同遊び（3、4歳から急激に出現）
　　何かをつくるとか、ある一定の目的のために、一緒に遊ぶ。
　　役割分担や組織化がなされ、リーダーの役割をとる子どもが
　　現れる。

しかし、障害特性のある子どもたちは、これらの遊びの形態にうまく参加できるとは限りません。障害特性のある子どもの遊べない原因を考えてみましょう。秋元は、特性のある子どもが遊べない理由として、次の6つをあげています[1]。

▶ **出典**
†1　竹田契一監修、竹田契一ほか『保育における特別支援』日本文化科学社、2013年、122頁

> ・ものの扱いや玩具での遊び方がわからないために遊べない
> ・人とのやりとりがわからず、遊べない
> ・ゲームのルールがわからず、一緒に遊べない
> ・勝ち負けのこだわりのために、一緒に遊べない
> ・不器用さのために、遊びが長続きしない
> ・注意がそれやすく、遊びが長続きしない

このような視点で子どもの遊びの様子を観察し直し、遊びの援助を行うことが大事です。

2　制作遊びに参加しやすくするために

障害特性のある子どもは、段取りよく作業に取り組むことが苦手です。したがって、制作遊びなどをする前には、何をどのようにつくるのか、使う道具は何なのかを、子どもがイメージをもてるように、「サンタクロースを折るよ」と出来上がりを見せたり、その手順を紙芝居のようにつくって、その手順書を見ながらつくったりすることができるようにしてあげるとよいでしょう（図表10-5）。

作業台の上がぐちゃぐちゃになってしまわないように、材料の置き場所を仕切ったかごに分けて入れて、探すことで注意が途切れないようにしていくことも必要です。子どもの動線を考えて、実際にシミュレーションしながら手順書をつくっていくと、道具の配置も一緒に考えることができて効率的です。折り紙の折り方などは、グループごとに手順書を置くなど、子どもがすぐ見ながらできるような配慮が大切です。

3　行事に参加しやすくするために

毎日繰り返していることが理解できても、はじめての運動会、はじめての遠足、はじめての健康診断など、はじめて取り組む行事に対して、不安を抱くのは当然です。このように、いつもと違う活動をするときは、事前にシナリオをつくってリハーサルしておいたり、昨年度の記録映像を事前に見せたりして、子どもにイメージをもたせることが大切です。

慣れるのに時間がかかる子どもの場合、家庭にも協力をあおいで、送

図表 10-5 制作遊びの手順の例

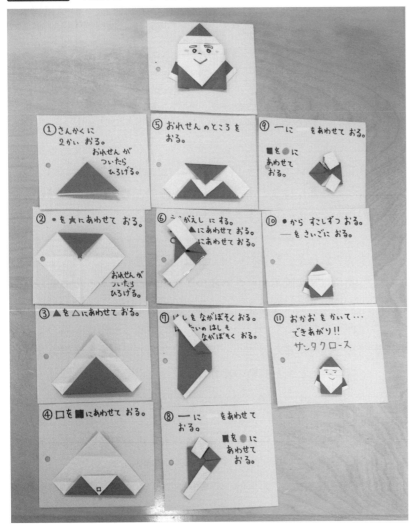

迎の車のなかで音楽会で歌う曲を流してもらったり、ビデオでダンスを
視聴してもらったりすることも一案です。

　行事に向けての練習は、どうしても保育者や園の都合を優先して進め
てしまいますが、何度も繰り返し練習すればできる子どもばかりではあ
りません。意味もわからないまま繰り返しを強要されることで、意欲が
下がってしまったり園に行きたがらなくなったりと二次的な問題を引き
起こしかねません。プログラムを見ながら、どの部分ならば参加できそ
うか、どのような工夫をすれば参加できるか、園の職員全員で考えて、
無理なく自分なりにできたという満足感が得られるような参加のさせ方
を話し合いましょう。

3.　個々の子どもの姿を読み取るための記録

　これまでみてきたように、一人の子どもの同じ行動でも、どのような状況のなかでみられたかということによって、行動の意味は違ってきます。その場面だけでなく、それまでの経緯を踏まえて、今の行動をていねいに観察し、その子どもの文脈のなかで、行動を読み取らなければなりません。状況性と文脈を大事にしながら、子どもの行動を読み解いていくような**エスノグラフィー**[*]の考え方は、保育には大変重要です。

　記録をとることにはどのような意味があるのでしょうか。河邉は、その著書のなかで、次の4点をあげています[†2]。

> ①事実を忘れないために……記録は記憶を補う
> ②行動の意味を読み取るために……積み重ねにより行動の背景が浮き上がってくる
> ③保育を省察するために……保育行為の判断の妥当性を高める
> ④情報を共有するために……保育は、集団で生活する場であり、複数の子どもと複数の保育者が織りなす営みである

　こうした保育者の記録は、子どもと生活をともにする保育者だからこそ、可能なものであり、保育者の読み取りと、その根拠となる過去の子どもの行動とが関連づけて記述されていることがポイントです。

　また、子どもにとっての理解しやすい保育環境となり得ているかどうかを省察するうえで重要になってくるのが、**環境図記録**[*]です。この様式を考案した河邉は、「個人別の記録では、その子どもと、取り巻く周囲との関係性を視覚的に読み取ることは難しいが、この環境図記録の形式では、異なる遊びの中に共通する育ちを読み取ることができたり相互に影響を受け合ったりする姿をとらえやすい」と述べています[†3]。

　客観的な子どもの姿を記録するために、最近は保育のなかでの子どもの姿をデジタルカメラで撮り、その写真にエピソードを書き込むポートフォリオのような記録のしかたもあります。文字表現ではなく、その瞬間の子どもの表情を見ることができるので、保護者に保育のなかでの子どもの姿を伝えやすいというメリットもあり、取り入れている園が増えてきました。

✴ 用語解説

エスノグラフィー
文化人類学者が、異文化社会、とりわけ未開文化社会での営みを長期にわたって住み込み調査する際の手法。

▶ 出典
†2　青木久子・間藤侑・河邉貴子『子ども理解とカウンセリングマインド──保育臨床の視点から』萌文書林、2012年、92-95頁

✴ 用語解説

環境図記録
園の環境をあらかじめ図示した記録用紙にその日の子どもの姿を記入していく記録の手法。

▶ 出典
†3　†2と同じ、99-100頁

①保育のなかで、子どもにわかりやすい指示について考えましょう。グ
　ループで保育者と子ども役になって、「折り紙で鶴を折る」という課
　題を口頭指示だけで伝える場合と、手順書を見せながら伝える場合で
　どちらがわかりやすかったか話し合ってみましょう。また、それぞれ
　のグループでつくった手順書を比較してみましょう。

②子どもの目線で、保育室の環境を写真に撮って、どのような位置にど
　のような視覚支援があるとわかりやすいか考えてみましょう。

③観察実習などの機会を利用し、子どもの個別の行動から発達やその子
　どもの内面を読み取る記録のとり方を実践してみましょう。

子ども同士の関わりと育ち合い

保育園や幼稚園は、子どもが家族以外の人と生活をともにする初めての場所です。特に最近は、きょうだい数も少なく、近所で子ども同士が自然に群れて遊ぶということもできなくなりました。保育の場では、子ども同士の関わりを十分体験させることが重要な役割になってきています。本レッスンでは、発達に課題のある子どもが、子ども集団とうまく関わって仲よく遊べるようになるプロセスとそのときどきの支援について学習しましょう。

1. 対人意識の育ち

「幼保連携型認定こども園教育・保育要領」では、第2章第2「満1歳以上満3歳未満の園児の保育に関するねらい及び内容」、第3「満3歳以上の園児の教育及び保育に関するねらい及び内容」のなかで、人との関わりに関する**領域「人間関係」**として「他の人々と親しみ、支え合って生活するために、自立心を育て、人と関わる力を養う」とあげられています。では、人と関わる力は、どのように育つのでしょうか。ここでは、社会性の発達段階について紹介します。

1 社会性の育ち

人と関わることから、「社会性」は発達していきます。一松の定義によると、「社会性」とは、「個人が存在する社会の中にあるルールやふるまい方を身につけ」、「自分らしく生きていくこと」としており、その育ちには、ほかの発達と同様に順序があるといいます[1]。乳幼児期の社会性の発達の過程を図表11-1に示しておきます。標準的な発達をしている子どもの、おおよそその生活年齢の目安ですが、次の段階への移行は、単に年齢によるものではなく、子ども自身がその段階の力を獲得したことによります。子どもが今学ぼうとしている時期を見極めて、それに合った対応や指導をしていくことが必要なのです。

社会化と自己形成は、相反する概念のようですが、自分を表現したときに人から「それはおかしいよ」とか「それでいいよ」と何らかの評価を受け、自分とはこういうものなのだという自己がつくられていきます。特に、幼児期はそのスタートラインに立っているといえるでしょう。大人は、「しつけ」によって、子どもに社会のルールを教えていきます。自己主張が受け入れられないという状況のなかで、子どもは、我慢する

⊕ 補足

領域「人間関係」
「保育所保育指針」「幼稚園教育要領」にも同じ記述がある。

▶ 出典

†1 一松麻実子『人と関わる力を伸ばす──社会性が幼い子への援助法』鈴木出版、2002年

図表 11-1 乳幼児期の社会性の発達

社会性の発達段階

一般的な社会性の発達	友だちができにくい子にみられる傾向
（1）芽吹きの時代（出生～乳児期前半・乳児期後半～1歳前後）	
・人見知りが始まる ・人とものや言葉などをやりとりする能力が育ち始める（二項関係の成立） ・一緒に見つめるもの（テーマ）を探す ・「だめ」「よい」の理解が始まる	・やりとり関係が成り立ちにくい（二項関係がうまく機能しない。「ちょうだい」に応じられない） ・共同注視注1) や社会的参照行動注2) がはっきりしない子が多い ・「だめ」がわからず、よくけがをすることも
（2）「良い」「悪い」の時代（1歳半前～2歳半前後）	
・「自分」に気づき始める ・自分のものなどへの意識がはっきりしてくる ・ほかの子を意識し始める ・「一人でやる」「自分で」を主張し始める ・自分のなかに基準ができ、それにのっとって行動しようとする（反抗期） ・「折り合いをつける」ことを学んでいく	・自分のものへの執着が薄い（自分の持ち物を管理できないことにつながることも） ・特定のものに固執する子もいる ・ほかの子とのいさかいがみられる ・相手に合わせることがなかなかできない
（3）協調の時代（2歳半前後～3歳代）	
・2つのものを見比べる力がつく ・相対的なものの見方に気づき出す ・1つのものを多角的に見る力が育つ ・仲間意識が育ち始める ・好きな子がはっきりしてくる ・感情表現が豊かになる ・協調して遊べるようになる	・感情表現が乏しい ・自分や相手の気持ちを理解するための言葉が不足している ・「大-小」など比較につまずく子もいる ・ほかの子と遊べず、一人遊びになりがち
（4）競争の時代（4歳～）	
・特定の子たちと遊ぶ姿がみられるようになる ・子どもの間に一定のルールができる ・子ども同士の交流が一定時間続くようになる ・競争や、1番、2番の意識が高まる ・共感する力が育つ	・相手の感情がわからず、争いにつながりやすい ・遊びのルールがよく理解できない ・勝負に無関心。あるいは、勝ち負けを過剰に意識し出す
（5）道徳の時代（5歳～）	
・正義にあこがれるようになる ・「正しい人だから好き」「悪い人は嫌い」という価値基準が成立する ・「いけないこと」がわかり、そのことを口にする ・小さい子、弱い子に優しく接するようになる ・表情と感情の違いに気づき始める ・ルールが守れないと仲間に入れない ・子ども同士の結びつきが強まってくる ・けんかが増えるが、言葉での言い争いが多くなる	・カーッとなるとほかの子を叩いたりするなど、乱暴が目立つ ・相手をほめたり、ものをあげたりすることがほとんどない
（6）仲間の時代（6歳～7歳）	
・ほかの子に合わせて行動する力が高まる（ほかの子につられて行動するようになる） ・大人の指導や介入を徐々に嫌うようになる ・「オレ」など、乱暴な言葉づかいをするようになる ・泣くのを恥と思い始める ・大人への依存から脱却しようとし始める	・他の子に合わせて動けないため、自分勝手な行動になりがち ・すぐ泣くので対等な仲間ができにくい ・親や先生に何でも話すので、仲間に入れてもらえない傾向の子もいる

注：1）子どもが物体や人物に対して注意を向けている状態のこと。
　　2）赤ちゃんが新しいものや不安なものに出会ったとき、母親を振り返り、その表情や態度から確認してどうするか決める現象のこと。
出典：一松麻実子『人と関わる力を伸ばす——社会性が幼い子への援助法』鈴木出版、2002年、224-231頁をもとに作成

力や折り合いをつける力、言葉で交渉する力などを覚えていきます。とはいえ、社会性の育ちは、しつけだけには限りません。つい社会性の弱い子どもを「しつけのできていない子ども」ととらえがちですが、ただ厳しくしつければよいわけではなく、その子どもの発達に応じた適切な関わりや体験を積み重ねさせることが大切です。

子ども自身が人やものごとに対して、どのようにふるまったらよいのかということを判断して、そのときどきのふるまい方を決めていけるようになることが大切です。その判断基準を獲得することが、社会性の発達につながるのです。社会性が発達するということは、多くの判断基準がもてるようになり、その場に合った判断基準に適応できるようになるということなのです。

2 社会性の発達の過程で起こってくる葛藤

ここまで述べたように、厳しいしつけという大人の判断基準が強すぎる場合、大人の顔色をうかがうびくびくした自己主張の弱い子どもになってしまいます。

1歳前後の自己主張の芽生える時期では、ほかの子どもとのぶつかり合いも増えてきます。たとえば、大好きな保育者のひざにほかの子どもが座っていると押しのけたり、自分が遊んでいるおもちゃを取られそうになると押したりかんだりしてしまうことがあります。言葉で伝えることができないため、どうしてもかむ、押す、突くと乱暴な行動で実力行使してしまいがちです。「ちょうだい」「いや」と言葉で伝えることを教えていくようにしますが、子ども同士の取り合いなどのとき、すぐ仲裁してしまわずに見守る姿勢も必要です。取り合いをとおして、「自分のもの」という意識も育つのです。

反対に、何でも好き勝手なことをさせてよいかというとそうではなくて、子どもに我慢する体験をさせることも必要です。発達に弱さがある場合、つい「言ってもわからないから」「人がいるところで大泣きされると困る」など大人側の判断基準がゆるみ、せっかくの「自制心」の育ちを阻害してしまうこともあります。不快な体験も必要で、それを「我慢して当たり前」とするのではなく、「よく我慢できたね」と自分を一歩成長させるプラスの体験にしていくことが大切です。

発達障害／発達症の子どものなかには、反対概念（開ける↔閉めるなど）が難しかったり、クーラーをつけていない部屋に人が入ってきて「暑いねえ」と言った場合、それは「クーラーをつけてほしい」という意味でもあるなど、**言葉の裏の意味を理解できなかったりする子どもがいま**

◆補足
自閉スペクトラム症の子どものコミュニケーション面の課題
自閉スペクトラム症（ASD）の子どもたちのなかには、言葉を字義どおりに受け止め、言葉を発している人の意図や雰囲気を読み取りにくいというコミュニケーション面の課題をもつ場合が多い。

す。「廊下を走ってはいけません」「コップをドンと置いたら危ない」と否定するような声のかけ方ばかりでは、子どもはどのような行動をとればよいかわからず、体を硬くして、心を萎縮させてしまいます。「廊下は歩こうね」「コップは、そーっと置こうね」と望ましい行動を意識して伝えていきましょう。

　多動性（動きが多く興味が移りやすい）があるために、じっくり遊びをやり遂げる体験や、ごっこ遊びやゲームなどを友だちと共有する体験が乏しくなりがちな子どももいます。力のコントロールもうまくできないため、友だちがつくっている積み木のトンネルをくぐろうとして壊してしまったり、なごやかに遊んでいるままごと遊びのグループに割り込み、一人でテーブルの上に並んだ料理を全部食べてしまったり、行く先々でトラブルが絶えません。短い時間でよいので一つの遊びを友だちとやり切ったという体験を味わわせることが大事です。

　年齢よりも知的な発達が幼い子どもは、遊びの面白さや友だちと遊びを共有するということの意味はわかり、友だちと同じことをしようとします。しかし、「次は私の番」などと言葉でうまく自己主張できなかったり、一緒にロボットをつくろうとしてもセロハンテープがうまく切れない不器用さのためにほかの子どもが遊び始めてもまだ完成させられなかったりして遊びにうまく入れません。

　また、楽しいこととふざけることの違いがわかりにくく、友だちが笑っているのを楽しいことと間違えて、ダンスの途中にズボンを下ろしてお尻をフリフリしてしまい、笑われることもあります。子どものやる気を損なわせずさりげなく手助けすることと、行動の意味をわかるように説明していくことが求められます。

　限局性学習症（**SLD**[*]）が疑われる子どもの場合は、その特性が影響して友だちとうまく遊べないことはありません。ただし、言葉の発達の未熟さで、長い言葉やセリフを覚えることが苦手であったり、言葉を思い出すのに時間がかかったりするので、遊びの主役は回ってこないことが多いようです。フルーツバスケットやしりとり遊び、かるたなど年長児の言葉や文字を使う遊びでは流れについていけず、自信をなくしている場合もあります。

3　社会性の発達段階別の課題と大人の支援のポイント

　図表11-1に示した社会性の発達段階別に、その時期の課題と、その時期の子どもに関わる際の大人の支援のポイントについて、石崎が示したものが図表11-2です[†2]。

◆ 補足
ADHDの子どもの多動性
注意欠如多動症（ADHD）のある子どもたちは、多動・衝動性、注意集中に課題があり、特に幼児期は動きの激しさから、気になる子どもとして相談されることが多い。
→レッスン7

✳ 用語解説
SLD
(Specific Learning Disorder)
知的な能力に比べ、読み書き計算など学習につまずきを示す。2学年相当の遅れがあることが診断基準であるので、幼児の場合、LDサスペクトという場合もある。
→レッスン7

▶ 出典
†2　石崎朝世編著『友達ができにくい子どもたち──社会性の発達と援助法』鈴木出版、1996年

図表 11-2　社会性の発達段階別の課題と大人の支援のポイント

特徴と課題	大人の支援ポイント
（1）芽吹きの時代（出生〜乳児期前半・乳児期後半〜 1 歳前後）	
特徴：快か不快かで反応する 課題： ・「だめ」「いけません」がわかる 特徴：ほしいものは強引に自分のものにしたがる 課題： ・「だめ」で危ないことをやめる ・大人の顔色をうかがう（社会的参照行動） ・おもちゃの取り合いで、相手を叩いたりかんだりしない ・泣いている子どもを見て、頭をなでたり涙を拭いたりする ・泣き叫んではいけないことがわかる ・「あとで」と言われて少しの間待てる ・「だめ」「いや」が使える ・「自分のもの」を意識づける	・「不快なこと」に少しずつ慣れさせる ・「だめ」を教える ・言われたことがやれたらほめる ・大人の考えや判断をしっかり子どもに伝える（顔を見せて伝える） ・特にADHDの子どもには、「待つこと」を教える（「手はおひざ」、着席など）
（2）「良い」「悪い」の時代（1 歳前半〜 2 歳半前後）	
特徴：自分のつもりを主張する 課題： ・ものをほかの子どもに分けてあげられる ・感情のコントロールができる ・泣き叫んで要求しない ・八つ当たりしない ・「だめなこと」があるのがわかる ・「いい?」と確認を求める ・助詞を使う（関係理解のために）	・「おにいちゃんだね」「おねえちゃんだね」と言ってほめる ・感情的に叱ったり怒ったりしない ・自分と、ほかの人の気持ちや考えが違うことを伝える ・白黒をはっきりとつける ・子どもの確認に対して、はっきりと答える ・自閉的な子どもの場合は、写真や絵カードでこれからすることを予告しておく
（3）協調の時代（2 歳半前後〜 3 歳代）	
特徴：好きな友だちやものがでてきて、それを表現する 課題： ・「入れて」「貸して」などの言葉を使う ・言葉やサイン、ジェスチャーなどで確認を求める ・好きな友だちと一緒に遊ぶ ・いつもいる子どもがいないときにその子どものことを尋ねる ・手伝いをする ・喜びや楽しいことを表す言葉を使う ・ほかの子どもに確認する ・「いつか」「また今度」で我慢できる ・拒否を暴力で表現しない ・ものを大切に扱う ・順番を守る	・子どもにそのときの気持ちを尋ね、表現してあげる ・子どもの好きな気持ちを認める ・大人がものを大切にする ・ADHDの子どもの場合、人やものを大切にすることを教える ・自閉的な子どもの場合、感情を言葉にして示す
（4）競争の時代（4 歳〜）	
特徴：何でも勝ちたがる 課題： ・順位の言葉を理解する ・ほめたり、なぐさめたりする言葉をいう ・身近な動植物に親しみ、愛情をもつ ・競い合いに負けても、泣いたりすねたりしない	・「1番」「早い」「勝った」ばかりで表現しない ・「上手になった」とほめ、上達できることを実感させる（自信につながる） ・大人が子どもと競い合わない ・親子で「ふざけっこ」をする ・コンピューターゲームは子どもを「勝ち負けの段階」にとどめてしまいがち。次の段階へすすめるために、なるべく制限する ・自閉的な子どもの場合、順序を考えあらかじめ約束しておく ・一方的に命令しない ・ADHDの子どもの場合、負けたときの態度、ルールの遵守、弱い子どもへの配慮をほめる

(5) 道徳の時代（5歳～）	
特徴：「～すべき」と考え、行動する。 課題： ・質問・応答・報告ができる ・道徳などを守らない大人を直接非難しない ・ルールのある集団遊びをする ・親しい子どもに、いたわりや思いやりを示す ・屁理屈を言って指示を拒絶しない ・親などへの非難を他人に言わない ・泣かない	・「強い」ではなく「正しい」と評価する ・嫌いなことにも挑戦する ・自閉的な子どもの場合は、年齢相応の行動を言葉で示す ・ADHDの子どもの場合、遊びのルールを教え、守らせる
(6) 仲間の時代（6歳～7歳）	
特徴：ほかの子と同じように感じ、行動したがる 課題： ・童話・絵本・アニメなどの話の筋や内容を理解する ・人人を過剰にバカにしない ・子ども集団のなかで、役割をもち、それを果たす ・友だちと一緒に楽しんだり悲しんだりする ・感情表現をする ・泣くことを恥と思う ・言葉で反対意見を表現できる	・ほかの子どもと遊ばせる ・子ども同士での「ふざけっこ」は大目に見る ・自閉的な子どもの場合、子ども集団で役割を果たさせる ・ADHDの子どもの場合、ちょっかい行動をやめさせる

出典：石崎朝世編著『友達がうまくにくい子どもたち——社会性の発達と援助法』鈴木出版、1996年、53-90頁をもとに作成

2．対人関係を育てる遊び（ソーシャルスキル）

　ソーシャルスキルとは、社会生活を営むうえで、それを使うことで人とうまく関わることができるスキルです。友だちとうまく関われない子どもは、このソーシャルスキルの「言わなくてもわかっているはず」という**暗黙の了解**が理解できなかったり、そのような社会的な経験が乏しかったりします。ここでは、保育の場で取り組みたいソーシャルスキルトレーニングの内容と指導のポイントを紹介します。特別な訓練ではなく、ふだんの生活のなかで、少し意識して子どもたちに関わることでできるものがほとんどです。

---

①視線に気づく

・指差す方向を見る……指差されたものを取ってくる

・視線の先を見る……保育者が見ているものを当てる

★指導のポイント

・距離は、机の上のものからだんだん伸ばしていく

・集中が続きにくい場合もあるので、短時間にする

---

②待つ

・動きを止める……ストップゲームをする

・人に注意をむけて聞く……話を最後まで聞いてから動く

★指導のポイント

・集団場面では、「待つ」ことが必ず求められる。早い時期から、セルフコントロールすることを促す遊びを取り入れる

・「順番を待つ」ためには、見通しをもたせることが必要

・年齢の小さいときは、待ち時間が少なくてすむゲームを取り入れる

---

③自分のことを紹介する・友だちのことを知る

・人から質問を受けたことに答える形で自分のことを話す

・最初は、名前や年齢、慣れたら、好きなものやしたことを話す

★指導のポイント

・朝の集まりの時間などを利用して、毎回のパターンを決める

・聞かれたことだけに答えるようにする

・慣れたら、子ども同士で「聞いてもいい？」と確認して、質問させる

---

④自分や相手の感情を知る

・表情当て……表情カードや写真を使って、気持ちを当てさせる

・表情伝言ゲーム……友だちが笑ったり怒ったりした写真を見てまねる

★指導のポイント

・表情をつくるポイントの部位に注目させる

・肩に力が入らないように、フェイスマッサージも一緒にする

・表情だけでなく、喜びのばんざいや悲しみの泣く動作、がっかりと肩を落としてとぼとぼ歩くなど、動きの模倣もやってみる

⑤人とやりとりする言葉を使う

・遊びに参加するときの言葉……「入れて」「一緒にしてもいい」など
・おもちゃの貸し借りの言葉……「貸して」「どうぞ」「あとで」など

★指導のポイント

・その場でうまくやりとりができなかった場面を、人形や紙芝居を使って、客観的に状況を理解し、そこでの必要な言葉を確認する
・数人でロールプレイをして、実際に言ったりやってみたりする
・ほかの子どもには、感想を言わせる

⑥じゃんけんする

・じゃんけんの勝敗がわかる
・あいこの意味がわかる
・タイミングを合わせてじゃんけんする

★指導のポイント

・雰囲気は楽しめても、きちんとルールがわかっているかどうかの確認が必要
・不器用な子どものために、手指を使う遊びを日ごろからする
・チョキが出せない子どものために、じゃんけんカードを用意する
・勝ち負けにこだわる子どものために、ゲームの前の「負けても我慢する」などの約束をしておく
・何回もじゃんけんできるような遊びを取り入れる
・勝ち負けにこだわりすぎる場合は、勝敗のないゲームから始め、友だちと遊ぶことの楽しさを先に体験させる

⑦ルールを守る

・ルールを守って、ゲームに参加する

★指導のポイント

・「順番を待つ」「負けても怒らない」「友だちを責めない」など、最初に確認し、遊びの目標を示しておく

・「ジェンガ」、「黒ひげ危機一発」、すごろくなどのボードゲームを少人数ですることから始める
・うっかりミスしやすい子どもには、「ごめんね、まちがえた」と言うなど、保障手段を教えておく
・ルールを破ったときは、叱らず毅然とした態度で譲らないことが大切

⑧友だちと力を合わせる
・2人組でものを運ぶ
・決まった役割を果たす

★指導のポイント
・行動を調整する「もっとゆっくり」「もう少し高く」などの言葉が使えるようにする
・役割を視覚的に意識できるようなコスチュームや名札をつける

⑨気持ちを切り替える
・怒りの気持ちや興奮したときのクールダウンの方法を知る

★指導のポイント
・パニックのプロセス（動揺期→爆発期→回復期）を見極めたうえで、そのときどきに応じた対応をする
・動揺期の対応：子どものそばに行き、肩や頭に触れる、話題を切り替える、リフレッシュや休憩を促す
・爆発期の対応：その子どもやまわりの子どもの安全を確保する。叱ったり力で押さえつけたりするのは逆効果。興奮がおさまるのを待つ
・回復期の対応：子どもの理解に応じた気持ちの振り返りをする。**「気持ちの温度計**[*]**」**や**「コミック会話**[*]**」**などを使ってもよい

⑩助けを求める
・困ったことを友だちに助けてもらうヘルプゲームをする
（例：助けを求めるグループとレスキュー隊に分かれ、荷物を運ぶゲームをする。荷物が落ちたときは「助けて」とレ

✳ 用語解説

気持ちの温度計
段階別の気持ちの変化を視覚的に表したもの。

コミック会話
棒人間と吹き出しを使って、簡単に状況をイラストにし、視覚的に振り返り、気持ちを吹き出しに入れることで、状況を整理し、自分の気持ちを言語化することができる。

スキュー隊の友だちを呼ぶ。レスキュー隊の友だちは、「ラジャー」と言って、落ちた荷物を拾って渡す）

★指導のポイント

・困ったときは抵抗なく人に支援が求められること、助けてもらったら「ありがとう」と感謝の気持ちを伝えることを体験させる

・できるだけ両方の役割を体験させる

3．　支援が必要な子どもへの対応

　それでは、事例から対人関係について援助が必要な子どものケースをみていきましょう。対応についてはいずれも127頁からの章末事例を参照しましょう。

インシデント①：進級後、幼稚園に行きしぶる子どもへの援助事例
　4歳児クラスに進級したはるちゃんは、自閉的な傾向のある女の子です。3歳児クラスに入園した当初は、集団に慣れにくく、加配の保育者に寄り添ってもらい、少しずつ園の生活を理解し、3学期にはクラスのお友だちがしているままごと遊びにも入れてもらえるようになり、にこにこ笑顔が増えてきました。簡単な言葉でやりとりもできるようになり、喜んで幼稚園に通っていました。ところが、新学期になると、大好きなお友だちにはつきまとっていくのですが、友だちの遊びはままごとから活動的な縄遊びへと変化し、はるちゃんは、参加しにくくなっていました。そして、「幼稚園嫌い、行きたくない」と朝、家から出るのを嫌がるようになり、困った母親が担任に相談してきました。

　1年間の園生活を経て、はるちゃんは大人との遊びから子ども同士の遊びをしたいと思うようになったものの、同年齢の友だちがしている遊びは理解しにくく、うまく遊べない状況と考えられます。そこで保育者がはるちゃんの「人間関係」の領域の個別の指導計画を立て、はるちゃんと友だちの間で共有できる遊びを考え、その結果、はるちゃんの行き渋りは消失しました（→章末事例①）。

インシデント②：注意する友だちを叩きにいく子どもへの援助事例

　5歳児クラスのなつくんは、注意集中の持続が難しいADHDの男の子です。飼育小屋の清掃について説明する保育者の話を半分くらい聞いたところで、「わかった、じゃあおれがする」と飼育小屋に飛び込み、ウサギを全部園庭に放り出して大騒ぎになったなど、彼の行動はダイナミックでまわりがあたふたすることが多いようです。でも、気持ちは優しく遊びの発想がユニークなので、友だちはたくさんいます。ところが、今日はドッジボール遊びで、陣地の線を越えてボールを取りにいこうとしたなつくんに対して「ルール違反」と注意した友だちを叩いてしまいました。

　なつくんは、約束やルールを頭でわかっているものの衝動的に自分をコントロールすることが難しいのです。そこで、競争場面でなつくんが行動を起こす前に保育者が介入し、「我慢できることを認める関わり」という支援を行いました。その際、「残念、次がんばる」など言語化するよう促し、自分で気持ちが切り替えられるようにした結果、我慢できる場面が増えました。また、このような支援を小学校でも引き継いでもらえるよう、個別の支援計画に書き込みました（→章末事例②）。

演習課題

①「保育所保育指針」の乳児保育、1歳以上3歳未満児、3歳以上児、それぞれの時期の基本事項のなかから、人と関わる力の発達の部分を抜き出して、自分なりに整理してみましょう。

②子ども同士でルールを決めて遊んでいるとき、発達に課題のある子どもに対して、どのような手だてが必要だと思いますか。また、周囲の子どもたちに発達障害／発達症のある子どもを遊びの仲間に入れてもらえるように伝えるにはどのように伝えることが望ましいか、まわりの人と話し合ってみましょう。

③実習やボランティア活動で参加した保育場面の子ども同士のトラブルの事例をもち寄り、トラブルを防ぐためには何が必要だったのか、どのように解決したのかなどを考えて発表してみましょう。

保育の計画の実践と評価

....

本レッスンでは、保育の計画の実践と評価について理解します。保育の計画の作成は、「保育所保育指針」に明記されています。保育の計画（全体的な計画、指導計画）の作成は、保育をよりよくするために必要なことです。保育の計画の実践とその評価について考えてみましょう。

1．保育の計画の実践について

1 保育の計画と「保育所保育指針」

「保育所保育指針」第1章3「保育の計画及び評価」では、保育所の全体的な計画について以下のように述べられています。また、そのなかで、特に障害のある子どもの保育については以下のように定められています。

第1章 3「保育の計画及び評価」

（1）全体的な計画の作成

ア　保育所は、1の（2）に示した保育の目標を達成するために、各保育所の保育の方針や目標に基づき、子どもの発達過程を踏まえて、保育の内容が組織的・計画的に構成され、保育所の生活の全体を通して、総合的に展開されるよう、全体的な計画を作成しなければならない。

イ　全体的な計画は、子どもや家庭の状況、地域の実態、保育時間などを考慮し、子どもの育ちに関する長期的見通しをもって適切に作成されなければならない。

ウ　全体的な計画は、保育所保育の全体像を包括的に示すものとし、これに基づく指導計画、保健計画、食育計画等を通じて、各保育所が創意工夫して保育できるよう、作成されなければならない。

（2）指導計画の作成

（中略）

キ　障害のある子どもの保育については、一人一人の子どもの発達過程や障害の状態を把握し、適切な環境の下で、障害の

　　　ある子どもが他の子どもとの生活を通して共に成長できるよ
　　　う、指導計画の中に位置付けること。また、子どもの状況に
　　　応じた保育を実施する観点から、家庭や関係機関と連携した
　　　支援のための計画を個別に作成するなど適切な対応を図るこ
　　　と。

　障害のある子どもの保育の計画は、このような考えにのっとって作成
されなければなりません。作成された全体的な計画をもとに、具体的な
ねらいと内容、環境構成や予想される子どもの活動、保育者の援助を盛
り込んだ**指導計画**が作成され、毎日の保育が実践されます。ここでは障
害のある子どもの指導計画の実践における以下のポイントについて解説
します。

①全体的な計画と個別の指導計画

　障害のある子どもには個別の指導計画を作成します。子どもの発達特
性に合わせた、短期・中長期的な見通しをもった保育を実践することが
望ましいです。

②子どもの状態に合わせて柔軟に対応する

　障害のある子どもの状態は日々変化します。障害のある子どもは、特
に気温や体調、環境の変化の影響を受けやすいものです。しかし、その
変化について的確に言語表現するには困難がともないます。保育者は子
どもの様子をよく観察し、子どもの状態に応じた柔軟な対応をすること
が望まれます。

③家庭との連携

　障害のある子どもを保育する際には、保育者と家庭の連携が欠かせま
せん。保育者がどのような思いをもって子どもの保育を考えているのか
を保護者に伝え、理解をしてもらうことは円滑な保育実践には必要なこ
とです。保育者から保護者に積極的に話しかけていきましょう。

④専門機関との連携

　子どもの障害特性の程度や抱えている疾患によっては、専門機関との
連携が必要です。どのように関わることが望ましいのかを確認し実践す
ることで、子どもの利益や安定につながります。

　これらのポイントに注意しながら、障害のある子どもへの実践につい
て考えることが望ましいといえます。誰でも頭のなかで考えていても忘
れてしまうことはしばしばあります。このようなポイントを意識し、全
体的な計画や個別の支援計画を作成することで、より具体的かつ適切な

参照
障害のある子どもの個
別の指導計画
→レッスン9

実践につなげることができます。次に、具体的な実践について考えてみましょう。

2　全体的な計画の効果的な実践のために

　障害のある子どもの保育の計画の作成については述べましたが、ここでは、作成した全体的な計画をどのように実践していくのか、考えてみましょう。

①職員間の共通理解

　全体的な計画を実践するには、職員間の共通理解が必要です。保育所で生活する子どもの年齢層は乳児から就学前の幼児までと幅広く、さらに保育時間も長く、その保育時間に対応するためには保育者の勤務形態も複雑なシフトを組んでの時間交代制となっています。つまり、クラス担任である保育者が一日中自分のクラスの子どもたちを担当することはまず不可能です。クラス担任が自分のクラスのことを考え全体的な計画を作成しても、その実践を展開するためには、クラス担任の作成した全体的な計画の内容を、周囲の職員と共通理解しておくことが必要です。

　子どもの育ちは担任の目の前だけ、あるいはクラスのなかだけで見出されるわけではありません。それは障害特性の有無にかかわらず、すべての子どもに共通することです。

　たとえば、場面の切り替えが苦手な子どもがお片づけに納得できずに部屋を飛び出したとします。給食室のあたりでうろうろとしている子どもの姿を見て「お部屋に戻ろうか」と声をかける職員もいるかもしれません。しかし、全体的な計画や個別の支援計画を作成して周知されていたら、子どもの特性やタイムスケジュールから状況への察しがつきます。「自分なりに気持ちを落ち着かせようとしているのだな」とわかっていれば、子どもの気持ちが落ち着くまで見守ります。タイミングを見計らって「先生に給食の準備ができましたよと伝えてくれる？」とお手伝いをお願いしたら、子どもも部屋に戻るきっかけができるのです。このように、担任がどのような目的や意図をもって子どもと関わっているのかを周知できていれば、ほかの職員もその点を理解した関わりをするように意識します。子ども自身もどの職員からも共通した対応を受けることで安定しますから、全体的な計画を開示するということは子どものために必要なことなのです。

②実践しながら見直す――反省的実践家

　全体的な計画は年度内にそのとおりに実行することが約束された、不変のものではありません。あくまでも子どもの発達を考慮し、そこに保

育者の子どもたちに期待する育ちを加味し、予測を立てて作成します。日々の保育のなかで、子どもや集団の発達や興味・関心によっては、保育者が作成した全体的な計画への変更が必要な場合もあります。そのようなときは、全体的な計画を変更します。

■人物
ショーン
(Schön, D.A.)
1930〜1997年
アメリカの教育哲学者。専門家のあるべき姿として、反省的実践家の概念を提唱した。

ショーン[*]は反省的実践家という言葉を用いて、保育者・教育者の姿勢について表現しています。「実践者はまさに実践している真っ最中にも実践について省察している」という言葉にあるように、保育者もまた、実践しながら省察をすることが必要です。省察するためには、自身の行為を客観的にみている視点が必要になってきます。その視点をもちながら、自身の作成した全体的な計画と子どもの姿が一致しているのか、実践しながら検討していく必要があります。省察せず、ただ決めたことを実践するのでは、保育は誰のためにあるのでしょうか？　そしてそのように展開される保育の質はどのようなものでしょうか？　子どもたちがより豊かな経験を蓄積し、保育の質を高めるには、保育者は省察をし、自身の実践を見直す行為が不可欠です。自身の行為を客観的にみる視点を養うことが必要になってきます。そして実践しながら子どもの興味・関心と照らし合わせ、変更する判断が大切です。

③保育を記録する

保育を実践しながら見直すには、日々の保育を記録することが必要です。保育者は有資格者となるまでに実習記録や指導案など、多くの記録を書く機会があります。書くという行為は、自身の行動を客観的に見直すきっかけとなります。書くことで一日の保育を振り返るとともに、保育者がどのような意図をもって保育を実践したかという保育内容や、子どもの様子を伝える資料となります。

一日の保育が終わったときに、「今日の保育はどうだったか、また、子どもの様子はどうだったか？」ということを振り返り、記録することが必要です。保育者自身の保育実践が適切に行えていたか、ということも、振り返り記録することで省察することができます。ねらいや内容は適切であったか？　環境設定や時間配分、保育者の援助も適切であったかを見直す機会となります。

全体的な計画が職員間で周知されるように、保育の記録も開示されるべきものです。誰が見てもわかる資料であるためには、事実を書くことが大事です。記録の作成時には、保育者個人の主観に基づいた記述は避けましょう。「楽しくなさそうだった」「喜んでいた」という記述には、保育者の主観が入っています。保育者がなぜそう感じられたのか、という根拠になる子どもの様子や子ども間の関わりなどを明記すればわかり

やすく、のちに第三者が記録を読んだときに全体の様子を理解しやすくなります。

　保育者の日常は多忙です。しかし、多忙を理由にしてやるべきことをなおざりにしては専門職としては問題があります。毎日の実践を振り返ることを意識しましょう。

2.　保育の計画の評価について

1　省察と専門性——自己評価を考える

　全体的な計画の実践のあとには、保育を評価しなければなりません。評価とは何でしょうか。なぜ評価を行う必要性があるのでしょうか。

　保育の評価について、「保育所保育指針」には、保育士自身が行うものと、保育所全体で行うものの2つに大別できるとあります。まず、**保育士自身が行う自己評価**について考えてみましょう。「保育所保育指針」には以下のように記されています。

第1章3「保育の計画及び評価」

（4）保育内容等の評価

ア　保育士等の自己評価

（ア）保育士等は、保育の計画や保育の記録を通して、自らの保育実践を振り返り、自己評価することを通して、その専門性の向上や保育実践の改善に努めなければならない。

（イ）保育士等による自己評価に当たっては、子どもの活動内容やその結果だけでなく、子どもの心の育ちや意欲、取り組む過程などにも十分配慮するよう留意すること。

（ウ）保育士等は、自己評価における自らの保育実践の振り返りや職員相互の話し合い等を通じて、専門性の向上及び保育の質の向上のための課題を明確にするとともに、保育所全体の保育の内容に関する認識を深めること。

　保育士の自己評価とは、保育士自身が自身の保育実践と子どもの育ちを振り返り、次の保育にむけて改善を図り、保育の質を向上させることが目的です。保育は計画→実践→評価→改善→計画という循環を重ねながらよりよくなるように展開されます。これを**PDCAサイクル**と呼びます（図表12-1）。

◆補足

保育士の自己評価
職員の資質向上のために保育士の自己評価を導入している園もある。内容は養護と教育に基づいて、自身の保育内容を振り返るものである。これらを行うことで、自身の保育を振り返り、新たな課題を発見することによって保育の質を上げる効果が期待できる。

参照
PDCAサイクル
→レッスン9

図表 12-1 PDCA サイクル

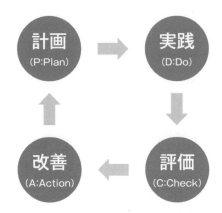

計画 (P:Plan) → 実践 (D:Do) → 評価 (C:Check) → 改善 (A:Action) → 計画 (P:Plan)

　どのような計画も、実践しなければ意味はありません。計画を実践し、評価をすることで改善点が見出されます。改善点がわかれば、その部分を考慮した計画を再度考えるのです。このように、評価をとおして改善点を考えることで、保育の質は向上していくのです。

　また、評価を通じて、職員間の協働性を高め、互いに学び合いながら自己研鑽を行う機会にもなります。評価は批判するためのものではありません。自身の保育を謙虚に見直すことが、保育の質の向上、ひいては子どものためになるのだと考えましょう。「保育所保育指針」では、保育の計画と評価が「第1章　総則」に盛り込まれました。これは、保育の計画を立てることがますます重要となっていることを表しています。

2　評価の必要性を考える

　次に、保育所全体の自己評価について考えてみましょう。保育所の作成する全体的な計画は、保育所の保育理念・保育方針・保育目標の達成を目指したものです。その達成について、保育者間で検討することが保育所全体の自己評価となります。たとえば「一人ひとりを大切にする保育」という保育理念があったとします。では、どのような方針で保育目標を立て、達成するのでしょうか。具体的な保育実践の振り返りをとおして、保育所全体の保育内容を見直す機会とするのです。「保育所保育指針」には、保育所の自己評価について次のように述べられています。

第 1 章 3「保育の計画及び評価」

（4）保育内容等の評価

(中略)

イ　保育所の自己評価

（ア）保育所は、保育の質の向上を図るため、保育の計画の展
　　　開や保育士等の自己評価を踏まえ、当該保育所の保育の内
　　　容等について、自ら評価を行い、その結果を公表するよう
　　　努めなければならない。

（イ）保育所が自己評価を行うに当たっては、地域の実情や保
　　　育所の実態に即して、適切に評価の観点や項目等を設定し、
　　　全職員による共通理解をもって取り組むよう留意すること。

（ウ）設備運営基準第36条の趣旨を踏まえ、保育の内容等の評
　　　価に関し、保護者及び地域住民等の意見を聴くことが望ま
　　　しいこと。

　保育所全体の自己評価で大切な観点は、保育所の役割や機能が、地域
の保育ニーズにこたえられているか、という点です。保育所を利用する
子どもたちや家族のニーズを把握し、それにこたえる実践をしているか
どうかが重要になります。保育者自身で保育所の実践を振り返るのもい
いですが、その際には**第三者評価**の項目を用いる、あるいは第三者評価
委員による振り返りを行うことが有効です。

　第三者評価とは、2000（平成12）年の改正「児童福祉法」において、
サービスの質の評価を行うことが盛り込まれ、それに基づいて2002（平
成14）年以降に実施されている評価の形態です。このような外部評価
を受けることで、保育所の保育が公開され、客観的視点で再考すること
で、保育の質の向上を目指すものです。保育所の質は、保育者全体で向
上させなければなりません。保育所を評価することで、一人ひとりの意
識を高くもつという効果が期待できます。

　自己評価は、一年のなかで保育活動の区切りとなる適切な時期を選ん
で行うことが望ましいでしょう。日ごろからの保育実践に関する資料を
収集しておきます。それらの資料を職員間で、または第三者評価委員に
開示し日常の保育についての評価を行います。第三者評価を依頼する際
に、障害のある子どもの保育内容を評価するのであれば、当然その分野
の専門家に評価をしてもらうことが重要です。保育者の障害のある子ど
もへの保育実践が、はたして有意義なものであるのか否かを確認する必

要があります。そのためにはその分野に明るい人物を第三者評価委員に指名することが望まれます。

　そして、第三者評価の内容は公表されなければなりません。保護者や地域社会に対して保育所での実践を明らかにすることは、社会的責任を果たしていることになります。このときに、わかりやすい内容ばかりを評価し公表するのではなく、保育実践の具体的な部分について評価するといいでしょう。より具体的な内容を評価することで、保育者も評価と改善についてしっかりと見つめ直すことができます。特に障害のある子どもの保育実践は、多くの人から多面的な視点で評価をしてもらうことで、よりよい方法を模索する機会になります。障害のある子どもの保育実践では悩みや迷いはつきものです。障害特性の程度や疾患は子どもによって違い、現れ方も個人差があるので、確実な方法というものは存在しません。だからこそ、第三者評価をとおして改善点を検討することが、質のよい保育の提供につながるのです。

　また、第三者評価の結果をどのように公開するかは保育所に任されています。できるだけ多くの人の目にふれることが大切ですから、園だよりなどに掲載したり、ホームページを利用するなども効果的です。

　保育者は、自身の保育実践をすばらしいものと思いがちであるため、自身が懸命に励んでいる内容について他者から指摘を受けるといい気分ではないかもしれません。しかし、評価を受けるということは自身の保育実践の足りないものに気づかせてくれる機会だと考えればどうでしょうか。評価をきっかけに、保育者間でそれぞれの保育について話し合うことができるようになれば、こんなにいいことはありません。

　完璧な保育者はいません。それぞれが、自身の目指す保育を懸命に実践しています。保育者間で共通の目標を再確認し、改善点を考えてみましょう。あら探しを目的としているのではないことを理解し、足りないところを教えてもらうという謙虚な気持ちで評価を行いましょう。保育者が、あるいは保育所が評価を受けることで保育の質は向上していくのです。そしてそれは子どものためになるのだ、ということを理解し、評価に臨むようにしましょう。

3.　インクルーシブ保育における子どもの健康と安全

　最初から障害の有無を前提とせず、すべての子どもを対象とし、一人ひとりが異なることを踏まえ、そのニーズに応じた保育を行うインク

ルーシブ保育においては、子どもの健康面と安全にも配慮することが求められます。

「保育所保育指針」第3章「健康及び安全」においては、以下の内容が記載されています。

①「子どもの健康支援」（保育中に体調不良や傷害が発生した場合、感染症やその他の疾病の発生予防、アレルギー疾患を有する子どもの保育、医務室等の環境を整え、救急用の薬品、材料等を適切な管理の下に常備　等）

②「食育の推進」（「食を営む力」の育成の基礎、意欲をもって食に関わる体験、食事の提供を含む食育計画を全体的な計画に基づいて作成、食に関わる保育環境　等）

③「環境及び衛生管理並びに安全管理」（施設内外の設備及び用具等の衛生管理、職員の衛生知識の向上、安全対策のために全職員の共通理解や体制づくり、安全指導、施設内外の危険箇所の点検や訓練　等）

④「災害への備え」（施設・設備等の安全確保、災害発生時の対応体制及び避難への備え、地域の関係機関等との連携）

　近年ではアレルギー疾患等を有する子どもが増加してきているため、アナフィラキシーショックに対する研修等を受ける必要に迫られています。発達症特性の強い子どものけがに対する対応や感覚過敏からくる偏食への対応、医療的ケアを必要とする子どもの共通理解、頻発する規模の大きな災害に対する備え、新型コロナウイルスとともに生き抜く時代の感染症対策など数えあげればきりがありません。

　「障害」というもののみにとらわれず、子どもの生命と心の安定が保たれ健やかな生活が確立されることは、日々の保育の基本です。そのためにも、一人ひとりの子どもの健康状態や発育および発達の状態に応じ、子どもの心身の健康の保持と増進を図り、危険な状態の回避等に努めることが大切です。また、日々の保育は一人ひとりの子どもに加えて、集団の子どもの健康と安全から成り立っているといえます。個の視点と集団の視点の両方向からの配慮が求められます。

演 習 課 題

①5〜6人のグループをつくり、それぞれが30分程度の指導案を作成してみましょう。その際に、クラスに障害特性のある子どもがいると仮定して、その子どもへの働きかけについても意識して作成しましょう。

②各グループで、指導案の内容を模擬保育で実践してみましょう。

③各グループで、模擬保育の内容を振り返りましょう。その際にPDCA
　サイクルを意識して、評価と改善を考えましょう。

参考文献…………………………………………………………………………………

レッスン9

　上野一彦監修、ユーキャン学び出版スマイル保育研究会編　『ユーキャンの発達障害
　　の子の保育さいしょの一冊！』　自由国民社　2013年

　厚生労働省　「保育所保育指針」　2017年

　佐藤暁・小西淳子　『発達障害のある子の保育の手だて――保育園・幼稚園・家庭の
　　実践から』　岩崎学術出版社　2007年

　内閣府　「幼保連携型認定こども園教育・保育要領」　2017年

　文部科学省　「幼稚園教育要領」　2017年

レッスン10

　青木久子・間藤侑・河邉貴子　『子ども理解とカウンセリングマインド――保育臨床
　　の視点から』　萌文書林　2012年

　竹田契一監修、竹田契一ほか　『保育における特別支援』　日本文化科学社　2013年

　藤田和弘監修、熊谷恵子・高畑芳美・小林玄編　『長所活用型指導で子どもが変わる
　　part4』　図書文化社　2015年

レッスン11

　石崎朝世編著　『友達ができにくい子どもたち――社会性の発達と援助法』　鈴木出版
　　1996年

　一松麻実子　『人と関わる力を伸ばす――社会性が幼い子への援助法』　鈴木出版
　　2002年

　上野一彦監修、岡田智・森村美和子・中村敏秀著　『図解よくわかるソーシャルスキ
　　ルトレーニング（SST）実例集――特別支援教育をサポートする』　ナツメ社　2012
　　年

　竹田契一監修、松本恵美子・藪内道子・高畑芳美著　『乳・幼児期の気づきから始ま
　　る安心支援ガイド――発達障害CHECK&DO』　明治図書出版　2010年

レッスン12

　小川圭子・矢野正編著　『保育実践にいかす障がい児の理解と支援』　嵯峨野書院
　　2014年

　厚生労働省　「保育所保育指針」　2017年

　鈴木昌世・佐藤哲也編著　『子どもの心によりそう保育・教育課程論』　福村出版
　　2012年

　高山静子　『環境構成の理論と実践――保育の専門性に基づいて』　エイデル研究所
　　2014年

おすすめの1冊

上野一彦監修、ユーキャン学び出版スマイル保育研究会編『ユーキャンの発達障害の子
の保育 さいしょの一冊！』　自由国民社　2013年

　発達障害の子どもの「どうして」と思う行動について、いくつかの要因別に具体的な
　手立てが示されている。スモールステップの支援のヒントが盛り込まれている。

事例
1
■115頁・進級後、幼稚園に行きしぶる子どもへの援助事例
参照レッスン　レッスン9　個別の指導計画の作成、レッスン10　個々の発達を促す生活や遊びの
環境と記録、レッスン11　子ども同士の関わりと育ち合い

対象児：はるちゃん（4歳1か月・女児）　家族構成：父・母・本児の3人家族
所　属：はな幼稚園（タンポポ組）クラス人数　27名（男児18名・女児9名）
担　任：さつき先生

相談内容

年中組になってから、友だちとの遊びに参加しにくくなり、幼稚園に行きたがらなくなってきた。

生育歴

・1歳半健診後、「言葉が遅い」ことで個別の相談を受けた。視線の合いにくさがあり、一人でもくもくとブロックを並べる遊びに集中するなどの様子から、「自閉的な傾向がある」と言われた。
・入園前の1年間、地域の保健所の主催する母子教室に月2回通った。言い出したら聞かない頑固さがあり、着る服や食べるものへのこだわりがあった。母親は本児に根気よく付き合い、一緒にブロック並べを手伝うなどの遊びから、「赤取って」「白がない」など言葉が出るようになった。
・3歳児健診では、「言葉は遅れているものの、人への関心は出てきている」と言われ、はな幼稚園には、入園前に相談に行き、加配の先生をつけてもらい、入園した。

3歳児クラスの様子

・入園当初、集団に慣れにくく、加配の先生に個別に対応してもらうことで、園の生活の流れを理解し、保育室から飛び出すことはなく、好きな歌や絵本の時間には、保育に参加できるようになった。
・クラスの子どもたちに興味を示し、特にままごと遊びをしている女児のグループに入って、「どーぞ」「いただきます」など、簡単なやりとりを楽しめるようになっていた。

アセスメント

・新しい担任、さつき先生と、3歳児クラスのときの担任、ひまわり先生と加配のゆり先生は、はるちゃんの現在の発達の様子を確認しながら、4歳児クラスでの個別の指導計画を考えることにした。作成した指導計画をもとに、園内委員会で話し合いをし、母親とも再度話し合いの時間をもつことになった。
・最初に、乳幼児発達スケール（KIDS）を用い、本児の現在の発達を確認した（図表①参照）。
・生活年齢4歳1か月
　発達年齢3歳6か月（発達指数87）
・昨年度に比べて、プロフィールの形は大きく変わっていないが、全体的に半年の伸びがみられた。
・対子どもの領域が、友だちの名前を覚えたり、ままごとに参加したりするなどの伸びが大きい。

図表①　はるちゃんのKIDSによる評価

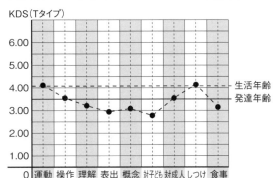

問題が生じていることへの考えられる要因

・はるちゃんは、昨年度のように加配の先生という大人との遊びでは満足できず、次の子ども同士の遊びをしたいという社会性の発達段階で、「(3) 協調の時代」(→107頁) に達してきたといえる。
・しかし、はるちゃんなりに成長しているものの、クラスの女児たちは、社会性の発達段階「(4) 競争の時代」(→107頁) に達している。そこで、遊びの内容が、ままごと遊びから活動的な縄遊びへと変化し、はるちゃんの好きな遊びが少なくなっているのではないかと考えられた。はるちゃんが、遊びのルールを理解し、役割遊びができることで、子ども同士の遊びがもっと続くようになるのではないかと考えた。
・4歳児クラスになり、子ども同士がよく遊ぶようになったため、さつき先生は子どもに任せている部分が多い。そのなかで、はるちゃんのように少し発達にアンバランスのある子どもたちが、友だちとうまく関われず、園生活で満足感が得にくくなっているのではないかと、4歳児クラスとしての保育を振り返った。

ステップアップ個別の指導計画

・1学期間のはるちゃんの個別の指導計画は、「人間関係」の領域に絞って取り組むことにした。スモールステップで遊びを考え、支援することにした。

図表② はるちゃんの個別の指導計画

領域	支援する場面	1	2	3	4	支援・援助の工夫
人間関係	外遊び（縄遊び）	先生と一緒に友だちの遊びを見る	先生と一緒に地面に縄を置いて迷路遊びをする	置いた縄を踏まないように飛び越える遊びをする	先生の揺らす縄を友だちと跳ぶ	・自分の知らない遊びには入りにくいので、大人がそばで興味を示してみせる
	ままごと遊びからお店やさんごっこへ	ままごとの家から友だちのやっているお店やさんに買い物に行く	先生と一緒に商品を選んで買う	友だちに頼まれたお使いに行く	友だちと大好きなブロックでつくったものを売るお店をする	・子ども同士のままごと遊びがマンネリ化しないように、次の展開を一緒に考える。はなちゃんの得意なブロック遊びをお店やさんにする

1学期末の評価

・4月末の学級懇談会のあと、はるちゃんのお母さんと、上記のような個別の指導計画をもとに、園での支援を考えていること、またうまく友だちと遊べないイライラを家庭で表現することがあると思われるので「そうなの」としっかりはなちゃんの表現を受け止めるが、一緒に不安にならなくてもよいことを伝えた。
・さつき先生は、外遊びと室内遊びで、はるちゃんに寄り添うポイントが明確になったので、タイミングよく遊びをサポートできるようになった。
・さつき先生とはるちゃんの縄でつくる迷路遊びは、クラスの遊びとして盛り上がりをみせ、長縄をつないで、大きな迷路をつくる遊び、また迷路の内と外からスタートして、ぶつかったところでじゃんけんするという遊びも生まれ、ダイナミックに展開していった。
・室内では、制作の好きな男の子たちに「ロボットやさんする?」とつくった製作物を売る遊びを提案したところ、保育室で戦いごっこに明け暮れていた男の子たちも店づくりに参加するようになり、ままごと遊びの女の子たちとの交流が増えた。はるちゃんは、復活したままごと遊びに満足するだけでなく、自分も店を開こうという意欲を見せるようになり、園への行きしぶりは消失した。

■ 116頁・注意する友だちを叩きにいく子どもへの援助事例

参照レッスン レッスン9　個別の指導計画の作成、レッスン10　個々の発達を促す生活や遊びの環境と記録

対象児：なつくん（5歳1か月・男児）　家族構成：父・母・小2の兄・本児の4人家族
所　属：うみ保育園（くじら組）クラス人数　32名（男児16名・女児16名）
担　任：かい先生・パート職員たこ先生

相談内容

友だちとのゲーム遊びのなかで、ルールを守らない。注意してくれる友だちを叩く。

生育歴

・両親は、フルタイムで勤務のため、なつくんは、1歳から当保育園に通っている。時間は8時から夕方6時までで、兄は保育園に併設されている学童保育を受けているため、6時過ぎに父親が2人を迎えにくる。
・よく動く子どもで、買い物や家族で遊びに行った動物園などでは一人勝手に走り出してどこかへ行ってしまい、迷子になる。近所のスーパーでは、顔を覚えられてしまったり、動物園では自分から迷子受付の場所に行き、「ぼくは、なつと言います。お母さんが迷子です」などと言って、両親が逆に呼び出されることがあった。
・自転車にぶつかったり、階段から落ちたりで、生傷の絶えない子どもであった。
・3歳児健診では、「言葉の遅れと多動」と言われたので、小児科を紹介してもらった。小児科の先生からは、ADHDとの診断を受けたが、「薬を飲むほどではない」と言われ、経過観察となっている。3歳児健診以降、よく話すようになったが、言葉づかいは兄の影響もあるのか、乱暴。
・保育所では、集団から飛び出すことが多いため、パートの加配職員を申請して、クラスに配置してもらっている。しかし、年長組から付いているパート職員のたこ先生は、「片づけてから」「話を最後まで聞きなさい」と口うるさく注意するため、なつくんは「嫌い」とよけい逃げ回る。
・テレビゲームをもじったバトルゲームや、テレビ番組の鬼ごっこを取り入れた鬼ごっこなどの遊びを思いつき、捕まった仲間を助けにいくなど優しい面ももっているので、クラスの子どもたちからは好かれている。
・歌を歌ったり、絵本を見たりする遊びも好きだが、身体のどこかが常に動いている。
・廃材で制作したり、手形遊びなどは喜んで取り組む反面、ちぎり絵や折り紙は「めんどうくさい」と言って取り組もうとしない。
・身辺処理はできるが、雑。ものの片づけは苦手で、なつくんの用具棚には、服や帽子、ハサミが突っ込んである状態。

アセスメント

・年長2学期の前に、5歳児クラス担任のかい先生は、「このままでは、なつくんがせっかく仲よくしているクラスの友だちからはみ出してしまうのではないか」と思い、個別の指導計画を考えることにした（図表③）。作成した指導計画をもとに、園内委員会で話し合いをし、運動会などの行事への対応、就学を視野に入れて、保護者の了解を得たうえで、就学先の小学校の特別支援教育コーディネーターの先生との連携を図る。その際、個別の教育支援計画をもとにするなどの点を確認した。
・乳幼児発達スケール（KIDS）を用い、本児の現在の発達を確認した（図表④）。
・生活年齢6歳1か月
　発達年齢5歳9か月（発達指数95）

図表③　複数の担当でつくる日案形式の個別の指導計画

○○年度 9 月 1 日（木曜日）

No 1	名前：なつ	（男）・男女）	5 歳児（くじら組）男児16名　女児16名	担　任：かい先生パート：たこ先生
入園前・前年度からの引き継ぎ事項		・1 歳児クラスから在園している子ども・3 歳児健診後、ADHD の診断を受けている・4 歳児クラスではほぼ保育に参加できる		家族構成父・母・兄（小2）の4人家族

時間	活動内容	◎個別の目標	☆手だて（特性に合わせた支援）	評価（担当）
8:00～	早朝保育	◎持ち物を棚にしまう	☆なつの動線を考えて、整理する箱やかごを並べる（動線を考えた環境構成）	自分の持ち物が全部置けたことを認める（早出 えび先生）
9:00～	好きな遊び（（園庭）・室内）	◎サッカーのシュート遊びでは、順番を守る	☆順番をいすにして、番号を振り、けったら1番後ろのいすに座って応援できるようにする	「じっと座りたくない」とゴールできなかったボールを拾う係をかってでた。最後まで拾っていた（かに先生）
10:00～	クラスの遊び（（制作）・ゲーム・音楽・表現）	◎玉入れ競技で使う大きな張り子のピカチュウをつくる	☆紙をちぎって貼るのは嫌がるので、大きい和紙にはけで水のりをつけて仕上げる。何枚貼るか最初に目標を決めさせる（約束の自己決定）	「10枚貼るって言わなかったらよかった」と言いながら約束どおり貼った（かい先生）
（木）曜10：30～11：30	課題遊び（リトミック・英語・（体育遊び）等）	◎組体操の土台を嫌がらないでする	☆「練習は2回」「土台が2回とも崩れなかったらおしまい」と最初に決めて始める★終わったら、思いっきり走って止まる、なつの好きなストップ&ゴーの遊びをする（ゴールと報酬を明確にする）	「終わり」を決めてやると「男同士の約束だ」となつくんの土台は2回とも崩れなかった。ほめて、好きなゲームをするととても楽しんだ（体育遊び指導担当 きゅう先生）
11：30～	お弁当・（給食）	◎配膳係をする	☆汁ものは、「そーっと」と声に出して言いながら置くようにさせる（行動の言語化コントロール）	「難しい、こぼした、ごめん」と自分から台ふきで処理していた（かい先生）
12:30～	お昼寝	◎お昼寝の時間、学童保育の広場でサッカーをする	☆ボールをけりながら進む方向がわかるようにコーンを立てる（視覚支援）	「今日は、どんな練習」と自分から声をかけてきてくれた（たこ先生）
3:00～	おやつ	◎3 歳児クラスの手伝いをする	☆準備の間、音楽をかけ、3歳児と一緒に手遊びをする。3歳児に合わせて、ゆっくり歌う	3歳児の様子をよく見て「上手」と褒めながらしていた（3歳児クラス担任なみ先生）
4:00～	延長保育	◎園庭で好きな砂遊びをする	☆友だちと一緒に、塩ビ管を使い、葉っぱの流れる川をつくる	友だちと話し合いが上手にできるようになってきた（延長担当わかめ先生）

・全体的な発達段階は、生活年齢相当であるが、<操作><対子どもの社会性>が5歳と低い。

※<食事>はKIDS（Tタイプ）の項目は3歳が上限であるため、グラフ上低く見えるが問題ではない。

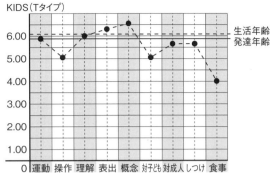

図表④　なつくんのKIDSによる評価

KIDS（Tタイプ）

----生活年齢
----発達年齢

運動　操作　理解　表出　概念　対子ども　対成人　しつけ　食事

問題が生じていることへの考えられる要因

・なつくんの社会性の発達段階は「（5）道徳の時代」（→107頁）に達している。この時期では、乱暴をする、順番を守らないということは、強い非難の的になる。なつくん自身もそれは頭で理解しているが、衝動的に自分をコントロールすることが難しく、「困った子ども」ではなく、「困っている子ども」であるという認識が関わる保育者の共通理解として必要ではないか。

・4歳児クラスの間も、かけっこやかるた遊びなど個人対戦のゲームは取り組んでいたが、なつくんは、体力もあり、文字や言葉を覚えるなどの知的な面は遅れがなく、それほど負けを体験することが少なかったということだった。

・年長組では、リレーでバトンを使う、ボールを使ったサッカーやドッジボールなど、ものの操作を必要とする運動遊びが増えた。そのことが、<操作>の力が年齢より低めのなつくんにとっては思うようにできないイライラを募らせているのではないか。

・また、年長組のパート職員のたこ先生は、ルールを守れないなつくんに対して、「なぜそんなことをするの」と行為のあとで説教をすることが多い。この対応は、ADHDタイプの子どもにとっては逆効果である。

・そこで、運動会に向けて競争遊びの際には最初にルールを確認し、守れたことを勝つことよりもよいことであると評価すること、悔しさを次につなげる「残念、次がある」などの言葉で表現すること、なつくんの手が出そうになる場面を予測して、さりげなく制止できるようにすることにした。

・なつくんは、昼寝しないグループに入っているので、その時間、隣の学童保育の広場を借りて、マンツーマンでボールの受け合いやサッカーのドリブル練習をすることで、ボールの操作能力を補強する。その際、関係がうまくとれていないたこ先生に付き合ってもらうことで、関係の改善も図る。

・両親懇談で、就学についての話をすると、両親ともに「小学校の先生に、なつへの理解をどうお願いしたらよいか、ただのわがままな子どもと思われて、叱責ばかりされると、逆効果であることもわかってほしい」ということだった。

・そこで、秋の運動会には、就学先の校長先生、特別支援教育コーディネーターの先生に参観してもらえるようにし、そこからなつくんへの対応を継続的に話し合う機会を設けることにした。兄の利用する学童保育の指導員にも声をかけ、来年度の支援体制の協議を重ねた。

年度末の評価

・なつくんは、手が出そうになるのを先生に止められたり、「約束は何だった？」と言われたりすることで、「ううっ」と顔を真っ赤にしながらも我慢ができるようになっていった。

・トラブルの事前・事後対応については、小学校・学童保育の先生に理解してもらえた。

第4章

家庭及び自治体・関係機関との連携

本章では、保護者や関係機関との連携について学びます。障害のある子どもの保護者をどう支援していくか、また、地域の関係機関や進学する小学校とどのように連携していくかについて理解しましょう。

レッスン13

保護者や家族に対する理解と支援

保育者には障害特性のある子どもの保育はもちろん、その保護者や家族を理解し支援する役割があります。その手がかりとして、保護者や家庭の気持ちや置かれている状況を学ぶことは大切です。本レッスンでは、障害特性のある子どもの保護者やそれを取り巻く家族の理解と支援について学びます。

1. 障害特性のある子どもの保護者への支援

1 保育者に求められる保護者支援

「**保育所保育指針**」には障害のある子どもの保護者支援について、「子どもに障害や発達上の課題が見られる場合には、市町村や関係機関と連携及び協力を図りつつ、保護者に対する個別の支援を行うよう努めること」（下線筆者。以下同様）とあります[†1]。また、「**幼保連携型認定こども園教育・保育要領**」（以下：「教育・保育要領」）には、「園児に障害や発達上の課題が見られる場合には、市町村や関係機関と連携及び協力を図りつつ、保護者に対する個別の支援を行うよう努めること[†2]」と記されています。また、「幼保連携型認定こども園教育・保育要領解説」のなかには、保護者に対しては必要に応じて支援を行うとともに、ほかの園児や保護者に対して、**障害特性**[*]に対する正しい知識や認識をもつことができるように支援する必要があることが記されています。

このように、保育者には、保護者への支援の役割が求められています。障害のある子の保護者を支援するうえで大切なことは何でしょうか。「幼保連携型認定こども園教育・保育要領解説」には以下のように記述されていました[†3]。

> 保護者が我が子の障害を理解できるようにしたり、将来の見通しについての不安を取り除くようにしたり、自然な形で園児との関わりができるようにしたりするなど、保護者の思いを受け止めて精神的な援助や養育に対する支援を適切に行うように努めることが大切である。

保育者として保護者がわが子の障害特性を受容できるように促したり、

▶出典
†1 「保育所保育指針」第4章2「保育所を利用している保護者に対する子育て支援」(2) イ

†2 「幼保連携型認定こども園教育・保育要領」第4章第2の6「幼保連携型認定こども園の園児の保護者に対する子育ての支援」

✕用語解説
障害特性
「ICD-11」により、生まれながらのやりにくさを「障害」と診断することから「症状」と診断されるようになったため、「障害」の表記を「障害特性」とする。障害名（診断名）を重視するのではなく、さまざまな症状からの特有の性質（特性）として理解する必要がある。

▶出典
†3 「幼保連携型認定こども園教育・保育要領解説」第1章第2節3「特別な配慮を必要とする園児への指導」(1) ②イ

不安を軽減する支援の必要性が述べられていますが、簡単なことではありません。次に、障害のある子どもの保護者を支援するうえでヒントとなる考え方を紹介します。

2　保護者がわが子の障害特性を受け止めるということ

ショックなことや予想外の出来事に遭遇したときに、どのような感情が湧き上がってくるでしょうか。「信じられない！」「うそ！」という言葉を発するなど、理屈ではわかっていても受け入れられない気持ちになったり、頭が真っ白になったりするなど、まるで思考が停止したかのような反応を示すことがあります。このように拒否や否認によって現実といったん距離を置くことは、通常の反応であり、精神的なショックから身を守るといった心理的な防衛作用の効果があります。

キューブラー・ロス[*]は、末期がんの患者にインタビューを行い、図表13-1のように死を受け入れるまでにさまざまな段階があることを示しました。

死を自覚し受容に至るまでには、衝撃→否認→怒り→取り引き→抑うつ→受容への段階があり、最期まで「希望」をもち続けることの大切さを説いています。

もちろん、わが子に障害特性があると診断されることは「死」の宣告を意味するものではありませんが、ショックを受けた人の心理過程を理解しておくことは、保護者に寄り添う者として大切なことです。また、どのようなときでも「希望」がもてるような関わりが重要であるという点は、支援者としてあるべき姿の参考になります。

完全なインクルージョンの世の中であれば、わが子に障害特性があるとわかったとしても、それは一つの個性でありショックなことだととらえられないかもしれません。しかし、現状では、「わが子に障害特性がある」という事実を受け入れるのに大変な困難がともなうのが実際であり、それだけ障害特性のある子どもや保護者を取り巻く社会には課題が多いのです。以下に、障害特性のある子どもの保護者の心理状態についての3つの説を紹介します。

①段階説

ドローターらは、先天性奇形をもつ子どもの誕生に際して起こる親の反応を図表13-2のように記しました。

ドローターらのモデルはショック→否認→悲しみと怒り→適応→再起の変容過程をたどっており、キューブラー・ロスによる死の受容過程と類似している点があります。これら2つの考え方を参考に、わが子に障

人物
キューブラー・ロス
(Kübler-Ross, E.)
1926～2004年
精神科医。1926年スイスのチューリッヒに生まれ、1965年、シカゴ大学ビリングズ病院で「死とその過程」に関するセミナーを始める。

図表 13-1　死の受容過程

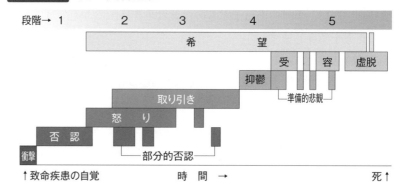

出典：E・キューブラー・ロス／鈴木晶訳『死ぬ瞬間——死とその過程について』中央公論新社、2001年、374頁をもとに作成

図表 13-2　先天奇形をもつ子どもの親の反応モデル

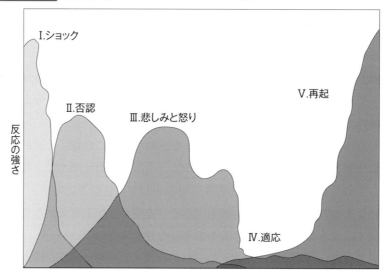

出典：Drotar, D. et al. "The Adaptation of Parents to the Birth of an Infant With a Congenital Malformation: A Hypothetical Model." *Pediatrics*, 56 (5), 1975, pp.710-717. をもとに作成

害特性があるとわかった保護者に起こりがちな心の反応を図表13-3に示します。

　Ⅰから Ⅷ まで順にすすむわけではなく、どこかの段階に長くとどまったり同時にいくつもの段階を経験したり、受容したかと思えば、障害特性を否定したくなったり、悲しみや怒りが込み上げるなど感情の浮き沈みも起こりやすくなります。

　また、障害特性の診断を受けるまでにも、さまざまな心の揺れ動きがあります。特に自閉スペクトラム症を含む発達障害／発達症などの場合は、やっとの思いで病院や療育センターなどへの受診を決断しても、予約が数か月から半年先まで埋まっているなど、長期間待たされることも

図表 13-3　障害特性がある子どもの保護者の心の揺れ動き

I	疑いと否定	わが子に障害特性があるのではないかという疑いを抱く。 「誰かに相談したい」「診断を受けて障害特性の有無をはっきりさせたい」という気持ちと、「人に知られたくない」「指摘されたくない」という気持ちの葛藤に揺れ動く。障害特性ではないという期待が入り混じっている。
II	ショック	わが子に障害特性があると診断されると、覚悟していたとしても、ショックを受ける。混乱する。 診断時の説明の際には、医者や担当者から何を言われたか「覚えていない」といった反応もみられる。
III	否認	診断結果を認めたくない。何も考えられない。「何かの間違いではないか」、「うちの子は障害児ではない」という「障害特性」の否認。障害特性に関わる話や支援者などとの関わりを避けようとする。
IV	悲しみ・怒り	障害特性があるという事実と認めたくないという葛藤を経て、「なぜわが子に障害特性が……」という悲しみや怒りが込み上げてくる。 障害特性のない子どもへのうらやましさやわが子への申し訳なさ、親としての自責の念などが交錯する。 夫婦間や親子（義父母）との間で互いを責め合うこともある。 周囲に怒りがむけられることもある。
V	原因究明と取り引き	障害特性の原因をはっきりさせたい、よい薬や病院を見つけたら、障害特性が治るのではないかという思いに駆られ、さまざまな病院や民間療法等に没頭する。ドクターショッピング。 保育者やまわりの助言を聞き入れにくいこともある。
VI	抑うつ	障害特性は治らないという現実に向き合い、無力感に陥り、気分が落ち込む。 障害特性に対するあきらめから子育ての意欲が減退する。 他の子の成長とわが子の成長を比べ、落胆する。 将来に対するやりきれない不安が募る。
VII	適応	悲しみ、怒り、抑うつ等の感情が頂点に達したのち、おだやかに障害児をもったことのあきらめと現実受容が始まる。 子どもへの対応方法や障害特性を理解できるようになり、落ち着いて行動できるようになる。
VIII	再起・受容	「この子らしさ」を受け入れ、よいところを伸ばしていく働きかけに変わっていく。価値観の転換へ。個性の一つとしての障害特性の受容。 障害特性があることを前向きに受け入れて、親としての責任を果たそうとし始める。

出典：「死の受容過程」（キューブラー・ロス）と「先天奇形のある子をもつ親の反応モデル」（ドローターら）の考え方と、筆者が出会ってきた保護者の反応などをもとに作成

しばしばです。また、受診後に障害特性があるとはっきり診断される場合もあれば、「様子をみていきましょう」と言われたり、病院によって診断が違うこともあります。このような経過のなかで、保護者自身がわが子の状態をどのように理解し、受け止めたらよいかについてとまどいや混乱が生じ、病院や専門機関への不信につながってしまうこともあります。

　しかし、乳幼児期の問題は個人差の範囲か、成長とともに解消していくのか、障害特性であるのかの判断には難しさがともないます。保育者は、そのような現状も踏まえて、保護者の思いを受け止めつつも不安を

助長する発言は控える必要があります。

　保護者は一生わが子と付き合っていくのです。5年後、10年後や成人になってやっと障害特性を受け入れられたという例も少なくありません。卒園までに受容してもらおうと焦るのではなく、いつの段階も保護者に寄り添いその思いを傾聴しながら、子育てへの希望が感じられるような援助をしていくことが必要です。

②慢性悲哀説

　オルシャンスキーが示した考え方で、根底には不安や慢性的な悲哀があり節目ごとに落胆を示しますが、それは克服すべきというよりは当然の反応として理解するべきであるという考え方です。たとえば、運動会や発表会など、「ほかの子と一緒に並ぶことができるだろうか」「舞台にはちゃんと上がれるだろうか」「皆に迷惑はかけないだろうか」など、行事ごとに心配します。うまくいけばホッと胸をなでおろす一方で、皆の前で座り込んだり飛び出していってしまう姿などを見ると落胆してしまいます。また、就学前になり、「小学校へ行けるのか」「勉強についていけるのか」「友だちはできるのか」、そして何より心配なのが「親が亡きあと、この子はどうしていくのか」など先々の不安でいっぱいになることもあります。また、このような根底にある気持ちを専門家や保育者等の支援者は気づかないまま悲哀を乗り越えることを励まし、親が自然に湧き上がる悲しみの表出を妨げてしまうこともあります。また、「いつまでも子どもを受容できない親」として偏見をもってしまうことで、かえって、現実を否認する傾向を強めてしまうこともあります。

③対象喪失説

　妊娠中には、誕生後のわが子のイメージを思い描きます。想像していた未来と、「障害特性のあるわが子」の現実がかけ離れていると感じたとき、対象を失ったような虚しさを感じ、目の前のわが子に向き合うことが難しくなることがあります。

　段階説、慢性悲哀説、対象喪失説の3つの説を紹介しましたが、保護者を取り巻く状況や受け止め方は一人ひとり違います。保護者の心理を既存の説に当てはめるのではなく、理解と支援において手がかりを得るための材料として把握しておくとよいでしょう。人の心に寄り添うためには、豊かな人生経験も必要となってきます。喜びや感動、悲しみ、怒り、口惜しさなど、さまざまな経験をとおして、自らの心の揺れ動きを学ぶ姿勢も大切です。また、わが子を思う保護者の気持ちへの配慮や尊敬の念も忘れてはなりません。

2.　障害特性のある子どもを取り巻く家族の理解と支援

1　障害特性のある子どもを取り巻く家族の状況

　保育者は保護者を支援していく役割がありますが、家族の状況も理解しておく必要があります。障害特性のある子どもを取り巻く状況について考えてみます。以下の事例をみてみましょう。

インシデント：家族間で意見に違いがみられるとき

　3歳男児Aくん。着替えや排泄などの生活習慣がなかなか身につかず、言葉もなかなか増えないなど、保育者間で発達の遅れについて気になっていたところ、母親から担任に、「うちの子、ほかの子と比べて遅れていないでしょうか」という相談がありました。早速母親と懇談の機会を設け、Aくんの日ごろの園生活の様子について説明を行いました。発達について検査を受けたほうがよいのかと質問されたため、専門機関への受診をすすめ、定期的に懇談を行うことに決めました。母親は「先生に相談してよかったです。これからよろしくお願いします」と安心した様子で帰っていきました。

　その後、連絡帳をとおして懇談の日程調整を促すが返事がなく、母親に直接電話で問い合わせたところ、「もう、その話は結構です」との返事が返ってきました。急に拒否的な態度になった母親の豹変ぶりに、担任はびっくりしてしまいました。その後も担任を避けるような態度をみせていましたが、数か月たって母親から懇談の申し込みがありました。

　専門機関への受診について夫に相談したところ、「男の子だからあんなもんだ。病院なんて行く必要がない」と言われたとのことです。それを聞きつけた姑からも「自分の子を障害児扱いするのか」と責められ、どこにも相談できなくなってしまったとのことでした。

　保育所や幼稚園などで子どもの行動が気になり、保育者間で専門機関への受診が必要であるとの意見が一致していても、保護者や家族にそれを伝えるときには慎重な対応が必要です。

　上のインシデントのように、夫婦間で意見が違うこともありますし、場合によっては園側とのトラブルに発展してしまうこともあります。障害特性のある子どもの存在によって家族の絆が深まるきっかけになることもあれば、そうではない場合もあります。ひとり親家庭の場合、保護

者一人で問題を抱えてしまうことが多くなりがちですので、配慮が必要です。

このインシデントでは母親が姑からも責められた例を紹介しましたが、当然祖父母の存在が大きな支えとなる場合もあります。保護者が混乱の渦中にあっても、孫の状況を冷静に受け止め、子どもや保護者の支援に大きな役割を発揮する例が多くあります。家庭がどのような認識でいるのかなどの状況を把握しつつ、相談にのり続けるという姿勢を伝えながら具体的な方向性を示していくことが必要です。

保護者の心の揺れ動きによってときに保育者自身が混乱してしまうこともありますが、言動が拒否的になったり攻撃的になったりしているときは、それだけ家族がわが子のことで苦しんでいる証しでもあります。そのようなときこそ冷静な対応が求められます。保育者はけっして一人で抱え込むのではなく、園長や主任等に相談し、校内委員会や特別支援教育コーディネーターなどとともにチームによる支援体制を整えておくことが大切です。

2　障害特性のある子どもの親の会での保護者間の交流

保護者にとって、生後まもないわが子の特性を理解することは大変高い壁となって立ちはだかります。また、日々の生活上欠かせない子どもへのケアは並大抵ではありません。「障害受容」とはいうものの、何をどのように受容して過ごせばよいのか、混とんとしたなかでさまよっている状態ではないでしょうか。そのような意味でも子ども本人への支援と同時に、その家族・保護者への子育てに関する支援も重要となります。

特別支援教育のシステムが2007年より教育現場でスタートしていますが、教育現場における支援のあり方が中心で、就学前期に特に必要な保護者支援の視点はほとんど見当たりません。保護者との連携を強く述べる前に、保護者支援の視点をもって保護者の育児に対する身体的・精神的負担感の軽減を図ることが重要です。

その大きな役割を担っているのが、同じような悩みをもつ保護者同士の親の会活動です。子どもの発達について将来への不安や現在の心配ごとを一人で抱え込まず、同じ心配や悩みをもつ保護者と話すことでとても励みになっているようです。また、先輩保護者の話には、情報がたくさん詰まっています。同じような特性のある子どもを育てる若い保護者にはとても心強いアドバイザーです。子どもの行動や言動を理解し、その子なりの成長を一緒に見守り、一緒に楽しんで、親子で前向きに元気に過ごせるような活動の場で悩みを分かち合える仲間になることを目的

に、親の会への参加をすすめてみるのもよいかもしれません。

3　障害特性のある子どものきょうだいの理解と支援

　障害特性のある子どものきょうだいが置かれている状況やその気持ちについて考えてみましょう。親がわが子の障害特性を受け入れていくのと、きょうだい間で受け入れていくのとでは、事情が違います。

　立山らは障害特性のある子どものきょうだいに、夜尿・円形脱毛症・不登校など気がかりな兆候がみられた原因を分析しました[†4]。その結果によると、①障害児の入院による母親不在や家族内の緊張の高まり、②親が障害児のことで手いっぱい、③きょうだいが障害児を援助するなどの役割を担い育児が大変な両親への気遣いから自分を出しにくい、④友だちの障害者への心ない接し方から生じる葛藤、の4つの事柄が見出されました。調査対象は学齢期にも及んでいますので、幼児期の兆候や原因を特定できませんが、きょうだいに障害特性がある場合、障害特性のあるきょうだいが子育ての中心になりやすく、そのきょうだいが特有の悩みをもつことがあります。また、それが幼少期であれば自分の思いをうまく言葉に出しにくく、かまってもらえない思いが募ったり、甘えたい気持ちを抑えたりする傾向があります。保護者自身、そのような思いに十分に対応できないことで罪悪感を抱き苦しんでいる場合もあります。

　また、障害特性のある子どもの親の会や交流の場に比べて、きょうだい同士の交流の場や理解してもらえる機会は少ないのが現状です。「全国障害者とともに歩む兄弟姉妹の会」などきょうだいを支援する会が存在しており、きょうだいの心の支えとなっています。しかし、幼児自らが参加するのは難しく、障害特性のある子どものきょうだいの気持ちは見過ごされがちなうえ、支援が届きにくい対象といえるでしょう。

　一概にはいえませんが、**下の子に障害特性があるよりも、上の子に障害特性があるほうが、複雑な心理過程を経験する**という研究結果があり、年齢が離れているより、近いほうがその葛藤や混乱は大きいといえます。理由として障害特性のある子どもが兄または姉である場合、障害特性によっては下の子が上のきょうだいを追い越してしまうなど発達の様相が逆転したり、年下である自分のほうが我慢しなくてはいけないことが多くなりがちなため、年齢が近いほど混乱をきたしやすいなどが考えられます。

　もちろんマイナスな面だけではありません。障害特性のあるきょうだいがいることで、「感謝の気持ちや忍耐力が育つ」「洞察力が深まる」「優

▶ **出典**

†4　立山清美・立山順一・宮前珠子「障害児の『きょうだい』の成長過程に見られる気になる兆候──その原因と母親の『きょうだい』への配慮」『広島大学保健学ジャーナル』3、2003年、37-45頁

しさが育つ」「家族の絆が深まる」などプラス面もたくさんあります。

　障害特性のあるきょうだいをもつ子どもが入園している場合は、「さびしい思いをしていないか」「我慢をしていないか」などについて気を配りながら保育をしていくことも必要です。

演|習|課|題

①わが子に障害特性があるとわかったとき、どのような気持ちになるでしょうか。時期ごとに思いや対応が異なるのか、また、肢体不自由と知的障害／知的発達症など種別でとらえ方は違うのかなどを考え、皆で話し合ってみましょう。

②きょうだいに障害特性がある場合、家族の一員としてどのようなことを感じて育っていくのでしょうか。障害特性のある子どもの兄・姉や弟・妹など、それぞれの立場や、さまざまな障害特性の種類や程度を想定して話し合ってみましょう。

③保育者として、障害特性のある子どもの保護者や家族への支援をどのように進めていけばよいでしょうか。それぞれの立場に立って考えてみましょう。

地域の専門機関等との連携と小学校等との連携

本レッスンでは、地域の関係機関との連携や進学する小学校などとの連携の必要性を学びます。地域の連携できる関係機関を知ることや、保護者との共通理解のもと進学する小学校と連携することは非常に重要です。

1. 地域の関係機関との連携

1 連携できる地域のリソース*

　地域の専門機関との連携とは、改正された新しい「保育所保育指針」第1章「総則」のなかでも1（1）ウ「家庭や地域の様々な社会資源との連携を図りながら、入所する子どもの保護者に対する支援及び地域の子育て家庭に対する支援等を行う役割を担うものである」と記載されているように、重要にしたい視点です。

　連携できる地域の専門機関としては、各市町村の保健センターがあげられます。市町村保健センターは、健康相談、保健指導、健康診査など、地域保健に関する事業を地域住民に行うための施設です。「**地域保健法**」に基づいて多くの市町村に設置されています。母子保健の業務では、
①妊婦相談：母子健康手帳の交付や母親教室の開催
②新生児訪問：赤ちゃんが生まれた家庭に、育児相談等のための訪問
③乳幼児健診：生後4か月、10か月、1歳6か月、3歳児などのタイミングで、乳幼児の健康診断や身体測定、健康相談、栄養相談など
を行うなど非常に多岐にわたっています。

　そのほかにも、児童相談所、福祉事務所、知的障害者更生相談所、身体障害者更生相談所、発達障害者支援センター、児童福祉施設、医療機関などがあります。

　連携を行う際には保護者の了解を得ることと、保護者と密に連絡をとり合い、子どもの発達を支援することを目的に連携することが重要です。

2 児童発達支援センター

　児童発達支援センター*とは、「児童福祉法」で定める児童福祉施設です。通所利用の障害のある子どもやその家族に対する支援を行います。

※ **用語解説**
リソース（resource）
資源という意味。「地域のリソース」といったときは地域における連携できる資源という意味で使う。

➕ **補足**
「地域保健法」
「母子保健法」などの地域保健対策関連法が総合的に推進され、地域住民の健康の保持増進に寄与することを目的としている。

※ **用語解説**
児童発達支援センター
「児童福祉法」第43条に定められた通所施設で、福祉型と医療型がある。日常生活における基本的動作の指導、独立自活に必要な知識技能の付与、集団生活への適応のための訓練および治療を提供する施設。ちなみに入所型は、同法第42条に障害児入所施設（福祉型・医療型）が定められておりいずれの施設にも保育士のほか専門職が配置されている。

また、児童発達支援センターは、施設の有する専門機能を生かし、地域の障害のある子どもやその家族への相談、障害のある子どもを預かる施設への援助・助言をあわせて行うなど、地域の中核的な療育支援施設です。また、地域社会への参加・包容（インクルージョン）を推進するため、保育所、認定こども園、幼稚園、小学校、特別支援学校（主に幼稚部および小学部）などと連携を図りながら支援を行うとともに、専門的な知識・経験に基づき、保育所等の後方支援に努めます。このような場を連携のリソースの一つとすることで、支援の困難さを保育所が抱え込むのを防ぐことができます。

3　連携の実際

　外部の専門家と連携した事例については、このあと具体的にみていきましょう（→146〜150頁事例①②）。

2.　小学校等との連携

1　連携の必要性

　幼児期の教育と小学校教育の円滑な接続のために、国公私立や保育所・幼稚園を問わず、幼児期の教育を担う施設と小学校等が連携していくことは非常に重要です。

　遊びを中心とした幼児期の教育と教科等の学習を中心とする小学校教育とでは教育内容や指導方法が異なっているものの、保育所や幼稚園等から義務教育段階へと子どもの発達や学びは連続しており、幼児期の教育と小学校教育とは円滑に接続されることが求められています。連携がうまくいかない場合には、小学校１年生になったときに、学習に集中できない、教師の話が聞けずに授業が成立しないなど、学級がうまく機能しない状況がみられることもあります。特に支援を必要とする子どもは小学校に対する不安をもちやすいので、さまざまな連携をとおして支援に必要な子どもの情報を次のステージに上手に引き継ぐことは重要です。

　保育所や幼稚園等と小学校の連携の例としては、「**保育所や幼稚園等と小学校における連携事例集**」（文部科学省・厚生労働省、2009［平成21］年３月）に、「子どもどうしの交流活動」「教職員の交流」「保育課程・教育課程の編成、指導方法の工夫」などがあげられていますが、保護者や医療、福祉等の関係機関との連携も重要です。

図表 14-1　引き継ぎシートの参考様式

基本情報	
氏名、性別、生年月日	
相談・支援歴	
現在の子どもの様子	
基本的生活習慣	
家族との関わり	
園での様子	
子どもの生育歴	
妊娠中の様子・在胎週・身長・体重	
発達段階の現れ方	
保健所・家庭児童相談室	
検査結果の概要	
療育機関の関わり	

2　引き継ぎ書の作成

　効果的な連携のためには、支援を必要としている子どもの情報を上手に引き継ぐことも重要です。

　しかし、どのような情報をどのようにして他機関に引き継ぐかということは非常に難しいことでもあります。引き継ぎの情報が多岐にわたり、詳細すぎても受け取る小学校側にしてみると、どれが本当に支援に必要な情報なのか混乱が起こる可能性もあります。また、個人情報等にも十分配慮したうえで子どもの情報を引き継がなければなりません。

　引き継ぎシート（図表14-1）は、個別の指導計画のように詳細に記載したものを引き継ぐのではなく参考様式のように、小学校での支援に必要な情報の概要のみを記載します。子どもの状況について具体的でわかりやすい言葉で記載し、特に効果的な支援をした際の環境面やその手だてを具体的に記載して引き継ぐことが大切です。第三者が読んでもわかりやすいように、抽象的な言葉は用いずに、できるだけシンプルに書くことがポイントです。

　はじめての集団生活のスタートを切った保育所（園）・幼稚園での気づきから、効果的な支援を開始し、環境的側面を含めた指導の手だてを小学校に引き継ぐことにより、生涯にわたり一貫した効果的な支援を子どもが受けることができるようにしましょう。

　次ページから実際の事例を読んで、理解を深めていきましょう。

事例
1

姿勢が変わることやあおむけを嫌がる子どもへの援助事例

家族構成：父親・母親・本児
事例の背景：Lちゃんは10か月になる4月から保育所に通い始めました。入園当初は、人見知りもあり、人や
　　　　　　場所に慣れるまで、硬い表情をしていましたし、動きも少ない状態でした。しかし、保育者はしだ
　　　　　　いにこの「動きが少ない」のは環境に慣れていないだけではないと思い始めました。そう思うきっ
　　　　　　かけは「はいはい」ができない点でした。そこで生活や遊びのなかでふれあいながら身体の動きを
　　　　　　意識して関わるようにしていたところ、入園後1か月ほどして少しずつはいはいで移動ができる
　　　　　　ようになりました。しかし、ふれあい遊びにおいても「あおむけになること」や「たかいたかい」
　　　　　　を嫌がることなどが気になっていました。
　　　　　　　作業療法士の訪問は入園して3か月目（1歳1か月）でした。
連携している専門家：作業療法士[注1]
連携の方法：3か月に一度程度、作業療法士が保育所を訪問。

図表①　連携の流れ

相談シートの記入	→	事前打ち合わせ	→	保育場面の観察	→	観察まとめ
保育者が気になる子どもの「気になる点・相談したい点」をシートに記入する。相談内容は具体的に記入する。		保育者と作業療法士で事例の相談内容および状況の確認を行う。		子どもの生活や遊びの場面を見たり、担任保育者と子どもの様子について会話を交わしたりしながら、子どもの実態を把握する。		保育者、作業療法士でまとめ会議を行う。子どもの状況の分析およびアドバイス、取り組みに関する確認を行う。

インテーク[注2]

　Lちゃんはあおむけが苦手なのか、おむつ交換の際にあおむけにしようとすると泣いて嫌がります。
また午睡のときに保育者があおむけで寝かしつけようとすると嫌がり、すぐに寝返ります。ふれあい
遊びや抱っこ、ひざの上で遊ぶことは喜んでいますが、「あおむけ」や「たかいたかい」をして遊ぶ
と泣いて嫌がりました。また、ボールプールや布ブランコなど不安定なことや姿勢が変わることも
嫌がって泣く姿がみられました。「はいはい」ができるのは少し遅かったですが、つかまり立ちをし
始めるとすぐにつたい歩きをし、1歳を過ぎたころから一人歩きができるようになりました。しかし、
身体が柔らかく、手足もゴムでしばったような線が入り、手足がむくんでいるように見えます。

アセスメント[注3]

　保育場面の観察のなかで、Lちゃんを抱っこしている状態から、体を後ろへ傾けると手を大きく広
げる姿が確認されました。赤ちゃんは急に音がする、激しく体を触る、傾くなどの刺激により防御反
応としてモロー反射という原始反射が出現します。通常では6か月を過ぎると見られなくなる反射
ですが、ときどき、残っている子どもがいます。Lちゃんは1歳1か月ですがモロー反射が残って
いることで、抱っこからふとんに下ろすという姿勢変化でモロー反射が誘発され不快になってしまい
ます。また、布ブランコや「たかいたかい」も同じようにモロー反射が誘発されやすいので嫌がっ

てしまうと思われます。

　モロー反射が残っていることが影響し、Lちゃんは少しの刺激で手を大きく広げる傾向があるので、抱っこされたときにしがみつくことが苦手です。それに加えて、Lちゃんの身体的な特徴として全身の筋肉が柔らかい傾向があり、バランスをとることや体に力を入れ続けることの苦手さもあるため、抱っこでしがみつくことを難しくしていると考えられます。

プランニング[注4]

①「あおむけを嫌がり、すぐに寝返る」「ボールプールや布ブランコでの遊びをしたときに泣いて拒む」ことに対する援助方法

　Lちゃんはモロー反射が残っていることから、手を外に大きく広げる傾向があります。そのため、体を丸める方向の動きを促す必要があるので、1つ目に、抱っこのときにAちゃんのお尻から背中をしっかりと支えて保育者にギュッとしがみつく姿勢を意識的にとるようにします。

　2つ目に、おむつ交換などであおむけにしたときに、お尻から足を持ち上げて顔に近づけるように体全体を丸くする動きを取り入れます。

　3つ目に、モロー反射は音や急に体を触ること、体の傾きなどで誘発されるので、大きな音を立てないことや、抱っこするときに急に抱き上げずに背中やお尻をしっかり支えてから抱き上げること、ボールプールでは保育者が抱っこして不安にならないように遊ぶようにします。

②「手足のむくみ」に対する援助方法

　Lちゃんは一人で歩くようになってきていますが歩行の様子は不安定です。筋肉の柔らかさもみられるので、全身運動をしっかり行う必要があります。特に、はいはいなどでしっかり自分の手で体を支えることや、少し重たくした手押し車を押す遊びなど、体を支えながら筋肉に力を入れ続ける活動を行うと、しっかり筋肉を使い、体の安定性をつくることにつながります。

【保育者の気づきと理解】

*本児がなぜあおむけにされるのを嫌がるのか、「たかいたかい」を心地よくないと感じるのか、その理由が明確になったことで関わり方に気をつけようと思うようになりました。

*子どもの嫌がる理由がわかり、些細なサポートをすることにより、嫌がっていた行為を心地よいと感じられるようにしていくことができるとわかり、今後、無理なく生活に取り入れていこうと思いました。

【子どもとの関わりで保育者が変わったこと】

*本児の苦手な行為を「嫌がるからやめておこう」と避けるのではなく、本児が「嫌」と感じない方法で取り入れるポイントを知ることにより、本児とのふれあい遊びの幅が広がりました。

注1：作業療法士（Occupational Therapist：OT）は、身体や個々の体調などさまざまな影響により日常生活や学習などに困難さがある人に対して支援を行うリハビリの専門職。子どもから高齢者までを対象とする。
注2：受理ともいう。最初に行う面接のことを指す。
注3：事前評価ともいう。インテークで得られた情報をもとに課題を特定する。
注4：援助計画の作成ともいう。アセスメントで明らかになった課題をもとに援助目標を設定する。

全体的な発達がゆっくりである子どもへの援助事例

家族構成：父親・母親・姉（2人）・本児（1歳11か月）

事例の背景：Mくんは、1歳4か月の12月に保育所に入園しました。入園当初は人見知りもなく笑顔で過ごしていましたが、しばらくすると母や担任を少し後追いする姿がみられ始めました。入園するころに一人歩きが始まりましたが活発に動くことはなく、少し運動発達がゆっくりだと感じていました。生活面については、食事に対する意欲はありますが、スプーンやコップをうまく使えず、ほとんどこぼれ、口のまわりから首にかけてかなり汚しながら食べるので、食具をもたず手でつかみやすいものを自分でつかんで食べられるようにすることから始めました。

　1歳児クラスに進級した4月、本児は1歳7か月になっていましたが、ていねいな食事の介助が必要でした。また口のまわりがかなり汚れていてもまったく気にならない様子でした。手口遊びが残っており、玩具など何でも口に入れる姿がみられました。ときには友だちの頭に口を近づけてかもうとする姿もみられました。

　友だちが好きで自分から近づきますがうまく関われず、友だちの頭をかもうとしたり、髪の毛を引っ張ったり、友だちの上に乗ったりすることが増えてきました。

　作業療法士による援助は、入園して7か月目（1歳11か月）でした。

インテーク

①4月に1歳児クラスに進級して3か月経ち、Mくんは一人歩きも活発になりとてもよく動くようになりました。しかし、その歩き方がぎこちなく、腰の動き、身体のバランス、内股であることなどが気になります。

②友だちとの関わりにおいては、人の遊んでいるものに興味があり、近寄っていったり、人の遊んでいる玩具を取ったりします。しかしその玩具への興味はなく、友だちから取りはしたものの、その玩具で遊ぶことはしません。さらに、友だちが嫌がっていることがわからず、友だちを触ったりして、嫌がられてもやり続ける姿がみられます。

③言葉を覚えて発していますが、覚えた言葉が消えてしまったり、違う言葉になったりすることがあります。たとえば、「先生」と言って担任を呼んでいたのに、5月ごろから先生のことを「ママ」と呼ぶようになり、それ以降「先生」という言葉が出なくなりました。

　また経験と言葉がつながっていないのではないかと思うこともあり、たとえばおやつなどが欲しいときに「ア～！　ア～～！！」と言うので「ちょうだいだよ」と伝えると「ちょうだい！」と言えることもあるのに、またすぐ言えなくなり「ア～！　ア～～！！」になります。

④口に手やおもちゃを入れていることが多いのも気になります。

⑤布ブランコやふれあい遊びでの飛行機（寝転んだ保育者のひざの上にうつ伏せになって揺れる）、「たかいたかい」など揺れる遊びやボールプールなどを怖がります。

アセスメント

①と⑤について

　独歩開始が1歳4か月からであり、少し運動の発達がゆっくりな子どもです。筋肉が柔らかく、1歳11か月現在も歩いているときに体がフラフラしています。一般に、歩行が安定してくると上半身を安定させて足だけをスムーズにけり出しながら歩くようになってきますが、Mくんの場合、歩行が不安定で足の動きとともに上半身も一緒に動くため、体がフラフラしています。そのため歩き方がぎこちなくなっています。

　また、バランスが悪いのでボールプールや揺れる遊びは、過剰に刺激を感じ取ってしまうために怖がってしまいます。ただ単に苦手というだけではなく、体の不安定さから苦手さが起こっていると考えられます。

②と④について

　Mくんは体のバランスが悪く、体が不安定な状態で手を使うためうまく操作することができません。そのため、おもちゃで十分に遊ぶことができず、「試行錯誤してやり切れる」という"1歳半の壁"を越えていません。

　またMくんは友だちのことが大好きで、友だちのやっていることが気になりますが、手を使って遊ぶことの楽しさを十分に感じ取れていないところがあるので、友だちの遊んでいるものには興味はありますがその玩具で遊ぶことはなく、取り上げたり壊したりしてしまいます。

　口に手や玩具を入れることが多いのも、手を使って遊んで楽しいという経験が少ないことが影響していると考えられます。

　また、Mくんの発達段階や手がまだうまく使えないことから三項関係^{注5}で遊ぶことが難しく、二項関係で遊ぶことが多いです。このことからも友だちに興味はあるけれど玩具に興味がないということが起こっていると考えられます。

③について

　言葉については生活経験のなかで語彙が増えてきますが、Mくんの場合、言葉の使い分けが難しいのかもしれません。たとえば、しゃべり始めの子どもは4本足の動物を見ると猫でも犬でも「わんわん」と言うことがあります。それと同じように、「先生」と「ママ」の使い分けが十分にわかっていないのかもしれません。

プランニング

①と⑤について

　粗大運動遊びをしっかりと行うことが必要です。特に、「山（斜面）のぼりや四つばいなど自分の体を支えることや足で踏ん張る活動」、「線の上を歩く、両手でものを運ぶなど、"ゆっくり・慎重に"というような身体のコントロールが必要な運動」を行うようにします。

　揺れる遊びについては保育者がMくんをしっかり支え、安心できるようなサポートをしながら経験するようにします。

②と④について

　しっかりと手を使って遊べるためには、座っているいすを工夫する必要があります。Mくんの身体といすに隙間があると身体が不安定になるので、クッションやバスマットなどで隙間を詰めると姿勢が安定して手が使いやすくなります。積み木を積んでから倒す、穴にものを入れる遊びなど簡単な遊びをとおして「できた！　楽しい！」ということを積み重ねていくことが大切です。

③について

　生活経験のなかで言葉とものを結びつけていき、語彙を増やしていくことが大切な時期です。Mくんの場合、言い間違いはありますが、保育者側が言葉と動作がつながるように意識して声かけをし、（たとえば、「ちょうだい」「ありがとう」「いただきます」など）Mくんの発語や要求を大事に受け止めていくことが大事な時期と思われます。

【保育者の気づきと理解】

＊一人歩きが遅かったのでまだ体が安定していないこと、体のコントロールができず、勢いで動いていることがわかりました。そしてダイナミックな運動だけでなく、コントロールの必要な運動（慎重な動き）も入れていくと安定していくことがわかり、生活や遊びのなかで意識して取り入れていこうと思いました。

（例）床に養生テープを貼って線を描き、その上を歩いて遊ぶ

　　　おままごとのお盆におもちゃを乗せて運ぶ

　　　お茶の入ったペットボトル（少し重い物）を運ぶお手伝いをする　など

＊体のバランスが悪く、コントロールができていないので、手の操作もコントロールできなくて、手で操作するような遊びができないことがわかりました。まずは安定して座れるようなサポートをする必要があることがわかったので、一人で安定して座位を保てるように工夫していきます。

＊試行錯誤するような 1 歳半ころの壁を越えていない面があることと、「自分と人」という二項関係の段階であるということがわかりました。まずは簡単な操作で「できた！」という経験を積んでいき保育者と楽しさを共有できるような遊びを楽しめるようにしていきたいと思います。

＊発達上の積み残しが多く、1 歳半の壁を越えていないので、長い目で見て 1 年後には変化するだろうと思うような部分、重要度の低い部分（危険性がともなわないこと）などについて、今は見守るようにし、そのつど否定や訂正はしないようにしていきたいと思います。

【子どもとの関わりで保育者が変わったこと】

＊生活や遊びのなかで"ものを運ぶ"などを意識的に促してみたり、慎重に動いている姿に注目して観察したりするようになりました。

＊友だちがもっていたものも、口に入れたものも、保育者が「返して」と言って本児からそのものを受け取るのではなく、「『どうぞ』ってして」と声をかけ、本人が動き出す（返してくれる）のを待つようにしています。その後ささやかですが、肯定的な言葉、そしていつも同じ言葉でわかりやすく伝えるようにできるようになっています。

＊言葉の間違いには注目しなくなりました。

＊作業療法士との話をとおして、「保育者自身のなかで整理された部分」「冷静になれた部分」「反省すべき部分」などがわかり、本児を見る気持ちも変わってきました。

【まとめ】

　以上のように、作業療法士の視点を得ることで、保育者の視点だけではわからなかった子どもの体のしくみや子どもの体の特性などを知ることができ、それを知ることで子どもの行動の意味も理解することができるようになります。すると、生活や遊びのなかでできる具体的な支援の方法につながっていきます。

　このように、保育者が専門機関と連携することにより、保育者だけでは見えない（わからない）子どもの姿が見える（わかる）ようになります。そして、日常の生活と遊びのなかで子どもの成長を保障することにつながりますので、専門機関との連携は大切なことであると考えます。

注 5 ：「自己」と「他者」と「もの」の関係のこと。この事例の場合、「M くん」と「友だち」、「M くん」と「玩具」の二項関係は結べるが、「M くん」と「友だち」と「玩具」の三項関係を結ぶことが難しい状況である。

3．　生涯にわたる一貫した支援のために

1　多職種との連携

　事例①②では、作業療法士との連携のなかで専門的な保育につなげることができました。このように、今後は保育者が一人で子どもを抱え込むのではなく、作業療法士 (OT) や**理学療法士**[*] (PT)、**言語聴覚士**[*] (ST) や公認心理師などの心理の専門家、医師や看護師、保健師やさまざまな福祉職といった多職種と連携を行い、複合的で専門的な保育支援を行う必要があるでしょう。

　連携の際の注意点としては、コラボレーション（協働）の精神にのっとり、それぞれの専門的役割を認識した、役割分担のなかで保育・支援を進めるべきです。たとえば、診断は医師の役割であり、作業療法的療育は作業療法士の役割です。

　保育者は、保育者としての役割を担いつつ、一人の子どもの一つの目標に向けて役割分担のなかでコラボレーションしていくことが大切でしょう。

2　一貫した支援の引き継ぎ

　前述の事例をはじめとして、多職種と連携した事例は多くみられます。最近の保育は非常に専門性が高くなっていると感じられます。しかし、その専門性が高く、子どもにとって効率的な保育支援も、その場限りのものであれば非常にもったいないものとなってしまいます。

　子どもの個性や特性は一生涯続くものです。保育所で行っている効果的な支援を引き継ぎ書で次のステージに送り、子どもの生涯にわたる一貫した支援へとつなげてほしいと思います。

✴ **用語解説**

理学療法士
（Physical Therapist）
運動療法や物理療法を用いて身体の機能や動作の回復をうながし、自立した日常生活が送れるようにする専門家。

言語聴覚士
（Speech-Language-Hearing Therapist）
言語障害や聴覚障害などに対して検査・評価を実施し、訓練、指導、助言を行う専門家。

演 習 課 題

①あなたの居住する地域で利用できるリソースをまとめてみましょう。

②支援している子どもの情報を小学校等に引き継ぐ際の注意について述べてください。

③引き継ぎ書と個別の支援計画の違いは何か、話し合ってみましょう。

インクルーシブ保育の課題と展望

近年、インクルーシブ保育が叫ばれていますが、すべての保育場面で実現しているとはいえないのが現状です。本レッスンではインクルーシブ保育の展望や課題、われわれ一人ひとりが目指す今後のあり方について学び考えていきます。

1. 障害特性のある子どもをめぐる法整備

1 特別支援教育の推進とインクルーシブ保育

中央教育審議会による2012年の「**共生社会の形成に向けた-インクルーシブ教育システム構築のための特別支援教育の推進（報告）**」（以下：中教審初等中等教育分科会「報告」）によると、特別支援教育は、**共生社会**の形成に向けて、インクルーシブ教育システム構築のために必要不可欠なものであると述べられています。わが国は2007年度から特別支援教育を本格的に始動させましたが、インクルーシブ保育の実践においてどのような影響を与えたのでしょうか。

名倉・都築[1]によると、特別支援教育のスタートは保育現場の「発達障害／発達症」の理解促進に影響を与えましたが、人的・物的環境整備が不十分であることや、集団保育場面における個別支援の具体的な内容・方法については十分に言語化されていないことなどが指摘されています。

特別支援教育が本格化したことによって、現場の意識が変化した点は大きな成果があったといえますが、これまで小・中学校中心に整備がなされてきたため、障害のある子どもへの保育の取り組みの歴史は浅いといえます。

「特別支援教育体制整備状況調査」（2018年）の結果（図表15-1）によると、小学校においては「校内委員会」の設置や「特別支援教育コーディネーター」の指名などの支援体制は100％近く整備され、取り組みがすすんでいます。しかし、幼稚園・認定こども園に関しては、いずれも5〜6割程度にとどまっています。

また、診断がついていないいわゆる「気になる子」と呼ばれるようなグレーゾーンの子どもたちが増えていますが、保育者はその対応に苦慮

参照

共生社会
→レッスン2

▶**出典**

†1　名倉一美・都築繁幸「障害児保育実践の現状と課題」『教科開発学論集2』2014年、221-228頁

図表 15-1 特別支援教育の現状── 学校における支援体制の設備状況・課題

国公私立計・学校種別・項目別実施率─全国集計グラフ（平成30年度）

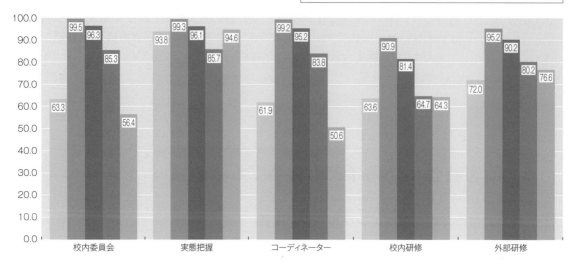

出典：文部科学省「平成30年度特別支援教育体制整備状況調査」をもとに作成

しているのが実情です。厚生労働省は1974年度より障害児保育促進事業において保育所に保育士を加配する事業を実施し、2003年度より一般財源化され、市町村においては引き続き積極的な受け入れが実施されていますが、十分であるとはいえません。加配の基準は**障害者手帳**の所持のみに限定していませんが、幼児期は診断がつきにくいということも踏まえて、より弾力的な対応が必要でしょう。

参照
療育手帳
→レッスン 2

2　就学先の決定にかかわる変更

中教審初等中等教育分科会「報告」によって以下の提言がなされました[2]。

▶ 出典
†2　中央教育審議会「共生社会の形成に向けたインクルーシブ教育システム構築のための特別支援教育の推進（報告）」2012年

> 就学基準に該当する障害のある子どもは特別支援学校に原則就学するという従来の就学先決定の仕組みを改め、障害の状態、本人の教育的ニーズ、本人・保護者の意見、教育学、医学、心理学等専門的見地からの意見、学校や地域の状況等を踏まえた総合的な観点から就学先を決定する仕組みとすることが適当である。

この提言を踏まえて、2013年 8 月に**「学校教育法施行令」**が改正され、就学決定のしくみが変更されました。それまでは就学基準に該当する障

図表 15-2　障害のある児童・生徒の就学先決定（手続きの流れ）

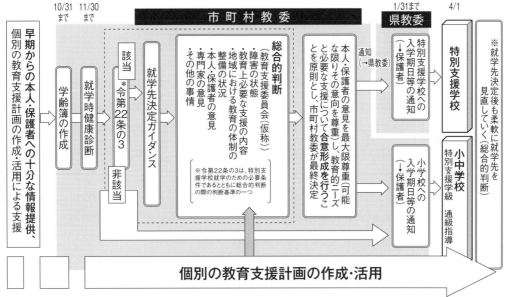

注：学校教育法施行令第22条の三には、特別支援学校の対象となる障害の程度が示されている。
出典：文部科学省初等中等教育局特別支援教育課「教育支援資料」（平成25年10月）をもとに作成

害のある子どもは原則特別支援学校への就学を決定していましたが、本人・保護者の意見を最大限尊重し、教育的ニーズと必要な支援について合意形成を図ることを原則とする形に改められました（図表15-2）。

　文部科学省がとりまとめた「教育支援資料」によると、就学後も継続的に教育相談・指導を行うことにより、就学先の変更も含めた子ども一人ひとりの教育的ニーズに応じた適切な指導をすることが記されています。小・中学校から支援学校間への転学など「学びの場」の柔軟な見直しが可能になったことから、就学決定にともなう保護者の精神的な負担の軽減にもつながることが予想されます。

2.　わが国のインクルーシブ保育の課題と展望

1 「障害者の権利に関する条約」から見たインクルーシブ保育の展開

　外務省によると、「障害者の権利に関する条約」（以下：「障害者権利条約」）の署名国・地域数は2020年現在で164、締結国・地域数は182にのぼり、世界各国でインクルーシブ教育システムの構築への取り組みがすすめられているところです。同条約の第24条2の（e）には、障害

者の権利の実現にあたり、「学問的及び社会的な発達を最大にする環境において、完全な包容という目標に合致する効果的で個別化された支援措置がとられること」とあります[3]。完全なインクルージョンとはどのような状態を指すのかについては、各国で多少解釈が分かれるところです。特別支援教育に関する国際比較（国立特別支援教育総合研究所）によると、イギリスやイタリアやドイツのように、通常の学校内に特殊学級（日本の特別支援学級）が存在しない国もあります。イタリアにおいては、いかなる障害があっても通常の学校で教育を受けるとし、特殊学校（日本の特別支援学校）を法律によって廃止しています。

▶出典
[3]　外務省ホームページ「障害者の権利に関する条約」

　ノーマライゼーション理念の発祥地であるデンマークやイタリアは1970年代からインクルーシブ教育を推進していたのに比べ、2000年代から始めたわが国の歴史は浅く、すべての保育現場にまで理念が浸透されるには至っていないのが現状です。

　特別支援学級や特別支援学校の存在については、セグリゲーション（分離）であり障害のある子どもが普通教育から排除されている結果であるという見方と、特別の支援であって「多様な学びの場」の確保であるという大きく分けて2つの視点があります。これらについては、共生社会の形成にむけて今後もこれらの論議を重ね、わが国のインクルーシブ教育・保育システムを構築し浸透させていくことが大切です。

２　合理的配慮とインクルーシブ保育

　インクルーシブ保育を考えるうえで、「**合理的配慮**」「社会的障壁」「障害に基づく差別」などが重要な概念としてあげられますが、今後十分吟味し、認識を深めていかねばならない用語でもあります。

　「障害者権利条約」では、インクルーシブ教育システムの構築にあたり、個人に必要な「合理的配慮」が提供される必要性が述べられており、その用語は第2条において、「障害に基づく差別」とともに定義されています（下線筆者。以下同様）。

▶参照
合理的配慮の定義
→レッスン2

> 「障害に基づく差別」とは、障害に基づくあらゆる区別、排除又は制限であって、政治的、経済的、社会的、文化的、市民的その他のあらゆる分野において、他の者との平等を基礎として全ての人権及び基本的自由を認識し、享有し、又は行使することを害し、又は妨げる目的又は効果を有するものをいう。障害に基づく差別には、あらゆる形態の差別（合理的配慮の否定を

含む。）を含む。

2016（平成28）年4月に施行された**「障害を理由とする差別の解消の推進に関する法律（障害者差別解消法）」**では、障害のある人に対して、正当な理由なく、障害を理由として差別することを禁止しており、行政や事業所の義務や責任についても明記しています。以下、同法律に「社会的障壁」の定義と事業所の責任について記されている箇所を紹介します[4]。

▶**出典**
†4　「障害を理由とする差別の解消の推進に関する法律」

第2条　定義
　二　社会的障壁　障害がある者にとって日常生活又は社会生活を営む上で障壁となるような社会における事物、制度、慣行、観念その他一切のものをいう。

第8条　事業者における障害を理由とする差別の禁止
2　事業者は、その事業を行うに当たり、障害者から現に社会的障壁の除去を必要としている旨の意思の表明があった場合において、その実施に伴う負担が過重でないときは、障害者の権利利益を侵害することとならないよう、当該障害者の性別、年齢及び障害の状態に応じて、社会的障壁の除去の実施について必要かつ合理的な配慮をするように努めなければならない。

　保育所や幼稚園は、障害のある子どもの保護者から「社会的障壁の除去」を求められたとき、「合理的配慮を提供」する努力義務があります。具体的には、車いすを使用する子どもが移動しやすいように「階段をスロープにしてほしい」「エレベータをつけてほしい」などのハード面や、「わが子の特性について、子どもたちが理解できるように配慮してほしい」などのソフト面の要望など多岐にわたります。
　どこまでが「合理的配慮」で、どこからが「均衡を失した又は過度の負担」に当たるのか、それは個々の事例や園の体制によっても変わってきますし、今後変化していく基準といえるでしょう。保護者の要求にすべてこたえるには難しさもありますが、園の体制や財政を前面に出しすぎると、入園を拒否しているような印象を与えてしまうことがあるので、各園で合理的配慮についての共通理解を図っておくことが大切です。現時点では具体的な合理的配慮の基準が確立しているとはいえず、事例を

収集しながら模索している段階にあります。合理的配慮等の具体的な事例については、データベース化がされ、国立特別支援教育総合研究所のインクルDB（「合理的配慮」実践事例データベース）や内閣府の「合理的配慮サーチ」（合理的配慮等具体例データ集）など、ウェブ上で公開されていますので保育の参考にするのもよいでしょう。

▮3　インクルーシブ保育の実現に向けて

　堀らによると、インクルージョンを実現していくには、障害特性のあるなしにかかわらず、その子どもたちが幼いころから、「いろいろな子どもがいて当たり前」という保育が取り組まれる必要があり、それがインクルーシブ保育であるとし、幼いときから、ともに生活しともに育ち合う経験をすることが大切であると言っています[5]。

　保育所や幼稚園のなかにはインクルーシブ保育の概念が生まれる前から障害のある子どもを受け入れ、ともに育つ保育を営んできた園が数多くある一方で、「場」があるだけという統合保育の存在も否めません。統合保育は、障害特性の有無を区別したうえで同じ場で保育する形態ですが、インクルーシブ保育はその区別なく一人ひとりが違っていて当たり前という前提に立っています。そのような観点に立つと、そもそも「障害のある子ども」というカテゴリー分類も必要ないのかもしれません。イギリス政府は「教育法」（1981年）で、特殊教育の対象となる子どもを「障害」のある子どもととらえずに、「特別な教育的ニーズ」のある子どもとしています。

　インクルージョンの理念を具体化するにあたり、何を基準にして整備をしていけばよいのでしょうか。韓らはわが国のインクルーシブ教育導入にあたって、その理念やシステムに対する理解があいまいなままになっていることを指摘し、インクルーシブ教育評価指標（IEAI）を開発しました。IEAIの項目を参考にインクルーシブ保育実施の手がかりを得るために作成した保育評価の指標を図表15-3に示します[6]。

　図表の実践例は具体性に欠ける点がありますが、インクルーシブ保育を行ううえでの一つの目安とし、入園してくる子どもの実情に合わせながら保育を展開していくとよいでしょう。インクルーシブ保育の実現には、保育の質の向上は欠かせませんが、現場や保育者だけに求めていては解決になりません。障害特性に関する研修体制の確保や、待遇向上など保育者を支える体制づくりが求められます。

▶出典
[5] 堀智晴・橋本好市編著『障害児保育の理論と実践──インクルーシブ保育の実現に向けて』ミネルヴァ書房、2010年

▶出典
[6] 韓昌完・矢野夏樹・小原愛子ほか「インクルーシブ教育評価指標（IEAI）の開発と日本の法令・制度政策の分析──日本型インクルーシブ教育モデル開発の観点からの分析」『Human Services Asian Journal of Human Services』8、2015年、66-80頁

図表 15-3 インクルーシブ保育評価指標

領域	指標	概要（定義）	実践例	チェック
権利の保障	保育権の保障	入園や進級などにおける保育を受ける権利の保障	入園や進級にあたってすべての子どもに保育される権利が保障されているか	
			「障害特性」を理由に入園や進級を拒否していないか（園側が拒否を表明しなくても、入園等を断念せざるを得ない条件を提示することも含まれる）	
	活動の保障	保育活動の時間・場所に参加することができるような機会の保障	預かり保育や延長保育などの活動に参加できるよう配慮されているか	
			「障害特性」を理由に保育の活動への参加を拒否していないか（園側が拒否を表明しなくても、参加を断念せざるを得ない条件を提示することも含まれる）	
	公平性の確保（機会の平等）	保育における活動全般に対して参画する機会を平等にすること	遠足などの園外活動等への参加の機会が平等に与えられているか	
			運動会や季節の行事などの参加がスムーズに行われるよう配慮されているか	
			保護者から社会的障壁の除去に関する要望があった際に、合理的配慮を提供しているか	
			保護者から社会的障壁の除去に関する要望があった際に、合理的配慮を検討する体制が整っているか	
人的・物的環境整備	保育環境の改善	園内環境のバリアフリー化や支援員の効果的な配置等、子どもの活動環境の整備	教室・トイレ・遊具など、使いやすいように工夫がされているか	
			心身の安定が図れるような環境を工夫しているか	
			コミュニケーションが十分に図れるような工夫や配慮がされているか	
			支援員やそれに代わる加配等がついているか	
			子どもが困ったとき、手助けが求められるような環境が整えられているか	
			製作や遊びなどあらゆる活動に参加しやすいような環境が構成されているか	
	教員の専門性向上	多様な保育ニーズに的確にこたえるための教員の専門性の向上	保育者に「障害特性」についての専門的な知識はあるか	
			園内研修や研修会の参加など、「障害特性」について学ぶ機会は保障されているか	
			特別支援教育コーディネーターや校内委員会などが設置されているか	
			特別支援教育コーディネーターや校内委員会などが有効に機能しているか	
	インクルーシブ保育システム構築のための取り組み	インクルーシブ保育システムを構築していくための取り組みと人材育成	保育者間でインクルーシブ保育に関する共通理解がなされているか	
			保育者間で合理的配慮に関する共通理解がなされているか	
			インクルーシブ保育を推進していくためのリーダーとなる人材が育成されているか	
			インクルーシブ保育を推進していくための環境を整える準備はあるか	
			インクルーシブ保育を推進していくための環境が整えられているか	

領域	指標	概要（定義）	実践例	チェック
人的・物的環境整備	多職種および保護者との連携	医療・保健・福祉・労働等の専門家及び保護者との連携協力	「障害特性」について相談できる専門家や専門機関との連携がなされているか	
			保護者との連携が図られているか	
			個別の指導計画や個別の教育支援計画が作成されているか	
			個別の教育支援計画を作成し、保護者への理解を促しているか	
			小学校との円滑な接続に配慮しているか	
教育課程の改善	ともに学ぶ場の設定	障害のある子どもと障害のない子どもがともに学ぶ場の設計・設置	「障害のある子ども」とない子どもがともに活動するための環境面・設備面が整備されているか	
			「障害のある子ども」とない子どもが一緒に遊ぶための設備面での工夫がされているか	
	心身の自立性向上	障害のある子の自立を促すような教育課程や保育活動の改善	食事、排泄、片づけや着替えなど、基本的な生活習慣が身につくような工夫や改善がされているか	
			子どもの力を伸ばすための工夫や改善がされているか	
	地域社会への参加促進	障害のある子どもが地域社会で生きていくために必要な能力を養うことができるような教育課程や保育内容の改善	「障害のある子ども」の自立を促すための教育課程や保育活動が編成されているか	
			「障害のある子ども」が地域社会との交流ができるような教育課程や保育内容が編成されているか	
	障害理解の促進	障害について正しく理解することができるような教育・保育活動の実施	保護者に対して、「障害特性」に対する正しい知識や認識をもつことができるように支援しているか	
			一人ひとりが違っていて当たり前であり、どの子も大切な存在であることを子ども自身が実感できるような保育がされているか	

注：実践例において「障害のある子ども」と表記がない場合は、障害のあるなしにかかわらず、すべての子どもを対象とした取り組みを表している。
出典：韓昌完・矢野夏樹・小原愛子ほか「インクルーシブ教育評価指標（IEAI）の開発と日本の法令・制度政策の分析——日本型インクルーシブ教育モデル開発の観点からの分析」『Human Services Asian Journal of Human Services』8、2015年、70頁をもとに作成

4 インクルーシブな社会の実現に向けた課題と展望

　障害のある子どもを受け入れることは、保育者の保育観や園の体制が問い直されるきっかけにもなりますが、インクルーシブな社会を実現するには、私たち一人ひとりの考え方や価値観、国の体制や社会全体の意識改革などが必要になってきます。

　2013（平成25）年4月より、胎児の疾患を母体の採血で調べる「新型出生前診断」が始まりました。検査が簡単になったうえにリスクが低くなったことも相まって、検査を希望する人が年々増加しています。この検査を受けた人は、開始から3年間で3万人を超え、染色体異常が確定した妊婦の約9割が中絶を選んだとの新聞報道がありました。また、短期間に産むか産まないかの選択を迫られることになり、障害に関する情報収集や考える時間が得られないまま堕胎の決断をした人も少なくありません。カウンセリング体制が不十分であるなど、さまざまな不備も指摘されています。堕胎に至る決断は重く、それぞれの事情があります。熟慮の末重い決断をした場合であっても、「この決断でよかったのか」

などと自責の念にさいなまれることもあります。

　選択のよしあしへの言及はできませんが、「障害のある子ども」を育てることにおいて、将来への強い不安を感じざるを得ない世の中であることには間違いないでしょう。

　私たちが目指すべきものは共生社会ですが、インクルーシブの理念をどのように具体化していくかにおいて、課題は山積しています。インクルーシブな社会の構築は、障害特性を理解することだけにとどまらず、「生きる」とは何かを問い直していく作業でもあり、人間を深く理解し認め合うことにつながります。

　共生社会の形成に向けた、インクルーシブ教育・保育システムの構築を目指し、社会全体にインクルーシブの理念が浸透していくような価値観の転換や醸成が必要です。

演 習 課 題

①「合理的配慮」や「均衡を失した又は過度の負担」とは何か、具体的な状態を想定しながら（ほとんど耳が聞こえない聴覚障害／聴覚症のある子ども、食事や排泄に介助が必要な肢体不自由の子ども、パニックを起こす自閉スペクトラム症のある子どもなど）話し合ってみましょう。

②インクルーシブな社会とはどのような社会でしょうか。共生社会の形成に向けて、私たち一人ひとりが目指すもの、努力していくべきことは何でしょうか。皆で話し合ってみましょう。

③わが国のインクルーシブ保育における課題について、保育の現状を踏まえて考えてみましょう。

参考文献……………………………………………………………………………………
レッスン 13
　オルシャンスキー　「絶えざる悲しみ——精神薄弱児をもつことへの反応」　ヤングハズバンド編／松本武子ほか訳　『家庭福祉——家族診断・処遇の論文集』　家政教育社　1968年　133-138頁
　杉田穂子　「きょうだいの障害受容を考える」『新見女子短期大学紀要』　17　1996年　91-96頁
　全国障害者とともに歩む兄弟姉妹の会
　　http://www.normanet.ne.jp/~kyodai/contents/oyanaki.html（2021年10月1日確認）
　立山清美・立山順一・宮前珠子　「障害児の『きょうだい』の成長過程に見られる気

になる兆候——その原因と母親の『きょうだい』への配慮」『広島大学保健学ジャーナル』3　2003年　37-45頁

Drotar, D. et. al. "The Adaptation of Parents to the Birth of an Infant With a Congenital Malformation : A Hypothetical Model." *Pediatrics*, 56(5), 1975, pp.710-717.

レッスン 14

大阪府教育センター　「見つめよう一人ひとりを」　http://wwwc.osaka-c.ed.jp/matters/specialneeds_files/mitumeyou.html（2021年10月1日確認）

内閣府　「障害者差別解消法リーフレット」　https://www8.cao.go.jp/shougai/suishin/sabekai_leaflet.html（2021年10月1日確認）

文部科学省・厚生労働省「保育所や幼稚園等と小学校における連携事例集」　2009年

レッスン 15

国立特別支援教育総合研究所　「インクルDB（インクルーシブ教育システム構築支援データベース）」　http://inclusive.nise.go.jp/?page_id=15（2021年10月1日確認）

国立特別支援教育総合研究所　「特別支援教育に関する国際比較」　2016年
http://www.nise.go.jp/kenshuka/josa/sekai/hikaku/index.html（2021年10月1日確認）

内閣府　「合理的配慮等具体例データ集　合理的配慮サーチ」
https://www8.cao.go.jp/shougai/suishin/jirei/（2021年10月1日確認）

韓昌完・矢野夏樹・小原愛子ほか　「インクルーシブ教育評価指標（IEAI）の開発と日本の法令・制度政策の分析——日本型インクルーシブ教育モデル開発の観点からの分析」『Human Services Asian Journal of Human Services』8　2015年　66-80頁

堀智晴・橋本好市編著　『障害児保育の理論と実践——インクルーシブ保育の実現に向けて』　ミネルヴァ書房　2010年

おすすめの 1 冊

須田正信・伊丹昌一編著　『合理的配慮の視点でつくる！　特別支援教育の授業づくり＆指導案作成ガイド』　明治図書出版　2014年

インクルーシブ保育の基本に関わる「合理的配慮」や「ユニバーサルデザイン」の視点を加えた授業モデルが障害種別に網羅されているので、インクルーシブ保育のための工夫がイメージできる。

資料編

「保育所保育指針」
「幼稚園教育要領」
「幼保連携型認定こども園教育・保育要領」

「保育所保育指針」

2017（平成29）年3月31日告示

第1章　総則

この指針は、児童福祉施設の設備及び運営に関する基準（昭和23年厚生省令第63号。以下「設備運営基準」という。）第35条の規定に基づき、保育所における保育の内容に関する事項及びこれに関連する運営に関する事項を定めるものである。各保育所は、この指針において規定される保育の内容に係る基本原則に関する事項等を踏まえ、各保育所の実情に応じて創意工夫を図り、保育所の機能及び質の向上に努めなければならない。

1　保育所保育に関する基本原則

（1）保育所の役割

ア　保育所は、児童福祉法（昭和22年法律第164号）第39条の規定に基づき、保育を必要とする子どもの保育を行い、その健全な心身の発達を図ることを目的とする児童福祉施設であり、入所する子どもの最善の利益を考慮し、その福祉を積極的に増進することに最もふさわしい生活の場でなければならない。

イ　保育所は、その目的を達成するために、保育に関する専門性を有する職員が、家庭との緊密な連携の下に、子どもの状況や発達過程を踏まえ、保育所における環境を通して、養護及び教育を一体的に行うことを特性としている。

ウ　保育所は、入所する子どもを保育するとともに、家庭や地域の様々な社会資源との連携を図りながら、入所する子どもの保護者に対する支援及び地域の子育て家庭に対する支援等を行う役割を担うものである。

エ　保育所における保育士は、児童福祉法第18条の4の規定を踏まえ、保育所の役割及び機能が適切に発揮されるように、倫理観に裏付けられた専門的知識、技術及び判断をもって、子どもを保育するとともに、子どもの保護者に対する保育に関する指導を行うものであり、その職責を遂行するための専門性の向上に絶えず努めなければならない。

（2）保育の目標

ア　保育所は、子どもが生涯にわたる人間形成にとって極めて重要な時期に、その生活時間の大半を過ごす場である。このため、保育所の保育は、子どもが現在を最も良く生き、望ましい未来をつくり出す力の基礎を培うために、次の目標を目指して行わなければならない。

（ア）十分に養護の行き届いた環境の下に、くつろいだ雰囲気の中で子どもの様々な欲求を満たし、生命の保持及び情緒の安定を図ること。

（イ）健康、安全など生活に必要な基本的な習慣や態度を養い、心身の健康の基礎を培うこと。

（ウ）人との関わりの中で、人に対する愛情と信頼感、そして人権を大切にする心を育てるとともに、自主、自立及び協調の態度を養い、道徳性の芽生えを培うこと。

（エ）生命、自然及び社会の事象についての興味や関心を育て、それらに対する豊かな心情や思考力の芽生えを培うこと。

（オ）生活の中で、言葉への興味や関心を育て、話したり、聞いたり、相手の話を理解しようとするなど、言葉の豊かさを養うこと。

（カ）様々な体験を通して、豊かな感性や表現力を育み、創造性の芽生えを培うこと。

イ　保育所は、入所する子どもの保護者に対し、その意向を受け止め、子どもと保護者の安定した関係に配慮し、保育所の特性や保育士等の専門性を生かして、その援助に当たらなければならない。

（3）保育の方法

保育の目標を達成するために、保育士等は、次の事項に留意して保育しなければならない。

ア　一人一人の子どもの状況や家庭及び地域社会での生活の実態を把握するとともに、子どもが安心感と信頼感をもって活動できるよう、子どもの主体としての思いや願いを受け止めること。

イ　子どもの生活のリズムを大切にし、健康、安全で情緒の安定した生活ができる環境や、自己を十分に発揮できる環境を整えること。

ウ　子どもの発達について理解し、一人一人の発達過程に応じて保育すること。その際、子どもの個人差に十分配慮すること。

エ　子ども相互の関係づくりや互いに尊重する心を大切にし、集団における活動を効果あるものにするよう援助すること。

オ　子どもが自発的・意欲的に関われるような環境を構成し、子どもの主体的な活動や子ども相互の関わりを大切にすること。特に、乳幼児期にふさわしい体験が得られるように、生活や遊びを通して総合的に保育すること。

カ　一人一人の保護者の状況やその意向を理解、受容し、それぞれの親子関係や家庭生活等に配慮しながら、様々な機会をとらえ、適切に援助すること。

（4）保育の環境

　保育の環境には、保育士等や子どもなどの人的環境、施設や遊具などの物的環境、更には自然や社会の事象などがある。保育所は、こうした人、物、場などの環境が相互に関連し合い、子どもの生活が豊かなものとなるよう、次の事項に留意しつつ、計画的に環境を構成し、工夫して保育しなければならない。

ア　子ども自らが環境に関わり、自発的に活動し、様々な経験を積んでいくことができるよう配慮すること。

イ　子どもの活動が豊かに展開されるよう、保育所の設備や環境を整え、保育所の保健的環境や安全の確保などに努めること。

ウ　保育室は、温かな親しみとくつろぎの場となるとともに、生き生きと活動できる場となるように配慮すること。

エ　子どもが人と関わる力を育てていくため、子ども自らが周囲の子どもや大人と関わっていくことができる環境を整えること。

（5）保育所の社会的責任

ア　保育所は、子どもの人権に十分配慮するとともに、子ども一人一人の人格を尊重して保育を行わなければならない。

イ　保育所は、地域社会との交流や連携を図り、保護者や地域社会に、当該保育所が行う保育の内容を適切に説明するよう努めなければならない。

ウ　保育所は、入所する子ども等の個人情報を適切に取り扱うとともに、保護者の苦情などに対し、その解決を図るよう努めなければならない。

2　養護に関する基本的事項

（1）養護の理念

　保育における養護とは、子どもの生命の保持及び情緒の安定を図るために保育士等が行う援助や関わりであり、保育所における保育は、養護及び教育を一体的に行うことをその特性とするものである。保育所における保育全体を通じて、養護に関するねらい及び内容を踏まえた保育が展開されなければならない。

（2）養護に関わるねらい及び内容

ア　生命の保持

（ア）ねらい

①一人一人の子どもが、快適に生活できるようにする。

②一人一人の子どもが、健康で安全に過ごせるようにする。

③一人一人の子どもの生理的欲求が、十分に満たされるよう

にする。

④一人一人の子どもの健康増進が、積極的に図られるようにする。

（イ）内容

①一人一人の子どもの平常の健康状態や発育及び発達状態を的確に把握し、異常を感じる場合は、速やかに適切に対応する。

②家庭との連携を密にし、嘱託医等との連携を図りながら、子どもの疾病や事故防止に関する認識を深め、保健的で安全な保育環境の維持及び向上に努める。

③清潔で安全な環境を整え、適切な援助や応答的な関わりを通して子どもの生理的欲求を満たしていく。また、家庭と協力しながら、子どもの発達過程等に応じた適切な生活のリズムがつくられていくようにする。

④子どもの発達過程等に応じて、適度な運動と休息を取ることができるようにする。また、食事、排泄、衣類の着脱、身の回りを清潔にすることなどについて、子どもが意欲的に生活できるよう適切に援助する。

イ　情緒の安定

（ア）ねらい

①一人一人の子どもが、安定感をもって過ごせるようにする。

②一人一人の子どもが、自分の気持ちを安心して表すことができるようにする。

③一人一人の子どもが、周囲から主体として受け止められ、主体として育ち、自分を肯定する気持ちが育まれていくようにする。

④一人一人の子どもがくつろいで共に過ごし、心身の疲れが癒されるようにする。

（イ）内容

①一人一人の子どもの置かれている状態や発達過程などを的確に把握し、子どもの欲求を適切に満たしながら、応答的な触れ合いや言葉がけを行う。

②一人一人の子どもの気持ちを受容し、共感しながら、子どもとの継続的な信頼関係を築いていく。

③保育士等との信頼関係を基盤に、一人一人の子どもが主体的に活動し、自発性や探索意欲などを高めるとともに、自分への自信をもつことができるよう成長の過程を見守り、適切に働きかける。

④一人一人の子どもの生活のリズム、発達過程、保育時間などに応じて、活動内容のバランスや調和を図りながら、適切な食事や休息が取れるようにする。

3　保育の計画及び評価

（1）全体的な計画の作成

ア　保育所は、1の(2)に示した保育の目標を達成するために、各保育所の保育の方針や目標に基づき、子どもの発達過程を踏まえて、保育の内容が組織的・計画的に構成され、

保育所の生活の全体を通して、総合的に展開されるよう、全体的な計画を作成しなければならない。

イ　全体的な計画は、子どもや家庭の状況、地域の実態、保育時間などを考慮し、子どもの育ちに関する長期的見通しをもって適切に作成されなければならない。

ウ　全体的な計画は、保育所保育の全体像を包括的に示すものとし、これに基づく指導計画、保健計画、食育計画等を通じて、各保育所が創意工夫して保育できるよう、作成されなければならない。

（２）指導計画の作成

ア　保育所は、全体的な計画に基づき、具体的な保育が適切に展開されるよう、子どもの生活や発達を見通した長期的な指導計画と、それに関連しながら、より具体的な子どもの日々の生活に即した短期的な指導計画を作成しなければならない。

イ　指導計画の作成に当たっては、第2章及びその他の関連する章に示された事項のほか、子ども一人一人の発達過程や状況を十分に踏まえるとともに、次の事項に留意しなければならない。

（ア）3歳未満児については、一人一人の子どもの生育歴、心身の発達、活動の実態等に即して、個別的な計画を作成すること。

（イ）3歳以上児については、個の成長と、子ども相互の関係や協同的な活動が促されるよう配慮すること。

（ウ）異年齢で構成される組やグループでの保育においては、一人一人の子どもの生活や経験、発達過程などを把握し、適切な援助や環境構成ができるよう配慮すること。

ウ　指導計画においては、保育所の生活における子どもの発達過程を見通し、生活の連続性、季節の変化などを考慮し、子どもの実態に即した具体的なねらい及び内容を設定すること。また、具体的なねらいが達成されるよう、子どもの生活する姿や発想を大切にして適切な環境を構成し、子どもが主体的に活動できるようにすること。

エ　一日の生活のリズムや在園時間が異なる子どもが共に過ごすことを踏まえ、活動と休息、緊張感と解放感等の調和を図るよう配慮すること。

オ　午睡は生活のリズムを構成する重要な要素であり、安心して眠ることのできる安全な睡眠環境を確保するとともに、在園時間が異なることや、睡眠時間は子どもの発達の状況や個人によって差があることから、一律とならないよう配慮すること。

カ　長時間にわたる保育については、子どもの発達過程、生活のリズム及び心身の状態に十分配慮して、保育の内容や方法、職員の協力体制、家庭との連携などを指導計画に位置付けること。

キ　障害のある子どもの保育については、一人一人の子どもの発達過程や障害の状態を把握し、適切な環境の下で、障

害のある子どもが他の子どもとの生活を通して共に成長できるよう、指導計画の中に位置付けること。また、子どもの状況に応じた保育を実施する観点から、家庭や関係機関と連携した支援のための計画を個別に作成するなど適切な対応を図ること。

（３）指導計画の展開

指導計画に基づく保育の実施に当たっては、次の事項に留意しなければならない。

ア　施設長、保育士など、全職員による適切な役割分担と協力体制を整えること。

イ　子どもが行う具体的な活動は、生活の中で様々に変化することに留意して、子どもが望ましい方向に向かって自ら活動を展開できるよう必要な援助を行うこと。

ウ　子どもの主体的な活動を促すためには、保育士等が多様な関わりをもつことが重要であることを踏まえ、子どもの情緒の安定や発達に必要な豊かな体験が得られるよう援助すること。

エ　保育士等は、子どもの実態や子どもを取り巻く状況の変化などに即して保育の過程を記録するとともに、これらを踏まえ、指導計画に基づく保育の内容の見直しを行い、改善を図ること。

（４）保育内容等の評価

ア　保育士等の自己評価

（ア）保育士等は、保育の計画や保育の記録を通して、自らの保育実践を振り返り、自己評価することを通して、その専門性の向上や保育実践の改善に努めなければならない。

（イ）保育士等による自己評価に当たっては、子どもの活動内容やその結果だけでなく、子どもの心の育ちや意欲、取り組む過程などにも十分配慮するよう留意すること。

（ウ）保育士等は、自己評価における自らの保育実践の振り返りや職員相互の話し合い等を通じて、専門性の向上及び保育の質の向上のための課題を明確にするとともに、保育所全体の保育の内容に関する認識を深めること。

イ　保育所の自己評価

（ア）保育所は、保育の質の向上を図るため、保育の計画の展開や保育士等の自己評価を踏まえ、当該保育所の保育の内容等について、自ら評価を行い、その結果を公表するよう努めなければならない。

（イ）保育所が自己評価を行うに当たっては、地域の実情や保育所の実態に即して、適切に評価の観点や項目等を設定し、全職員による共通理解をもって取り組むよう留意すること。

（ウ）設備運営基準第36条の趣旨を踏まえ、保育の内容等の評価に関し、保護者及び地域住民等の意見を聴くことが望ましいこと。

（5）評価を踏まえた計画の改善

ア　保育所は、評価の結果を踏まえ、当該保育所の保育の内容等の改善を図ること。

イ　保育の計画に基づく保育、保育の内容の評価及びこれに基づく改善という一連の取組により、保育の質の向上が図られるよう、全職員が共通理解をもって取り組むことに留意すること。

4　幼児教育を行う施設として共有すべき事項

（1）育みたい資質・能力

ア　保育所においては、生涯にわたる生きる力の基礎を培うため、1の(2)に示す保育の目標を踏まえ、次に掲げる資質・能力を一体的に育むよう努めるものとする。

（ア）豊かな体験を通じて、感じたり、気付いたり、分かったり、できるようになったりする「知識及び技能の基礎」

（イ）気付いたことや、できるようになったことなどを使い、考えたり、試したり、工夫したり、表現したりする「思考力、判断力、表現力等の基礎」

（ウ）心情、意欲、態度が育つ中で、よりよい生活を営もうとする「学びに向かう力、人間性等」

イ　アに示す資質・能力は、第2章に示すねらい及び内容に基づく保育活動全体によって育むものである。

（2）幼児期の終わりまでに育ってほしい姿

　次に示す「幼児期の終わりまでに育ってほしい姿」は、第2章に示すねらい及び内容に基づく保育活動全体を通して資質・能力が育まれている子どもの小学校就学時の具体的な姿であり、保育士等が指導を行う際に考慮するものである。

ア　健康な心と体

　保育所の生活の中で、充実感をもって自分のやりたいことに向かって心と体を十分に働かせ、見通しをもって行動し、自ら健康で安全な生活をつくり出すようになる。

イ　自立心

　身近な環境に主体的に関わり様々な活動を楽しむ中で、しなければならないことを自覚し、自分の力で行うために考えたり、工夫したりしながら、諦めずにやり遂げることで達成感を味わい、自信をもって行動するようになる。

ウ　協同性

　友達と関わる中で、互いの思いや考えなどを共有し、共通の目的の実現に向けて、考えたり、工夫したり、協力したりし、充実感をもってやり遂げるようになる。

エ　道徳性・規範意識の芽生え

　友達と様々な体験を重ねる中で、してよいことや悪いことが分かり、自分の行動を振り返ったり、友達の気持ちに共感したりし、相手の立場に立って行動するようになる。また、きまりを守る必要性が分かり、自分の気持ちを調整し、友達と折り合いを付けながら、きまりをつくったり、守っ

たりするようになる。

オ　社会生活との関わり

　家族を大切にしようとする気持ちをもつとともに、地域の身近な人と触れ合う中で、人との様々な関わり方に気付き、相手の気持ちを考えて関わり、自分が役に立つ喜びを感じ、地域に親しみをもつようになる。また、保育所内外の様々な環境に関わる中で、遊びや生活に必要な情報を取り入れ、情報に基づき判断したり、情報を伝え合ったり、活用したりするなど、情報を役立てながら活動するようになるとともに、公共の施設を大切に利用するなどして、社会とのつながりなどを意識するようになる。

カ　思考力の芽生え

　身近な事象に積極的に関わる中で、物の性質や仕組みなどを感じ取ったり、気付いたりし、考えたり、予想したり、工夫したりするなど、多様な関わりを楽しむようになる。また、友達の様々な考えに触れる中で、自分と異なる考えがあることに気付き、自ら判断したり、考え直したりするなど、新しい考えを生み出す喜びを味わいながら、自分の考えをよりよいものにするようになる。

キ　自然との関わり・生命尊重

　自然に触れて感動する体験を通して、自然の変化などを感じ取り、好奇心や探究心をもって考え言葉などで表現しながら、身近な事象への関心が高まるとともに、自然への愛情や畏敬の念をもつようになる。また、身近な動植物に心を動かされる中で、生命の不思議さや尊さに気付き、身近な動植物への接し方を考え、命あるものとしていたわり、大切にする気持ちをもって関わるようになる。

ク　数量や図形、標識や文字などへの関心・感覚

　遊びや生活の中で、数量や図形、標識や文字などに親しむ体験を重ねたり、標識や文字の役割に気付いたりし、自らの必要感に基づきこれらを活用し、興味や関心、感覚をもつようになる。

ケ　言葉による伝え合い

　保育士等や友達と心を通わせる中で、絵本や物語などに親しみながら、豊かな言葉や表現を身に付け、経験したことや考えたことなどを言葉で伝えたり、相手の話を注意して聞いたりし、言葉による伝え合いを楽しむようになる。

コ　豊かな感性と表現

　心を動かす出来事などに触れ感性を働かせる中で、様々な素材の特徴や表現の仕方などに気付き、感じたことや考えたことを自分で表現したり、友達同士で表現する過程を楽しんだりし、表現する喜びを味わい、意欲をもつようになる。

第2章　保育の内容

　この章に示す「ねらい」は、第1章の1の(2)に示された保育の目標をより具体化したものであり、子どもが保育所において、安定した生活を送り、充実した活動ができるように、

保育を通じて育みたい資質・能力を、子どもの生活する姿から捉えたものである。また、「内容」は、「ねらい」を達成するために、子どもの生活やその状況に応じて保育士等が適切に行う事項と、保育士等が援助して子どもが環境に関わって経験する事項を示したものである。

保育における「養護」とは、子どもの生命の保持及び情緒の安定を図るために保育士等が行う援助や関わりであり、「教育」とは、子どもが健やかに成長し、その活動がより豊かに展開されるための発達の援助である。本章では、保育士等が、「ねらい」及び「内容」を具体的に把握するため、主に教育に関わる側面からの視点を示しているが、実際の保育においては、養護と教育が一体となって展開されることに留意する必要がある。

1 乳児保育に関わるねらい及び内容

（1）基本的事項

ア　乳児期の発達については、視覚、聴覚などの感覚や、座る、はう、歩くなどの運動機能が著しく発達し、特定の大人との応答的な関わりを通じて、情緒的な絆が形成されるといった特徴がある。これらの発達の特徴を踏まえて、乳児保育は、愛情豊かに、応答的に行われることが特に必要である。

イ　本項においては、この時期の発達の特徴を踏まえ、乳児保育の「ねらい」及び「内容」については、身体的発達に関する視点「健やかに伸び伸びと育つ」、社会的発達に関する視点「身近な人と気持ちが通じ合う」及び精神的発達に関する視点「身近なものと関わり感性が育つ」としてまとめ、示している。

ウ　本項の各視点において示す保育の内容は、第1章の2に示された養護における「生命の保持」及び「情緒の安定」に関わる保育の内容と、一体となって展開されるものであることに留意が必要である。

（2）ねらい及び内容

ア　健やかに伸び伸びと育つ
健康な心と体を育て、自ら健康で安全な生活をつくり出す力の基盤を培う。
（ア）ねらい
①身体感覚が育ち、快適な環境に心地よさを感じる。
②伸び伸びと体を動かし、はう、歩くなどの運動をしようとする。
③食事、睡眠等の生活のリズムの感覚が芽生える。
（イ）内容
①保育士等の愛情豊かな受容の下で、生理的・心理的欲求を満たし、心地よく生活をする。
②一人一人の発育に応じて、はう、立つ、歩くなど、十分に体を動かす。

③個人差に応じて授乳を行い、離乳を進めていく中で、様々な食品に少しずつ慣れ、食べることを楽しむ。
④一人一人の生活のリズムに応じて、安全な環境の下で十分に午睡をする。
⑤おむつ交換や衣服の着脱などを通じて、清潔になることの心地よさを感じる。
（ウ）内容の取扱い
上記の取扱いに当たっては、次の事項に留意する必要がある。
①心と体の健康は、相互に密接な関連があるものであることを踏まえ、温かい触れ合いの中で、心と体の発達を促すこと。特に、寝返り、お座り、はいはい、つかまり立ち、伝い歩きなど、発育に応じて、遊びの中で体を動かす機会を十分に確保し、自ら体を動かそうとする意欲が育つようにすること。
②健康な心と体を育てるためには望ましい食習慣の形成が重要であることを踏まえ、離乳食が完了期へと徐々に移行する中で、様々な食品に慣れるようにするとともに、和やかな雰囲気の中で食べる喜びや楽しさを味わい、進んで食べようとする気持ちが育つようにすること。なお、食物アレルギーのある子どもへの対応については、嘱託医等の指示や協力の下に適切に対応すること。

イ　身近な人と気持ちが通じ合う
受容的・応答的な関わりの下で、何かを伝えようとする意欲や身近な大人との信頼関係を育て、人と関わる力の基盤を培う。
（ア）ねらい
①安心できる関係の下で、身近な人と共に過ごす喜びを感じる。
②体の動きや表情、発声等により、保育士等と気持ちを通わせようとする。
③身近な人と親しみ、関わりを深め、愛情や信頼感が芽生える。
（イ）内容
①子どもからの働きかけを踏まえた、応答的な触れ合いや言葉がけによって、欲求が満たされ、安定感をもって過ごす。
②体の動きや表情、発声、喃語等を優しく受け止めてもらい、保育士等とのやり取りを楽しむ。
③生活や遊びの中で、自分の身近な人の存在に気付き、親しみの気持ちを表す。
④保育士等による語りかけや歌いかけ、発声や喃語等への応答を通じて、言葉の理解や発語の意欲が育つ。
⑤温かく、受容的な関わりを通じて、自分を肯定する気持ちが芽生える。
（ウ）内容の取扱い
上記の取扱いに当たっては、次の事項に留意する必要がある。
①保育士等との信頼関係に支えられて生活を確立していくことが人と関わる基盤となることを考慮して、子どもの多様な感情を受け止め、温かく受容的・応答的に関わり、一人一人に応じた適切な援助を行うようにすること。
②身近な人に親しみをもって接し、自分の感情などを表し、

それに相手が応答する言葉を聞くことを通して、次第に言葉が獲得されていくことを考慮して、楽しい雰囲気の中での保育士等との関わり合いを大切にし、ゆっくりと優しく話しかけるなど、積極的に言葉のやり取りを楽しむことができるようにすること。

ウ　身近なものと関わり感性が育つ
　身近な環境に興味や好奇心をもって関わり、感じたことや考えたことを表現する力の基盤を培う。

（ア）ねらい
①身の回りのものに親しみ、様々なものに興味や関心をもつ。
②見る、触れる、探索するなど、身近な環境に自分から関わろうとする。
③身体の諸感覚による認識が豊かになり、表情や手足、体の動き等で表現する。

（イ）内容
①身近な生活用具、玩具や絵本などが用意された中で、身の回りのものに対する興味や好奇心をもつ。
②生活や遊びの中で様々なものに触れ、音、形、色、手触りなどに気付き、感覚の働きを豊かにする。
③保育士等と一緒に様々な色彩や形のものや絵本などを見る。
④玩具や身の回りのものを、つまむ、つかむ、たたく、引っ張るなど、手や指を使って遊ぶ。
⑤保育士等のあやし遊びに機嫌よく応じたり、歌やリズムに合わせて手足や体を動かして楽しんだりする。

（ウ）内容の取扱い
　上記の取扱いに当たっては、次の事項に留意する必要がある。
①玩具などは、音質、形、色、大きさなど子どもの発達状態に応じて適切なものを選び、その時々の子どもの興味や関心を踏まえるなど、遊びを通して感覚の発達が促されるものとなるように工夫すること。なお、安全な環境の下で、子どもが探索意欲を満たして自由に遊べるよう、身の回りのものについては、常に十分な点検を行うこと。
②乳児期においては、表情、発声、体の動きなどで、感情を表現することが多いことから、これらの表現しようとする意欲を積極的に受け止めて、子どもが様々な活動を楽しむことを通して表現が豊かになるようにすること。

（3）保育の実施に関わる配慮事項
ア　乳児は疾病への抵抗力が弱く、心身の機能の未熟さに伴う疾病の発生が多いことから、一人一人の発育及び発達状態や健康状態についての適切な判断に基づく保健的な対応を行うこと。
イ　一人一人の子どもの生育歴の違いに留意しつつ、欲求を適切に満たし、特定の保育士が応答的に関わるように努めること。
ウ　乳児保育に関わる職員間の連携や嘱託医との連携を図り、第3章に示す事項を踏まえ、適切に対応すること。栄養士及び看護師等が配置されている場合は、その専門性を

生かした対応を図ること。
エ　保護者との信頼関係を築きながら保育を進めるとともに、保護者からの相談に応じ、保護者への支援に努めていくこと。
オ　担当の保育士が替わる場合には、子どものそれまでの生育歴や発達過程に留意し、職員間で協力して対応すること。

2　1歳以上3歳未満児の保育に関わるねらい及び内容

（1）基本的事項
ア　この時期においては、歩き始めから、歩く、走る、跳ぶなどへと、基本的な運動機能が次第に発達し、排泄の自立のための身体的機能も整うようになる。つまむ、めくるなどの指先の機能も発達し、食事、衣類の着脱なども、保育士等の援助の下で自分で行うようになる。発声も明瞭になり、語彙も増加し、自分の意思や欲求を言葉で表出できるようになる。このように自分でできることが増えてくる時期であることから、保育士等は、子どもの生活の安定を図りながら、自分でしようとする気持ちを尊重し、温かく見守るとともに、愛情豊かに、応答的に関わることが必要である。
イ　本項においては、この時期の発達の特徴を踏まえ、保育の「ねらい」及び「内容」について、心身の健康に関する領域「健康」、人との関わりに関する領域「人間関係」、身近な環境との関わりに関する領域「環境」、言葉の獲得に関する領域「言葉」及び感性と表現に関する領域「表現」としてまとめ、示している。
ウ　本項の各領域において示す保育の内容は、第1章の2に示された養護における「生命の保持」及び「情緒の安定」に関わる保育の内容と、一体となって展開されるものであることに留意が必要である。

（2）ねらい及び内容
ア　健康
　健康な心と体を育て、自ら健康で安全な生活をつくり出す力を養う。

（ア）ねらい
①明るく伸び伸びと生活し、自分から体を動かすことを楽しむ。
②自分の体を十分に動かし、様々な動きをしようとする。
③健康、安全な生活に必要な習慣に気付き、自分でしてみようとする気持ちが育つ。

（イ）内容
①保育士等の愛情豊かな受容の下で、安定感をもって生活をする。
②食事や午睡、遊びと休息など、保育所における生活のリズムが形成される。
③走る、跳ぶ、登る、押す、引っ張るなど全身を使う遊びを楽

しむ。

④様々な食品や調理形態に慣れ、ゆったりとした雰囲気の中で食事や間食を楽しむ。

⑤身の回りを清潔に保つ心地よさを感じ、その習慣が少しずつ身に付く。

⑥保育士等の助けを借りながら、衣類の着脱を自分でしようとする。

⑦便器での排泄に慣れ、自分で排泄ができるようになる。

（ウ）内容の取扱い

上記の取扱いに当たっては、次の事項に留意する必要がある。

①心と体の健康は、相互に密接な関連があるものであることを踏まえ、子どもの気持ちに配慮した温かい触れ合いの中で、心と体の発達を促すこと。特に、一人一人の発育に応じて、体を動かす機会を十分に確保し、自ら体を動かそうとする意欲が育つようにすること。

②健康な心と体を育てるためには望ましい食習慣の形成が重要であることを踏まえ、ゆったりとした雰囲気の中で食べる喜びや楽しさを味わい、進んで食べようとする気持ちが育つようにすること。なお、食物アレルギーのある子どもへの対応については、嘱託医等の指示や協力の下に適切に対応すること。

③排泄の習慣については、一人一人の排尿間隔等を踏まえ、おむつが汚れていないときに便器に座らせるなどにより、少しずつ慣れさせるようにすること。

④食事、排泄、睡眠、衣類の着脱、身の回りを清潔にすることなど、生活に必要な基本的な習慣については、一人一人の状態に応じ、落ち着いた雰囲気の中で行うようにし、子どもが自分でしようとする気持ちを尊重すること。また、基本的な生活習慣の形成に当たっては、家庭での生活経験に配慮し、家庭との適切な連携の下で行うようにすること。

イ　人間関係

他の人々と親しみ、支え合って生活するために、自立心を育て、人と関わる力を養う。

（ア）ねらい

①保育所での生活を楽しみ、身近な人と関わる心地よさを感じる。

②周囲の子ども等への興味や関心が高まり、関わりをもとうとする。

③保育所の生活の仕方に慣れ、きまりの大切さに気付く。

（イ）内容

①保育士等や周囲の子ども等との安定した関係の中で、共に過ごす心地よさを感じる。

②保育士等の受容的・応答的な関わりの中で、欲求を適切に満たし、安定感をもって過ごす。

③身の回りに様々な人がいることに気付き、徐々に他の子どもと関わりをもって遊ぶ。

④保育士等の仲立ちにより、他の子どもとの関わり方を少しずつ身につける。

⑤保育所の生活の仕方に慣れ、きまりがあることや、その大切さに気付く。

⑥生活や遊びの中で、年長児や保育士等の真似をしたり、ごっこ遊びを楽しんだりする。

（ウ）内容の取扱い

上記の取扱いに当たっては、次の事項に留意する必要がある。

①保育士等との信頼関係に支えられて生活を確立するとともに、自分で何かをしようとする気持ちが旺盛になる時期であることに鑑み、そのような子どもの気持ちを尊重し、温かく見守るとともに、愛情豊かに、応答的に関わり、適切な援助を行うようにすること。

②思い通りにいかない場合等の子どもの不安定な感情の表出については、保育士等が受容的に受け止めるとともに、そうした気持ちから立ち直る経験や感情をコントロールすることへの気付き等につなげていけるように援助すること。

③この時期は自己と他者との違いの認識がまだ十分ではないことから、子どもの自我の育ちを見守るとともに、保育士等が仲立ちとなって、自分の気持ちを相手に伝えることや相手の気持ちに気付くことの大切さなど、友達の気持ちや友達との関わり方を丁寧に伝えていくこと。

ウ　環境

周囲の様々な環境に好奇心や探究心をもって関わり、それらを生活に取り入れていこうとする力を養う。

（ア）ねらい

①身近な環境に親しみ、触れ合う中で、様々なものに興味や関心をもつ。

②様々なものに関わる中で、発見を楽しんだり、考えたりしようとする。

③見る、聞く、触るなどの経験を通して、感覚の働きを豊かにする。

（イ）内容

①安全で活動しやすい環境での探索活動等を通して、見る、聞く、触れる、嗅ぐ、味わうなどの感覚の働きを豊かにする。

②玩具、絵本、遊具などに興味をもち、それらを使った遊びを楽しむ。

③身の回りの物に触れる中で、形、色、大きさ、量などの物の性質や仕組みに気付く。

④自分の物と人の物の区別や、場所的感覚など、環境を捉える感覚が育つ。

⑤身近な生き物に気付き、親しみをもつ。

⑥近隣の生活や季節の行事などに興味や関心をもつ。

（ウ）内容の取扱い

上記の取扱いに当たっては、次の事項に留意する必要がある。

①玩具などは、音質、形、色、大きさなど子どもの発達状態に応じて適切なものを選び、遊びを通して感覚の発達が促されるように工夫すること。

②身近な生き物との関わりについては、子どもが命を感じ、生命の尊さに気付く経験へとつながるものであることか

ら、そうした気付きを促すような関わりとなるようにすること。

③地域の生活や季節の行事などに触れる際には、社会とのつながりや地域社会の文化への気付きにつながるものとなることが望ましいこと。その際、保育所内外の行事や地域の人々との触れ合いなどを通して行うこと等も考慮すること。

エ　言葉

経験したことや考えたことなどを自分なりの言葉で表現し、相手の話す言葉を聞こうとする意欲や態度を育て、言葉に対する感覚や言葉で表現する力を養う。

（ア）ねらい

①言葉遊びや言葉で表現する楽しさを感じる。

②人の言葉や話などを聞き、自分でも思ったことを伝えようとする。

③絵本や物語等に親しむとともに、言葉のやり取りを通じて身近な人と気持ちを通わせる。

（イ）内容

①保育士等の応答的な関わりや話しかけにより、自ら言葉を使おうとする。

②生活に必要な簡単な言葉に気付き、聞き分ける。

③親しみをもって日常の挨拶に応じる。

④絵本や紙芝居を楽しみ、簡単な言葉を繰り返したり、模倣をしたりして遊ぶ。

⑤保育士等とごっこ遊びをする中で、言葉のやり取りを楽しむ。

⑥保育士等を仲立ちとして、生活や遊びの中で友達との言葉のやり取りを楽しむ。

⑦保育士等や友達の言葉や話に興味や関心をもって、聞いたり、話したりする。

（ウ）内容の取扱い

上記の取扱いに当たっては、次の事項に留意する必要がある。

①身近な人に親しみをもって接し、自分の感情などを伝え、それに相手が応答し、その言葉を聞くことを通して次第に言葉が獲得されていくものであることを考慮して、楽しい雰囲気の中で保育士等との言葉のやり取りができるようにすること。

②子どもが自分の思いを言葉で伝えるとともに、他の子どもの話などを聞くことを通して次第に話を理解し、言葉による伝え合いができるようになるよう、気持ちや経験等の言語化を行うことを援助するなど、子ども同士の関わりの仲立ちを行うようにすること。

③この時期は、片言から、二語文、ごっこ遊びでのやり取りができる程度へと、大きく言葉の習得が進む時期であることから、それぞれの子どもの発達の状況に応じて、遊びや関わりの工夫など、保育の内容を適切に展開することが必要であること。

オ　表現

感じたことや考えたことを自分なりに表現することを通して、豊かな感性や表現する力を養い、創造性を豊かにする。

（ア）ねらい

①身体の諸感覚の経験を豊かにし、様々な感覚を味わう。

②感じたことや考えたことなどを自分なりに表現しようとする。

③生活や遊びの様々な体験を通して、イメージや感性が豊かになる。

（イ）内容

①水、砂、土、紙、粘土など様々な素材に触れて楽しむ。

②音楽、リズムやそれに合わせた体の動きを楽しむ。

③生活の中で様々な音、形、色、手触り、動き、味、香りなどに気付いたり、感じたりして楽しむ。

④歌を歌ったり、簡単な手遊びや全身を使う遊びを楽しんだりする。

⑤保育士等からの話や、生活や遊びの中での出来事を通して、イメージを豊かにする。

⑥生活や遊びの中で、興味のあることや経験したことなどを自分なりに表現する。

（ウ）内容の取扱い

上記の取扱いに当たっては、次の事項に留意する必要がある。

①子どもの表現は、遊びや生活の様々な場面で表出されているものであることから、それらを積極的に受け止め、様々な表現の仕方や感性を豊かにする経験となるようにすること。

②子どもが試行錯誤しながら様々な表現を楽しむことや、自分の力でやり遂げる充実感などに気付くよう、温かく見守るとともに、適切に援助を行うようにすること。

③様々な感情の表現等を通じて、子どもが自分の感情や気持ちに気付くようになる時期であることに鑑み、受容的な関わりの中で自信をもって表現をすることや、諦めずに続けた後の達成感等を感じられるような経験が蓄積されるようにすること。

④身近な自然や身の回りの事物に関わる中で、発見や心が動く経験が得られるよう、諸感覚を働かせることを楽しむ遊びや素材を用意するなど保育の環境を整えること。

（3）保育の実施に関わる配慮事項

ア　特に感染症にかかりやすい時期であるので、体の状態、機嫌、食欲などの日常の状態の観察を十分に行うとともに、適切な判断に基づく保健的な対応を心がけること。

イ　探索活動が十分できるように、事故防止に努めながら活動しやすい環境を整え、全身を使う遊びなど様々な遊びを取り入れること。

ウ　自我が形成され、子どもが自分の感情や気持ちに気付くようになる重要な時期であることに鑑み、情緒の安定を図りながら、子どもの自発的な活動を尊重するとともに促していくこと。

エ　担当の保育士が替わる場合には、子どものそれまでの経験や発達過程に留意し、職員間で協力して対応すること。

3　3歳以上児の保育に関するねらい及び内容

（1）基本的事項

ア　この時期においては、運動機能の発達により、基本的な動作が一通りできるようになるとともに、基本的な生活習慣もほぼ自立できるようになる。理解する語彙数が急激に増加し、知的興味や関心も高まってくる。仲間と遊び、仲間の中の一人という自覚が生じ、集団的な遊びや協同的な活動も見られるようになる。これらの発達の特徴を踏まえて、この時期の保育においては、個の成長と集団としての活動の充実が図られるようにしなければならない。

イ　本項においては、この時期の発達の特徴を踏まえ、保育の「ねらい」及び「内容」について、心身の健康に関する領域「健康」、人との関わりに関する領域「人間関係」、身近な環境との関わりに関する領域「環境」、言葉の獲得に関する領域「言葉」及び感性と表現に関する領域「表現」としてまとめ、示している。

ウ　本項の各領域において示す保育の内容は、第1章の2に示された養護における「生命の保持」及び「情緒の安定」に関わる保育の内容と、一体となって展開されるものであることに留意が必要である。

（2）ねらい及び内容

ア　健康

　健康な心と体を育て、自ら健康で安全な生活をつくり出す力を養う。

（ア）ねらい

①明るく伸び伸びと行動し、充実感を味わう。

②自分の体を十分に動かし、進んで運動しようとする。

③健康、安全な生活に必要な習慣や態度を身に付け、見通しをもって行動する。

（イ）内容

①保育士等や友達と触れ合い、安定感をもって行動する。

②いろいろな遊びの中で十分に体を動かす。

③進んで戸外で遊ぶ。

④様々な活動に親しみ、楽しんで取り組む。

⑤保育士等や友達と食べることを楽しみ、食べ物への興味や関心をもつ。

⑥健康な生活のリズムを身に付ける。

⑦身の回りを清潔にし、衣服の着脱、食事、排泄（せつ）などの生活に必要な活動を自分でする。

⑧保育所における生活の仕方を知り、自分たちで生活の場を整えながら見通しをもって行動する。

⑨自分の健康に関心をもち、病気の予防などに必要な活動を進んで行う。

⑩危険な場所、危険な遊び方、災害時などの行動の仕方が分かり、安全に気を付けて行動する。

（ウ）内容の取扱い

　上記の取扱いに当たっては、次の事項に留意する必要がある。

①心と体の健康は、相互に密接な関連があるものであることを踏まえ、子どもが保育士等や他の子どもとの温かい触れ合いの中で自己の存在感や充実感を味わうことなどを基盤として、しなやかな心と体の発達を促すこと。特に、十分に体を動かす気持ちよさを体験し、自ら体を動かそうとする意欲が育つようにすること。

②様々な遊びの中で、子どもが興味や関心、能力に応じて全身を使って活動することにより、体を動かす楽しさを味わい、自分の体を大切にしようとする気持ちが育つようにすること。その際、多様な動きを経験する中で、体の動きを調整するようにすること。

③自然の中で伸び伸びと体を動かして遊ぶことにより、体の諸機能の発達が促されることに留意し、子どもの興味や関心が戸外にも向くようにすること。その際、子どもの動線に配慮した園庭や遊具の配置などを工夫すること。

④健康な心と体を育てるためには食育を通じた望ましい食習慣の形成が大切であることを踏まえ、子どもの食生活の実情に配慮し、和やかな雰囲気の中で保育士等や他の子どもと食べる喜びや楽しさを味わったり、様々な食べ物への興味や関心をもったりするなどし、食の大切さに気付き、進んで食べようとする気持ちが育つようにすること。

⑤基本的な生活習慣の形成に当たっては、家庭での生活経験に配慮し、子どもの自立心を育て、子どもが他の子どもと関わりながら主体的な活動を展開する中で、生活に必要な習慣を身に付け、次第に見通しをもって行動できるようにすること。

⑥安全に関する指導に当たっては、情緒の安定を図り、遊びを通して安全についての構えを身に付け、危険な場所や事物などが分かり、安全についての理解を深めるようにすること。また、交通安全の習慣を身に付けるようにするとともに、避難訓練などを通して、災害などの緊急時に適切な行動がとれるようにすること。

イ　人間関係

　他の人々と親しみ、支え合って生活するために、自立心を育て、人と関わる力を養う。

（ア）ねらい

①保育所の生活を楽しみ、自分の力で行動することの充実感を味わう。

②身近な人と親しみ、関わりを深め、工夫したり、協力したりして一緒に活動する楽しさを味わい、愛情や信頼感をもつ。

③社会生活における望ましい習慣や態度を身に付ける。

（イ）内容

①保育士等や友達と共に過ごすことの喜びを味わう。

②自分で考え、自分で行動する。

③自分でできることは自分でする。

④いろいろな遊びを楽しみながら物事をやり遂げようとする

気持ちをもつ。

⑤友達と積極的に関わりながら喜びや悲しみを共感し合う。

⑥自分の思ったことを相手に伝え、相手の思っていることに気付く。

⑦友達のよさに気付き、一緒に活動する楽しさを味わう。

⑧友達と楽しく活動する中で、共通の目的を見いだし、工夫したり、協力したりなどする。

⑨よいことや悪いことがあることに気付き、考えながら行動する。

⑩友達との関わりを深め、思いやりをもつ。

⑪友達と楽しく生活する中できまりの大切さに気付き、守ろうとする。

⑫共同の遊具や用具を大切にし、皆で使う。

⑬高齢者をはじめ地域の人々などの自分の生活に関係の深いいろいろな人に親しみをもつ。

（ウ）内容の取扱い

　上記の取扱いに当たっては、次の事項に留意する必要がある。

①保育士等との信頼関係に支えられて自分自身の生活を確立していくことが人と関わる基盤となることを考慮し、子どもが自ら周囲に働き掛けることにより多様な感情を体験し、試行錯誤しながら諦めずにやり遂げることの達成感や、前向きな見通しをもって自分の力で行うことの充実感を味わうことができるよう、子どもの行動を見守りながら適切な援助を行うようにすること。

②一人一人を生かした集団を形成しながら人と関わる力を育てていくようにすること。その際、集団の生活の中で、子どもが自己を発揮し、保育士等や他の子どもに認められる体験をし、自分のよさや特徴に気付き、自信をもって行動できるようにすること。

③子どもが互いに関わりを深め、協同して遊ぶようになるため、自ら行動する力を育てるとともに、他の子どもと試行錯誤しながら活動を展開する楽しさや共通の目的が実現する喜びを味わうことができるようにすること。

④道徳性の芽生えを培うに当たっては、基本的な生活習慣の形成を図るとともに、子どもが他の子どもとの関わりの中で他人の存在に気付き、相手を尊重する気持ちをもって行動できるようにし、また、自然や身近な動植物に親しむことなどを通して豊かな心情が育つようにすること。特に、人に対する信頼感や思いやりの気持ちは、葛藤やつまずきをも体験し、それらを乗り越えることにより次第に芽生えてくることに配慮すること。

⑤集団の生活を通して、子どもが人との関わりを深め、規範意識の芽生えが培われることを考慮し、子どもが保育士等との信頼関係に支えられて自己を発揮する中で、互いに思いを主張し、折り合いを付ける体験をし、きまりの必要性などに気付き、自分の気持ちを調整する力が育つようにすること。

⑥高齢者をはじめ地域の人々などの自分の生活に関係の深い

いろいろな人と触れ合い、自分の感情や意志を表現しながら共に楽しみ、共感し合う体験を通して、これらの人々などに親しみをもち、人と関わることの楽しさや人の役に立つ喜びを味わうことができるようにすること。また、生活を通して親や祖父母などの家族の愛情に気付き、家族を大切にしようとする気持ちが育つようにすること。

ウ　環境

　周囲の様々な環境に好奇心や探究心をもって関わり、それらを生活に取り入れていこうとする力を養う。

（ア）ねらい

①身近な環境に親しみ、自然と触れ合う中で様々な事象に興味や関心をもつ。

②身近な環境に自分から関わり、発見を楽しんだり、考えたりし、それを生活に取り入れようとする。

③身近な事象を見たり、考えたり、扱ったりする中で、物の性質や数量、文字などに対する感覚を豊かにする。

（イ）内容

①自然に触れて生活し、その大きさ、美しさ、不思議さなどに気付く。

②生活の中で、様々な物に触れ、その性質や仕組みに興味や関心をもつ。

③季節により自然や人間の生活に変化のあることに気付く。

④自然などの身近な事象に関心をもち、取り入れて遊ぶ。

⑤身近な動植物に親しみをもって接し、生命の尊さに気付き、いたわったり、大切にしたりする。

⑥日常生活の中で、我が国や地域社会における様々な文化や伝統に親しむ。

⑦身近な物を大切にする。

⑧身近な物や遊具に興味をもって関わり、自分なりに比べたり、関連付けたりしながら考えたり、試したりして工夫して遊ぶ。

⑨日常生活の中で数量や図形などに関心をもつ。

⑩日常生活の中で簡単な標識や文字などに関心をもつ。

⑪生活に関係の深い情報や施設などに興味や関心をもつ。

⑫保育所内外の行事において国旗に親しむ。

（ウ）内容の取扱い

　上記の取扱いに当たっては、次の事項に留意する必要がある。

①子どもが、遊びの中で周囲の環境と関わり、次第に周囲の世界に好奇心を抱き、その意味や操作の仕方に関心をもち、物事の法則性に気付き、自分なりに考えることができるようになる過程を大切にすること。また、他の子どもの考えなどに触れて新しい考えを生み出す喜びや楽しさを味わい、自分の考えをよりよいものにしようとする気持ちが育つようにすること。

②幼児期において自然のもつ意味は大きく、自然の大きさ、美しさ、不思議さなどに直接触れる体験を通して、子どもの心が安らぎ、豊かな感情、好奇心、思考力、表現力の基礎が培われることを踏まえ、子どもが自然との関わりを深め

ることができるよう工夫すること。

③身近な事象や動植物に対する感動を伝え合い、共感し合うことなどを通して自分から関わろうとする意欲を育てるとともに、様々な関わり方を通してそれらに対する親しみや畏敬の念、生命を大切にする気持ち、公共心、探究心などが養われるようにすること。

④文化や伝統に親しむ際には、正月や節句など我が国の伝統的な行事、国歌、唱歌、わらべうたや我が国の伝統的な遊びに親しんだり、異なる文化に触れる活動に親しんだりすることを通じて、社会とのつながりの意識や国際理解の意識の芽生えなどが養われるようにすること。

⑤数量や文字などに関しては、日常生活の中で子ども自身の必要感に基づく体験を大切にし、数量や文字などに関する興味や関心、感覚が養われるようにすること。

エ　言葉

　経験したことや考えたことなどを自分なりの言葉で表現し、相手の話す言葉を聞こうとする意欲や態度を育て、言葉に対する感覚や言葉で表現する力を養う。

（ア）ねらい

①自分の気持ちを言葉で表現する楽しさを味わう。

②人の言葉や話などをよく聞き、自分の経験したことや考えたことを話し、伝え合う喜びを味わう。

③日常生活に必要な言葉が分かるようになるとともに、絵本や物語などに親しみ、言葉に対する感覚を豊かにし、保育士等や友達と心を通わせる。

（イ）内容

①保育士等や友達の言葉や話に興味や関心をもち、親しみをもって聞いたり、話したりする。

②したり、見たり、聞いたり、感じたり、考えたりなどしたことを自分なりに言葉で表現する。

③したいこと、してほしいことを言葉で表現したり、分からないことを尋ねたりする。

④人の話を注意して聞き、相手に分かるように話す。

⑤生活の中で必要な言葉が分かり、使う。

⑥親しみをもって日常の挨拶をする。

⑦生活の中で言葉の楽しさや美しさに気付く。

⑧いろいろな体験を通じてイメージや言葉を豊かにする。

⑨絵本や物語などに親しみ、興味をもって聞き、想像をする楽しさを味わう。

⑩日常生活の中で、文字などで伝える楽しさを味わう。

（ウ）内容の取扱い

　上記の取扱いに当たっては、次の事項に留意する必要がある。

①言葉は、身近な人に親しみをもって接し、自分の感情や意志などを伝え、それに相手が応答し、その言葉を聞くことを通して次第に獲得されていくものであることを考慮して、子どもが保育士等や他の子どもと関わることにより心を動かされるような体験をし、言葉を交わす喜びを味わえるようにすること。

②子どもが自分の思いを言葉で伝えるとともに、保育士等や他の子どもなどの話を興味をもって注意して聞くことを通して次第に話を理解するようになっていき、言葉による伝え合いができるようにすること。

③絵本や物語などで、その内容と自分の経験とを結び付けたり、想像を巡らせたりするなど、楽しみを十分に味わうことによって、次第に豊かなイメージをもち、言葉に対する感覚が養われるようにすること。

④子どもが生活の中で、言葉の響きやリズム、新しい言葉や表現などに触れ、これらを使う楽しさを味わえるようにすること。その際、絵本や物語に親しんだり、言葉遊びなどをしたりすることを通して、言葉が豊かになるようにすること。

⑤子どもが日常生活の中で、文字などを使いながら思ったことや考えたことを伝える喜びや楽しさを味わい、文字に対する興味や関心をもつようにすること。

オ　表現

　感じたことや考えたことを自分なりに表現することを通して、豊かな感性や表現する力を養い、創造性を豊かにする。

（ア）ねらい

①いろいろなものの美しさなどに対する豊かな感性をもつ。

②感じたことや考えたことを自分なりに表現して楽しむ。

③生活の中でイメージを豊かにし、様々な表現を楽しむ。

（イ）内容

①生活の中で様々な音、形、色、手触り、動きなどに気付いたり、感じたりするなどして楽しむ。

②生活の中で美しいものや心を動かす出来事に触れ、イメージを豊かにする。

③様々な出来事の中で、感動したことを伝え合う楽しさを味わう。

④感じたこと、考えたことなどを音や動きなどで表現したり、自由にかいたり、つくったりなどする。

⑤いろいろな素材に親しみ、工夫して遊ぶ。

⑥音楽に親しみ、歌を歌ったり、簡単なリズム楽器を使ったりなどする楽しさを味わう。

⑦かいたり、つくったりすることを楽しみ、遊びに使ったり、飾ったりなどする。

⑧自分のイメージを動きや言葉などで表現したり、演じて遊んだりするなどの楽しさを味わう。

（ウ）内容の取扱い

　上記の取扱いに当たっては、次の事項に留意する必要がある。

①豊かな感性は、身近な環境と十分に関わる中で美しいもの、優れたもの、心を動かす出来事などに出会い、そこから得た感動を他の子どもや保育士等と共有し、様々に表現することなどを通して養われるようにすること。その際、風の音や雨の音、身近にある草や花の形や色など自然の中にある音、形、色などに気付くようにすること。

②子どもの自己表現は素朴な形で行われることが多いので、

保育士等はそのような表現を受容し、子ども自身の表現し
ようとする意欲を受け止めて、子どもが生活の中で子ども
らしい様々な表現を楽しむことができるようにすること。
③生活経験や発達に応じ、自ら様々な表現を楽しみ、表現す
る意欲を十分に発揮させることができるように、遊具や
用具などを整えたり、様々な素材や表現の仕方に親しんだ
り、他の子どもの表現に触れられるよう配慮したりし、表
現する過程を大切にして自己表現を楽しめるように工夫す
ること。

（3）保育の実施に関わる配慮事項

ア　第1章の4の（2）に示す「幼児期の終わりまでに育って
ほしい姿」が、ねらい及び内容に基づく活動全体を通して
資質・能力が育まれている子どもの小学校就学時の具体的
な姿であることを踏まえ、指導を行う際には適宜考慮する
こと。

イ　子どもの発達や成長の援助をねらいとした活動の時間に
ついては、意識的に保育の計画等において位置付けて、実
施することが重要であること。なお、そのような活動の時
間については、保護者の就労状況等に応じて子どもが保育
所で過ごす時間がそれぞれ異なることに留意して設定する
こと。

ウ　特に必要な場合には、各領域に示すねらいの趣旨に基づ
いて、具体的な内容を工夫し、それを加えても差し支えな
いが、その場合には、それが第1章の1に示す保育所保育
に関する基本原則を逸脱しないよう慎重に配慮する必要が
あること。

4　保育の実施に関して留意すべき事項

（1）保育全般に関わる配慮事項

ア　子どもの心身の発達及び活動の実態などの個人差を踏ま
えるとともに、一人一人の子どもの気持ちを受け止め、援
助すること。

イ　子どもの健康は、生理的・身体的な育ちとともに、自主
性や社会性、豊かな感性の育ちとがあいまってもたらされ
ることに留意すること。

ウ　子どもが自ら周囲に働きかけ、試行錯誤しつつ自分の力
で行う活動を見守りながら、適切に援助すること。

エ　子どもの入所時の保育に当たっては、できるだけ個別的
に対応し、子どもが安定感を得て、次第に保育所の生活に
なじんでいくようにするとともに、既に入所している子ど
もに不安や動揺を与えないようにすること。

オ　子どもの国籍や文化の違いを認め、互いに尊重する心を
育てるようにすること。

カ　子どもの性差や個人差にも留意しつつ、性別などによる
固定的な意識を植え付けることがないようにすること。

（2）小学校との連携

ア　保育所においては、保育所保育が、小学校以降の生活や
学習の基盤の育成につながることに配慮し、幼児期にふさ
わしい生活を通じて、創造的な思考や主体的な生活態度な
どの基礎を培うようにすること。

イ　保育所保育において育まれた資質・能力を踏まえ、小学
校教育が円滑に行われるよう、小学校教師との意見交換や
合同の研究の機会などを設け、第1章の4の(2)に示す「幼
児期の終わりまでに育って欲しい姿」を共有するなど連携
を図り、保育所保育と小学校教育との円滑な接続を図るよ
う努めること。

ウ　子どもに関する情報共有に関して、保育所に入所してい
る子どもの就学に際し、市町村の支援の下に、子どもの育
ちを支えるための資料が保育所から小学校へ送付されるよ
うにすること。

（3）家庭及び地域社会との連携

　子どもの生活の連続性を踏まえ、家庭及び地域社会と連携
して保育が展開されるよう配慮すること。その際、家庭や地
域の機関及び団体の協力を得て、地域の自然、高齢者や異年
齢の子ども等を含む人材、行事、施設等の地域の資源を積極
的に活用し、豊かな生活体験をはじめ保育内容の充実が図ら
れるよう配慮すること。

第3章　健康及び安全

　保育所保育において、子どもの健康及び安全の確保は、子
どもの生命の保持と健やかな生活の基本であり、一人一人の
子どもの健康の保持及び増進並びに安全の確保とともに、保
育所全体における健康及び安全の確保に努めることが重要と
なる。

　また、子どもが、自らの体や健康に関心をもち、心身の機
能を高めていくことが大切である。

　このため、第1章及び第2章等の関連する事項に留意し、
次に示す事項を踏まえ、保育を行うこととする。

1　子どもの健康支援

（1）子どもの健康状態並びに発育及び発達状態の把握

ア　子どもの心身の状態に応じて保育するために、子どもの
健康状態並びに発育及び発達状態について、定期的・継続
的に、また、必要に応じて随時、把握すること。

イ　保護者からの情報とともに、登所時及び保育中を通じて
子どもの状態を観察し、何らかの疾病が疑われる状態や傷
害が認められた場合には、保護者に連絡するとともに、嘱
託医と相談するなど適切な対応を図ること。看護師等が配
置されている場合には、その専門性を生かした対応を図る
こと。

ウ　子どもの心身の状態等を観察し、不適切な養育の兆候が見られる場合には、市町村や関係機関と連携し、児童福祉法第25条に基づき、適切な対応を図ること。また、虐待が疑われる場合には、速やかに市町村又は児童相談所に通告し、適切な対応を図ること。

（2）健康増進

ア　子どもの健康に関する保健計画を全体的な計画に基づいて作成し、全職員がそのねらいや内容を踏まえ、一人一人の子どもの健康の保持及び増進に努めていくこと。

イ　子どもの心身の健康状態や疾病等の把握のために、嘱託医等により定期的に健康診断を行い、その結果を記録し、保育に活用するとともに、保護者が子どもの状態を理解し、日常生活に活用できるようにすること。

（3）疾病等への対応

ア　保育中に体調不良や傷害が発生した場合には、その子どもの状態等に応じて、保護者に連絡するとともに、適宜、嘱託医や子どものかかりつけ医等と相談し、適切な処置を行うこと。看護師等が配置されている場合には、その専門性を生かした対応を図ること。

イ　感染症やその他の疾病の発生予防に努め、その発生や疑いがある場合には、必要に応じて嘱託医、市町村、保健所等に連絡し、その指示に従うとともに、保護者や全職員に連絡し、予防等について協力を求めること。また、感染症に関する保育所の対応方法等について、あらかじめ関係機関の協力を得ておくこと。看護師等が配置されている場合には、その専門性を生かした対応を図ること。

ウ　アレルギー疾患を有する子どもの保育については、保護者と連携し、医師の診断及び指示に基づき、適切な対応を行うこと。また、食物アレルギーに関して、関係機関と連携して、当該保育所の体制構築など、安全な環境の整備を行うこと。看護師や栄養士等が配置されている場合には、その専門性を生かした対応を図ること。

エ　子どもの疾病等の事態に備え、医務室等の環境を整え、救急用の薬品、材料等を適切な管理の下に常備し、全職員が対応できるようにしておくこと。

2　食育の推進

（1）保育所の特性を生かした食育

ア　保育所における食育は、健康な生活の基本としての「食を営む力」の育成に向け、その基礎を培うことを目標とすること。

イ　子どもが生活と遊びの中で、意欲をもって食に関わる体験を積み重ね、食べることを楽しみ、食事を楽しみ合う子どもに成長していくことを期待するものであること。

ウ　乳幼児期にふさわしい食生活が展開され、適切な援助が行われるよう、食事の提供を含む食育計画を全体的な計画に基づいて作成し、その評価及び改善に努めること。栄養士が配置されている場合は、専門性を生かした対応を図ること。

（2）食育の環境の整備等

ア　子どもが自らの感覚や体験を通して、自然の恵みとしての食材や食の循環・環境への意識、調理する人への感謝の気持ちが育つように、子どもと調理員等との関わりや、調理室など食に関わる保育環境に配慮すること。

イ　保護者や地域の多様な関係者との連携及び協働の下で、食に関する取組が進められること。また、市町村の支援の下に、地域の関係機関等との日常的な連携を図り、必要な協力が得られるよう努めること。

ウ　体調不良、食物アレルギー、障害のある子どもなど、一人一人の子どもの心身の状態等に応じ、嘱託医、かかりつけ医等の指示や協力の下に適切に対応すること。栄養士が配置されている場合は、専門性を生かした対応を図ること。

3　環境及び衛生管理並びに安全管理

（1）環境及び衛生管理

ア　施設の温度、湿度、換気、採光、音などの環境を常に適切な状態に保持するとともに、施設内外の設備及び用具等の衛生管理に努めること。

イ　施設内外の適切な環境の維持に努めるとともに、子ども及び全職員が清潔を保つようにすること。また、職員は衛生知識の向上に努めること。

（2）事故防止及び安全対策

ア　保育中の事故防止のために、子どもの心身の状態等を踏まえつつ、施設内外の安全点検に努め、安全対策のために全職員の共通理解や体制づくりを図るとともに、家庭や地域の関係機関の協力の下に安全指導を行うこと。

イ　事故防止の取組を行う際には、特に、睡眠中、プール活動・水遊び中、食事中等の場面では重大事故が発生しやすいことを踏まえ、子どもの主体的な活動を大切にしつつ、施設内外の環境の配慮や指導の工夫を行うなど、必要な対策を講じること。

ウ　保育中の事故の発生に備え、施設内外の危険箇所の点検や訓練を実施するとともに、外部からの不審者等の侵入防止のための措置や訓練など不測の事態に備えて必要な対応を行うこと。また、子どもの精神保健面における対応に留意すること。

4　災害への備え

（1）施設・設備等の安全確保

ア　防火設備、避難経路等の安全性が確保されるよう、定期的にこれらの安全点検を行うこと。

イ　備品、遊具等の配置、保管を適切に行い、日頃から、安全環境の整備に努めること。

（2）災害発生時の対応体制及び避難への備え

ア　火災や地震などの災害の発生に備え、緊急時の対応の具体的内容及び手順、職員の役割分担、避難訓練計画等に関するマニュアルを作成すること。

イ　定期的に避難訓練を実施するなど、必要な対応を図ること。

ウ　災害の発生時に、保護者等への連絡及び子どもの引渡しを円滑に行うため、日頃から保護者との密接な連携に努め、連絡体制や引渡し方法等について確認をしておくこと。

（3）地域の関係機関等との連携

ア　市町村の支援の下に、地域の関係機関との日常的な連携を図り、必要な協力が得られるよう努めること。

イ　避難訓練については、地域の関係機関や保護者との連携の下に行うなど工夫すること。

第4章　子育て支援

保育所における保護者に対する子育て支援は、全ての子どもの健やかな育ちを実現することができるよう、第1章及び第2章等の関連する事項を踏まえ、子どもの育ちを家庭と連携して支援していくとともに、保護者及び地域が有する子育てを自ら実践する力の向上に資するよう、次の事項に留意するものとする。

1　保育所における子育て支援に関する基本的事項

（1）保育所の特性を生かした子育て支援

ア　保護者に対する子育て支援を行う際には、各地域や家庭の実態等を踏まえるとともに、保護者の気持ちを受け止め、相互の信頼関係を基本に、保護者の自己決定を尊重すること。

イ　保育及び子育てに関する知識や技術など、保育士等の専門性や、子どもが常に存在する環境など、保育所の特性を生かし、保護者が子どもの成長に気付き子育ての喜びを感じられるように努めること。

（2）子育て支援に関して留意すべき事項

ア　保護者に対する子育て支援における地域の関係機関等との連携及び協働を図り、保育所全体の体制構築に努めること。

イ　子どもの利益に反しない限りにおいて、保護者や子どものプライバシーを保護し、知り得た事柄の秘密を保持すること。

2　保育所を利用している保護者に対する子育て支援

（1）保護者との相互理解

ア　日常の保育に関連した様々な機会を活用し子どもの日々の様子の伝達や収集、保育所保育の意図の説明などを通じて、保護者との相互理解を図るよう努めること。

イ　保育の活動に対する保護者の積極的な参加は、保護者の子育てを自ら実践する力の向上に寄与することから、これを促すこと。

（2）保護者の状況に配慮した個別の支援

ア　保護者の就労と子育ての両立等を支援するため、保護者の多様化した保育の需要に応じ、病児保育事業など多様な事業を実施する場合には、保護者の状況に配慮するとともに、子どもの福祉が尊重されるよう努め、子どもの生活の連続性を考慮すること。

イ　子どもに障害や発達上の課題が見られる場合には、市町村や関係機関と連携及び協力を図りつつ、保護者に対する個別の支援を行うよう努めること。

ウ　外国籍家庭など、特別な配慮を必要とする家庭の場合には、状況等に応じて個別の支援を行うよう努めること。

（3）不適切な養育等が疑われる家庭への支援

ア　保護者に育児不安等が見られる場合には、保護者の希望に応じて個別の支援を行うよう努めること。

イ　保護者に不適切な養育等が疑われる場合には、市町村や関係機関と連携し、要保護児童対策地域協議会で検討するなど適切な対応を図ること。また、虐待が疑われる場合には、速やかに市町村又は児童相談所に通告し、適切な対応を図ること。

3　地域の保護者等に対する子育て支援

（1）地域に開かれた子育て支援

ア　保育所は、児童福祉法第48条の4の規定に基づき、その行う保育に支障がない限りにおいて、地域の実情や当該保育所の体制等を踏まえ、地域の保護者等に対して、保育所保育の専門性を生かした子育て支援を積極的に行うよう努めること。

イ　地域の子どもに対する一時預かり事業などの活動を行う際には、一人一人の子どもの心身の状態などを考慮するとともに、日常の保育との関連に配慮するなど、柔軟に活動

を展開できるようにすること。

（2）地域の関係機関等との連携

ア　市町村の支援を得て、地域の関係機関等との積極的な連携及び協働を図るとともに、子育て支援に関する地域の人材と積極的に連携を図るよう努めること。

イ　地域の要保護児童への対応など、地域の子どもを巡る諸課題に対し、要保護児童対策地域協議会など関係機関等と連携及び協力して取り組むよう努めること。

第5章　職員の資質向上

第1章から前章までに示された事項を踏まえ、保育所は、質の高い保育を展開するため、絶えず、一人一人の職員についての資質向上及び職員全体の専門性の向上を図るよう努めなければならない。

1　職員の資質向上に関する基本的事項

（1）保育所職員に求められる専門性

子どもの最善の利益を考慮し、人権に配慮した保育を行うためには、職員一人一人の倫理観、人間性並びに保育所職員としての職務及び責任の理解と自覚が基盤となる。

各職員は、自己評価に基づく課題等を踏まえ、保育所内外の研修等を通じて、保育士・看護師・調理員・栄養士等、それぞれの職務内容に応じた専門性を高めるため、必要な知識及び技術の修得、維持及び向上に努めなければならない。

（2）保育の質の向上に向けた組織的な取組

保育所においては、保育の内容等に関する自己評価等を通じて把握した、保育の質の向上に向けた課題に組織的に対応するため、保育内容の改善や保育士等の役割分担の見直し等に取り組むとともに、それぞれの職位や職務内容等に応じて、各職員が必要な知識及び技能を身につけられるよう努めなければならない。

2　施設長の責務

（1）施設長の責務と専門性の向上

施設長は、保育所の役割や社会的責任を遂行するために、法令等を遵守し、保育所を取り巻く社会情勢等を踏まえ、施設長としての専門性等の向上に努め、当該保育所における保育の質及び職員の専門性向上のために必要な環境の確保に努めなければならない。

（2）職員の研修機会の確保等

施設長は、保育所の全体的な計画や、各職員の研修の必要性等を踏まえて、体系的・計画的な研修機会を確保するとともに、職員の勤務体制の工夫等により、職員が計画的に研修

等に参加し、その専門性の向上が図られるよう努めなければならない。

3　職員の研修等

（1）職場における研修

職員が日々の保育実践を通じて、必要な知識及び技術の修得、維持及び向上を図るとともに、保育の課題等への共通理解や協働性を高め、保育所全体としての保育の質の向上を図っていくためには、日常的に職員同士が主体的に学び合う姿勢と環境が重要であり、職場内での研修の充実が図られなければならない。

（2）外部研修の活用

各保育所における保育の課題への的確な対応や、保育士等の専門性の向上を図るためには、職場内での研修に加え、関係機関等による研修の活用が有効であることから、必要に応じて、こうした外部研修への参加機会が確保されるよう努めなければならない。

4　研修の実施体制等

（1）体系的な研修計画の作成

保育所においては、当該保育所における保育の課題や各職員のキャリアパス等も見据えて、初任者から管理職員までの職位や職務内容等を踏まえた体系的な研修計画を作成しなければならない。

（2）組織内での研修成果の活用

外部研修に参加する職員は、自らの専門性の向上を図るとともに、保育所における保育の課題を理解し、その解決を実践できる力を身に付けることが重要である。また、研修で得た知識及び技能を他の職員と共有することにより、保育所全体としての保育実践の質及び専門性の向上につなげていくことが求められる。

（3）研修の実施に関する留意事項

施設長等は保育所全体としての保育実践の質及び専門性の向上のために、研修の受講は特定の職員に偏ることなく行われるよう、配慮する必要がある。また、研修を修了した職員については、その職務内容等において、当該研修の成果等が適切に勘案されることが望ましい。

「幼稚園教育要領」

2017（平成29）年3月31日告示

教育は，教育基本法第1条に定めるとおり，人格の完成を目指し，平和で民主的な国家及び社会の形成者として必要な資質を備えた心身ともに健康な国民の育成を期すという目的のもと，同法第2条に掲げる次の目標を達成するよう行われなければならない。

1　幅広い知識と教養を身に付け，真理を求める態度を養い，豊かな情操と道徳心を培うとともに，健やかな身体を養うこと。

2　個人の価値を尊重して，その能力を伸ばし，創造性を培い，自主及び自律の精神を養うとともに，職業及び生活との関連を重視し，勤労を重んずる態度を養うこと。

3　正義と責任，男女の平等，自他の敬愛と協力を重んずるとともに，公共の精神に基づき，主体的に社会の形成に参画し，その発展に寄与する態度を養うこと。

4　生命を尊び，自然を大切にし，環境の保全に寄与する態度を養うこと。

5　伝統と文化を尊重し，それらをはぐくんできた我が国と郷土を愛するとともに，他国を尊重し，国際社会の平和と発展に寄与する態度を養うこと。

また，幼児期の教育については，同法第11条に掲げるとおり，生涯にわたる人格形成の基礎を培う重要なものであることにかんがみ，国及び地方公共団体は，幼児の健やかな成長に資する良好な環境の整備その他適当な方法によって，その振興に努めなければならないこととされている。

これからの幼稚園には，学校教育の始まりとして，こうした教育の目的及び目標の達成を目指しつつ，一人一人の幼児が，将来，自分のよさや可能性を認識するとともに，あらゆる他者を価値のある存在として尊重し，多様な人々と協働しながら様々な社会的な変化を乗り越え，豊かな人生を切り拓き，持続可能な社会の創り手となることができるようにするための基礎を培うことが求められる。このために必要な教育の在り方を具体化するのが，各幼稚園において教育の内容等を組織的かつ計画的に組み立てた教育課程である。

教育課程を通して，これからの時代に求められる教育を実現していくためには，よりよい学校教育を通してよりよい社会を創るという理念を学校と社会とが共有し，それぞれの幼稚園において，幼児期にふさわしい生活をどのように展開し，どのような資質・能力を育むようにするのかを教育課程において明確にしながら，社会との連携及び協働によりその実現を図っていくという，社会に開かれた教育課程の実現が重要となる。

幼稚園教育要領とは，こうした理念の実現に向けて必要となる教育課程の基準を大綱的に定めるものである。幼稚園教育要領が果たす役割の一つは，公の性質を有する幼稚園における教育水準を全国的に確保することである。また，各幼稚園がその特色を生かして創意工夫を重ね，長年にわたり積み重ねられてきた教育実践や学術研究の蓄積を生かしながら，幼児や地域の現状や課題を捉え，家庭や地域社会と協力して，幼稚園教育要領を踏まえた教育活動の更なる充実を図っていくことも重要である。

幼児の自発的な活動としての遊びを生み出すために必要な環境を整え，一人一人の資質・能力を育んでいくことは，教職員をはじめとする幼稚園関係者はもとより，家庭や地域の人々も含め，様々な立場から幼児や幼稚園に関わる全ての大人に期待される役割である。家庭との緊密な連携の下，小学校以降の教育や生涯にわたる学習とのつながりを見通しながら，幼児の自発的な活動としての遊びを通しての総合的な指導をする際に広く活用されるものとなることを期待して，ここに幼稚園教育要領を定める。

第1章　総則

第1 幼稚園教育の基本

幼児期の教育は，生涯にわたる人格形成の基礎を培う重要なものであり，幼稚園教育は，学校教育法に規定する目的及び目標を達成するため，幼児期の特性を踏まえ，環境を通して行うものであることを基本とする。

このため教師は，幼児との信頼関係を十分に築き，幼児が身近な環境に主体的に関わり，環境との関わり方や意味に気付き，これらを取り込もうとして，試行錯誤したり，考えたりするようになる幼児期の教育における見方・考え方を生かし，幼児と共によりよい教育環境を創造するように努めるものとする。これらを踏まえ，次に示す事項を重視して教育を行わなければならない。

1　幼児は安定した情緒の下で自己を十分に発揮することにより発達に必要な体験を得ていくものであることを考慮して，幼児の主体的な活動を促し，幼児期にふさわしい生活が展開されるようにすること。

2　幼児の自発的な活動としての遊びは，心身の調和のとれた発達の基礎を培う重要な学習であることを考慮して，遊びを通しての指導を中心として第2章に示すねらいが総合的に達成されるようにすること。

3　幼児の発達は，心身の諸側面が相互に関連し合い，多様な経過をたどって成し遂げられていくものであること，また，幼児の生活経験がそれぞれ異なることなどを考慮して，幼児一人一人の特性に応じ，発達の課題に即した指導を行うようにすること。

その際，教師は，幼児の主体的な活動が確保されるよう幼児一人一人の行動の理解と予想に基づき，計画的に環境を構成しなければならない。この場合において，教師は，幼児と人やものとの関わりが重要であることを踏まえ，教材を工夫し，物的・空間的環境を構成しなければならない。また，幼児一人一人の活動の場面に応じて，様々な役割を果たし，その活動を豊かにしなければならない。

第2　幼稚園教育において育みたい資質・能力及び「幼児期の終わりまでに育ってほしい姿」

1　幼稚園においては，生きる力の基礎を育むため，この章の第1に示す幼稚園教育の基本を踏まえ，次に掲げる資質・能力を一体的に育むよう努めるものとする。

(1)　豊かな体験を通じて，感じたり，気付いたり，分かったり，できるようになったりする「知識及び技能の基礎」

(2)　気付いたことや，できるようになったことなどを使い，考えたり，試したり，工夫したり，表現したりする「思考力，判断力，表現力等の基礎」

(3)　心情，意欲，態度が育つ中で，よりよい生活を営もうとする「学びに向かう力，人間性等」

2　1に示す資質・能力は，第2章に示すねらい及び内容に基づく活動全体によって育むものである。

3　次に示す「幼児期の終わりまでに育ってほしい姿」は，第2章に示すねらい及び内容に基づく活動全体を通して資質・能力が育まれている幼児の幼稚園修了時の具体的な姿であり，教師が指導を行う際に考慮するものである。

(1)　健康な心と体

幼稚園生活の中で，充実感をもって自分のやりたいことに向かって心と体を十分に働かせ，見通しをもって行動し，自ら健康で安全な生活をつくり出すようになる。

(2)　自立心

身近な環境に主体的に関わり様々な活動を楽しむ中で，しなければならないことを自覚し，自分の力で行うために考えたり，工夫したりしながら，諦めずにやり遂げることで達成感を味わい，自信をもって行動するようになる。

(3)　協同性

友達と関わる中で，互いの思いや考えなどを共有し，共通の目的の実現に向けて，考えたり，工夫した

り，協力したりし，充実感をもってやり遂げるようになる。

(4)　道徳性・規範意識の芽生え

友達と様々な体験を重ねる中で，してよいことや悪いことが分かり，自分の行動を振り返ったり，友達の気持ちに共感したりし，相手の立場に立って行動するようになる。また，きまりを守る必要性が分かり，自分の気持ちを調整し，友達と折り合いを付けながら，きまりをつくったり，守ったりするようになる。

(5)　社会生活との関わり

家族を大切にしようとする気持ちをもつとともに，地域の身近な人と触れ合う中で，人との様々な関わり方に気付き，相手の気持ちを考えて関わり，自分が役に立つ喜びを感じ，地域に親しみをもつようになる。また，幼稚園内外の様々な環境に関わる中で，遊びや生活に必要な情報を取り入れ，情報に基づき判断したり，情報を伝え合ったり，活用したりするなど，情報を役立てながら活動するようになるとともに，公共の施設を大切に利用するなどして，社会とのつながりなどを意識するようになる。

(6)　思考力の芽生え

身近な事象に積極的に関わる中で，物の性質や仕組みなどを感じ取ったり，気付いたりし，考えたり，予想したり，工夫したりするなど，多様な関わりを楽しむようになる。また，友達の様々な考えに触れる中で，自分と異なる考えがあることに気付き，自ら判断したり，考え直したりするなど，新しい考えを生み出す喜びを味わいながら，自分の考えをよりよいものにするようになる。

(7)　自然との関わり・生命尊重

自然に触れて感動する体験を通して，自然の変化などを感じ取り，好奇心や探究心をもって考え言葉などで表現しながら，身近な事象への関心が高まるとともに，自然への愛情や畏敬の念をもつようになる。また，身近な動植物に心を動かされる中で，生命の不思議さや尊さに気付き，身近な動植物への接し方を考え，命あるものとしていたわり，大切にする気持ちをもって関わるようになる。

(8)　数量や図形，標識や文字などへの関心・感覚

遊びや生活の中で，数量や図形，標識や文字などに親しむ体験を重ねたり，標識や文字の役割に気付いたりし，自らの必要感に基づきこれらを活用し，興味や関心，感覚をもつようになる。

(9)　言葉による伝え合い

先生や友達と心を通わせる中で，絵本や物語などに親しみながら，豊かな言葉や表現を身に付け，経験したことや考えたことなどを言葉で伝えたり，相手の話を注意して聞いたりし，言葉による伝え合いを楽しむ

ようになる。

(10) 豊かな感性と表現

　心を動かす出来事などに触れ感性を働かせる中で，様々な素材の特徴や表現の仕方などに気付き，感じたことや考えたことを自分で表現したり，友達同士で表現する過程を楽しんだりし，表現する喜びを味わい，意欲をもつようになる。

第3 教育課程の役割と編成等

1　教育課程の役割

　各幼稚園においては，教育基本法及び学校教育法その他の法令並びにこの幼稚園教育要領の示すところに従い，創意工夫を生かし，幼児の心身の発達と幼稚園及び地域の実態に即応した適切な教育課程を編成するものとする。

　また，各幼稚園においては，6に示す全体的な計画にも留意しながら，「幼児期の終わりまでに育ってほしい姿」を踏まえ教育課程を編成すること，教育課程の実施状況を評価してその改善を図っていくこと，教育課程の実施に必要な人的又は物的な体制を確保するとともにその改善を図っていくことなどを通して，教育課程に基づき組織的かつ計画的に各幼稚園の教育活動の質の向上を図っていくこと（以下「カリキュラム・マネジメント」という。）に努めるものとする。

2　各幼稚園の教育目標と教育課程の編成

　教育課程の編成に当たっては，幼稚園教育において育みたい資質・能力を踏まえつつ，各幼稚園の教育目標を明確にするとともに，教育課程の編成についての基本的な方針が家庭や地域とも共有されるよう努めるものとする。

3　教育課程の編成上の基本的事項

(1)　幼稚園生活の全体を通して第2章に示すねらいが総合的に達成されるよう，教育課程に係る教育期間や幼児の生活経験や発達の過程などを考慮して具体的なねらいと内容を組織するものとする。この場合においては，特に，自我が芽生え，他者の存在を意識し，自己を抑制しようとする気持ちが生まれる幼児期の発達の特性を踏まえ，入園から修了に至るまでの長期的な視野をもって充実した生活が展開できるように配慮するものとする。

(2)　幼稚園の毎学年の教育課程に係る教育週数は，特別の事情のある場合を除き，39週を下ってはならない。

(3)　幼稚園の1日の教育課程に係る教育時間は，4時間を標準とする。ただし，幼児の心身の発達の程度や季節などに適切に配慮するものとする。

4　教育課程の編成上の留意事項

　教育課程の編成に当たっては，次の事項に留意するものとする。

(1)　幼児の生活は，入園当初の一人一人の遊びや教師との触れ合いを通して幼稚園生活に親しみ，安定していく時期から，他の幼児との関わりの中で幼児の主体的な活動が深まり，幼児が互いに必要な存在であることを認識するようになり，やがて幼児同士や学級全体で目的をもって協同して幼稚園生活を展開し，深めていく時期などに至るまでの過程を様々に経ながら広げられていくものであることを考慮し，活動がそれぞれの時期にふさわしく展開されるようにすること。

(2)　入園当初，特に，3歳児の入園については，家庭との連携を緊密にし，生活のリズムや安全面に十分配慮すること。また，満3歳児については，学年の途中から入園することを考慮し，幼児が安心して幼稚園生活を過ごすことができるよう配慮すること。

(3)　幼稚園生活が幼児にとって安全なものとなるよう，教職員による協力体制の下，幼児の主体的な活動を大切にしつつ，園庭や園舎などの環境の配慮や指導の工夫を行うこと。

5　小学校教育との接続に当たっての留意事項

(1)　幼稚園においては，幼稚園教育が，小学校以降の生活や学習の基盤の育成につながることに配慮し，幼児期にふさわしい生活を通して，創造的な思考や主体的な生活態度などの基礎を培うようにするものとする。

(2)　幼稚園教育において育まれた資質・能力を踏まえ，小学校教育が円滑に行われるよう，小学校の教師との意見交換や合同の研究の機会などを設け，「幼児期の終わりまでに育ってほしい姿」を共有するなど連携を図り，幼稚園教育と小学校教育との円滑な接続を図るよう努めるものとする。

6　全体的な計画の作成

　各幼稚園においては，教育課程を中心に，第3章に示す教育課程に係る教育時間の終了後等に行う教育活動の計画，学校保健計画，学校安全計画などとを関連させ，一体的に教育活動が展開されるよう全体的な計画を作成するものとする。

第4 指導計画の作成と幼児理解に基づいた評価

1　指導計画の考え方

　幼稚園教育は，幼児が自ら意欲をもって環境と関わることによりつくり出される具体的な活動を通して，その目標の達成を図るものである。

　幼稚園においてはこのことを踏まえ，幼児期にふさわしい生活が展開され，適切な指導が行われるよう，それぞれの幼稚園の教育課程に基づき，調和のとれた組織的，発展的な指導計画を作成し，幼児の活動に沿った柔軟な指導を行わなければならない。

2　指導計画の作成上の基本的事項

(1)　指導計画は，幼児の発達に即して一人一人の幼児が

幼児期にふさわしい生活を展開し，必要な体験を得られるようにするために，具体的に作成するものとする。

(2) 指導計画の作成に当たっては，次に示すところにより，具体的なねらい及び内容を明確に設定し，適切な環境を構成することなどにより活動が選択・展開されるようにするものとする。

ア　具体的なねらい及び内容は，幼稚園生活における幼児の発達の過程を見通し，幼児の生活の連続性，季節の変化などを考慮して，幼児の興味や関心，発達の実情などに応じて設定すること。

イ　環境は，具体的なねらいを達成するために適切なものとなるように構成し，幼児が自らその環境に関わることにより様々な活動を展開しつつ必要な体験を得られるようにすること。その際，幼児の生活する姿や発想を大切にし，常にその環境が適切なものとなるようにすること。

ウ　幼児の行う具体的な活動は，生活の流れの中で様々に変化するものであることに留意し，幼児が望ましい方向に向かって自ら活動を展開していくことができるよう必要な援助をすること。

その際，幼児の実態及び幼児を取り巻く状況の変化などに即して指導の過程についての評価を適切に行い，常に指導計画の改善を図るものとする。

3　指導計画の作成上の留意事項

指導計画の作成に当たっては，次の事項に留意するものとする。

(1) 長期的に発達を見通した年，学期，月などにわたる長期の指導計画やこれとの関連を保ちながらより具体的な幼児の生活に即した週，日などの短期の指導計画を作成し，適切な指導が行われるようにすること。特に，週，日などの短期の指導計画については，幼児の生活のリズムに配慮し，幼児の意識や興味の連続性のある活動が相互に関連して幼稚園生活の自然の流れの中に組み込まれるようにすること。

(2) 幼児が様々な人やものとの関わりを通して，多様な体験をし，心身の調和のとれた発達を促すようにしていくこと。その際，幼児の発達に即して主体的・対話的で深い学びが実現するようにするとともに，心を動かされる体験が次の活動を生み出すことを考慮し，一つ一つの体験が相互に結び付き，幼稚園生活が充実するようにすること。

(3) 言語に関する能力の発達と思考力等の発達が関連していることを踏まえ，幼稚園生活全体を通して，幼児の発達を踏まえた言語環境を整え，言語活動の充実を図ること。

(4) 幼児が次の活動への期待や意欲をもつことができる

よう，幼児の実態を踏まえながら，教師や他の幼児と共に遊びや生活の中で見通しをもったり，振り返ったりするよう工夫すること。

(5) 行事の指導に当たっては，幼稚園生活の自然の流れの中で生活に変化や潤いを与え，幼児が主体的に楽しく活動できるようにすること。なお，それぞれの行事についてはその教育的価値を十分検討し，適切なものを精選し，幼児の負担にならないようにすること。

(6) 幼児期は直接的な体験が重要であることを踏まえ，視聴覚教材やコンピュータなど情報機器を活用する際には，幼稚園生活では得難い体験を補完するなど，幼児の体験との関連を考慮すること。

(7) 幼児の主体的な活動を促すためには，教師が多様な関わりをもつことが重要であることを踏まえ，教師は，理解者，共同作業者など様々な役割を果たし，幼児の発達に必要な豊かな体験が得られるよう，活動の場面に応じて，適切な指導を行うようにすること。

(8) 幼児の行う活動は，個人，グループ，学級全体などで多様に展開されるものであることを踏まえ，幼稚園全体の教師による協力体制を作りながら，一人一人の幼児が興味や欲求を十分に満足させるよう適切な援助を行うようにすること。

4　幼児理解に基づいた評価の実施

幼児一人一人の発達の理解に基づいた評価の実施に当たっては，次の事項に配慮するものとする。

(1) 指導の過程を振り返りながら幼児の理解を進め，幼児一人一人のよさや可能性などを把握し，指導の改善に生かすようにすること。その際，他の幼児との比較や一定の基準に対する達成度についての評定によって捉えるものではないことに留意すること。

(2) 評価の妥当性や信頼性が高められるよう創意工夫を行い，組織的かつ計画的な取組を推進するとともに，次年度又は小学校等にその内容が適切に引き継がれるようにすること。

第5　特別な配慮を必要とする幼児への指導

1　障害のある幼児などへの指導

障害のある幼児などへの指導に当たっては，集団の中で生活することを通して全体的な発達を促していくことに配慮し，特別支援学校などの助言又は援助を活用しつつ，個々の幼児の障害の状態などに応じた指導内容や指導方法の工夫を組織的かつ計画的に行うものとする。また，家庭，地域及び医療や福祉，保健等の業務を行う関係機関との連携を図り，長期的な視点で幼児への教育的支援を行うために，個別の教育支援計画を作成し活用することに努めるとともに，個々の幼児の実態を的確に把握し，個別の指導計画を作成し活用することに努めるものとする。

2　海外から帰国した幼児や生活に必要な日本語の習得に困難のある幼児の幼稚園生活への適応

　海外から帰国した幼児や生活に必要な日本語の習得に困難のある幼児については，安心して自己を発揮できるよう配慮するなど個々の幼児の実態に応じ，指導内容や指導方法の工夫を組織的かつ計画的に行うものとする。

第6　幼稚園運営上の留意事項

1　各幼稚園においては，園長の方針の下に，園務分掌に基づき教職員が適切に役割を分担しつつ，相互に連携しながら，教育課程や指導の改善を図るものとする。また，各幼稚園が行う学校評価については，教育課程の編成，実施，改善が教育活動や幼稚園運営の中核となることを踏まえ，カリキュラム・マネジメントと関連付けながら実施するよう留意するものとする。

2　幼児の生活は，家庭を基盤として地域社会を通じて次第に広がりをもつものであることに留意し，家庭との連携を十分に図るなど，幼稚園における生活が家庭や地域社会と連続性を保ちつつ展開されるようにするものとする。その際，地域の自然，高齢者や異年齢の子供などを含む人材，行事や公共施設などの地域の資源を積極的に活用し，幼児が豊かな生活体験を得られるように工夫するものとする。また，家庭との連携に当たっては，保護者との情報交換の機会を設けたり，保護者と幼児との活動の機会を設けたりなどすることを通じて，保護者の幼児期の教育に関する理解が深まるよう配慮するものとする。

3　地域や幼稚園の実態等により，幼稚園間に加え，保育所，幼保連携型認定こども園，小学校，中学校，高等学校及び特別支援学校などとの間の連携や交流を図るものとする。特に，幼稚園教育と小学校教育の円滑な接続のため，幼稚園の幼児と小学校の児童との交流の機会を積極的に設けるようにするものとする。また，障害のある幼児児童生徒との交流及び共同学習の機会を設け，共に尊重し合いながら協働して生活していく態度を育むよう努めるものとする。

第7　教育課程に係る教育時間終了後等に行う教育活動など

　幼稚園は，第3章に示す教育課程に係る教育時間の終了後等に行う教育活動について，学校教育法に規定する目的及び目標並びにこの章の第1に示す幼稚園教育の基本を踏まえ実施するものとする。また，幼稚園の目的の達成に資するため，幼児の生活全体が豊かなものとなるよう家庭や地域における幼児期の教育の支援に努めるものとする。

第2章　ねらい及び内容

　この章に示すねらいは，幼稚園教育において育みたい資質・能力を幼児の生活する姿から捉えたものであり，内容は，ねらいを達成するために指導する事項である。各領域は，これらを幼児の発達の側面から，心身の健康に関する領域「健康」，人との関わりに関する領域「人間関係」，身近な環境との関わりに関する領域「環境」，言葉の獲得に関する領域「言葉」及び感性と表現に関する領域「表現」としてまとめ，示したものである。内容の取扱いは，幼児の発達を踏まえた指導を行うに当たって留意すべき事項である。

　各領域に示すねらいは，幼稚園における生活の全体を通じ，幼児が様々な体験を積み重ねる中で相互に関連をもちながら次第に達成に向かうものであること，内容は，幼児が環境に関わって展開する具体的な活動を通して総合的に指導されるものであることに留意しなければならない。

　また，「幼児期の終わりまでに育ってほしい姿」が，ねらい及び内容に基づく活動全体を通して資質・能力が育まれている幼児の幼稚園修了時の具体的な姿であることを踏まえ，指導を行う際に考慮するものとする。

　なお，特に必要な場合には，各領域に示すねらいの趣旨に基づいて適切な，具体的な内容を工夫し，それを加えても差し支えないが，その場合には，それが第1章の第1に示す幼稚園教育の基本を逸脱しないよう慎重に配慮する必要がある。

健康

〔健康な心と体を育て，自ら健康で安全な生活をつくり出す力を養う。〕

1　ねらい

(1)　明るく伸び伸びと行動し，充実感を味わう。

(2)　自分の体を十分に動かし，進んで運動しようとする。

(3)　健康，安全な生活に必要な習慣や態度を身に付け，見通しをもって行動する。

2　内容

(1)　先生や友達と触れ合い，安定感をもって行動する。

(2)　いろいろな遊びの中で十分に体を動かす。

(3)　進んで戸外で遊ぶ。

(4)　様々な活動に親しみ，楽しんで取り組む。

(5)　先生や友達と食べることを楽しみ，食べ物への興味や関心をもつ。

(6)　健康な生活のリズムを身に付ける。

(7)　身の回りを清潔にし，衣服の着脱，食事，排泄などの生活に必要な活動を自分でする。

(8)　幼稚園における生活の仕方を知り，自分たちで生活の場を整えながら見通しをもって行動する。

(9)　自分の健康に関心をもち，病気の予防などに必要な活

動を進んで行う。

(10) 危険な場所，危険な遊び方，災害時などの行動の仕方が分かり，安全に気を付けて行動する。

3　内容の取扱い

上記の取扱いに当たっては，次の事項に留意する必要がある。

(1) 心と体の健康は，相互に密接な関連があるものであることを踏まえ，幼児が教師や他の幼児との温かい触れ合いの中で自己の存在感や充実感を味わうことなどを基盤として，しなやかな心と体の発達を促すこと。特に，十分に体を動かす気持ちよさを体験し，自ら体を動かそうとする意欲が育つようにすること。

(2) 様々な遊びの中で，幼児が興味や関心，能力に応じて全身を使って活動することにより，体を動かす楽しさを味わい，自分の体を大切にしようとする気持ちが育つようにすること。その際，多様な動きを経験する中で，体の動きを調整するようにすること。

(3) 自然の中で伸び伸びと体を動かして遊ぶことにより，体の諸機能の発達が促されることに留意し，幼児の興味や関心が戸外にも向くようにすること。その際，幼児の動線に配慮した園庭や遊具の配置などを工夫すること。

(4) 健康な心と体を育てるためには食育を通じた望ましい食習慣の形成が大切であることを踏まえ，幼児の食生活の実情に配慮し，和やかな雰囲気の中で教師や他の幼児と食べる喜びや楽しさを味わったり，様々な食べ物への興味や関心をもったりするなどし，食の大切さに気付き，進んで食べようとする気持ちが育つようにすること。

(5) 基本的な生活習慣の形成に当たっては，家庭での生活経験に配慮し，幼児の自立心を育て，幼児が他の幼児と関わりながら主体的な活動を展開する中で，生活に必要な習慣を身に付け，次第に見通しをもって行動できるようにすること。

(6) 安全に関する指導に当たっては，情緒の安定を図り，遊びを通して安全についての構えを身に付け，危険な場所や事物などが分かり，安全についての理解を深めるようにすること。また，交通安全の習慣を身に付けるようにするとともに，避難訓練などを通して，災害などの緊急時に適切な行動がとれるようにすること。

人間関係

〔他の人々と親しみ，支え合って生活するために，自立心を育て，人と関わる力を養う。〕

1　ねらい

(1) 幼稚園生活を楽しみ，自分の力で行動することの充実感を味わう。

(2) 身近な人と親しみ，関わりを深め，工夫したり，協力したりして一緒に活動する楽しさを味わい，愛情や信頼感をもつ。

(3) 社会生活における望ましい習慣や態度を身に付ける。

2　内容

(1) 先生や友達と共に過ごすことの喜びを味わう。

(2) 自分で考え，自分で行動する。

(3) 自分でできることは自分でする。

(4) いろいろな遊びを楽しみながら物事をやり遂げようとする気持ちをもつ。

(5) 友達と積極的に関わりながら喜びや悲しみを共感し合う。

(6) 自分の思ったことを相手に伝え，相手の思っていることに気付く。

(7) 友達のよさに気付き，一緒に活動する楽しさを味わう。

(8) 友達と楽しく活動する中で，共通の目的を見いだし，工夫したり，協力したりなどする。

(9) よいことや悪いことがあることに気付き，考えながら行動する。

(10) 友達との関わりを深め，思いやりをもつ。

(11) 友達と楽しく生活する中できまりの大切さに気付き，守ろうとする。

(12) 共同の遊具や用具を大切にし，皆で使う。

(13) 高齢者をはじめ地域の人々などの自分の生活に関係の深いいろいろな人に親しみをもつ。

3　内容の取扱い

上記の取扱いに当たっては，次の事項に留意する必要がある。

(1) 教師との信頼関係に支えられて自分自身の生活を確立していくことが人と関わる基盤となることを考慮し，幼児が自ら周囲に働き掛けることにより多様な感情を体験し，試行錯誤しながら諦めずにやり遂げることの達成感や，前向きな見通しをもって自分の力で行うことの充実感を味わうことができるよう，幼児の行動を見守りながら適切な援助を行うようにすること。

(2) 一人一人を生かした集団を形成しながら人と関わる力を育てていくようにすること。その際，集団の生活の中で，幼児が自己を発揮し，教師や他の幼児に認められる体験をし，自分のよさや特徴に気付き，自信をもって行動できるようにすること。

(3) 幼児が互いに関わりを深め，協同して遊ぶようになるため，自ら行動する力を育てるようにするとともに，他の幼児と試行錯誤しながら活動を展開する楽しさや共通の目的が実現する喜びを味わうことができるようにすること。

(4) 道徳性の芽生えを培うに当たっては，基本的な生活習慣の形成を図るとともに，幼児が他の幼児との関わりの中で他人の存在に気付き，相手を尊重する気持ちをもって行動できるようにし，また，自然や身近な動植物に親

しむことなどを通して豊かな心情が育つようにすること。特に，人に対する信頼感や思いやりの気持ちは，葛藤やつまずきをも体験し，それらを乗り越えることにより次第に芽生えてくることに配慮すること。

(5) 集団の生活を通して，幼児が人との関わりを深め，規範意識の芽生えが培われることを考慮し，幼児が教師との信頼関係に支えられて自己を発揮する中で，互いに思いを主張し，折り合いを付ける体験をし，きまりの必要性などに気付き，自分の気持ちを調整する力が育つようにすること。

(6) 高齢者をはじめ地域の人々などの自分の生活に関係の深いいろいろな人と触れ合い，自分の感情や意志を表現しながら共に楽しみ，共感し合う体験を通して，これらの人々などに親しみをもち，人と関わることの楽しさや人の役に立つ喜びを味わうことができるようにすること。また，生活を通して親や祖父母などの家族の愛情に気付き，家族を大切にしようとする気持ちが育つようにすること。

環境
〔周囲の様々な環境に好奇心や探究心をもって関わり，それらを生活に取り入れていこうとする力を養う。〕
1 ねらい
(1) 身近な環境に親しみ，自然と触れ合う中で様々な事象に興味や関心をもつ。
(2) 身近な環境に自分から関わり，発見を楽しんだり，考えたりし，それを生活に取り入れようとする。
(3) 身近な事象を見たり，考えたり，扱ったりする中で，物の性質や数量，文字などに対する感覚を豊かにする。
2 内容
(1) 自然に触れて生活し，その大きさ，美しさ，不思議さなどに気付く。
(2) 生活の中で，様々な物に触れ，その性質や仕組みに興味や関心をもつ。
(3) 季節により自然や人間の生活に変化のあることに気付く。
(4) 自然などの身近な事象に関心をもち，取り入れて遊ぶ。
(5) 身近な動植物に親しみをもって接し，生命の尊さに気付き，いたわったり，大切にしたりする。
(6) 日常生活の中で，我が国や地域社会における様々な文化や伝統に親しむ。
(7) 身近な物を大切にする。
(8) 身近な物や遊具に興味をもって関わり，自分なりに比べたり，関連付けたりしながら考えたり，試したりして工夫して遊ぶ。
(9) 日常生活の中で数量や図形などに関心をもつ。
(10) 日常生活の中で簡単な標識や文字などに関心をもつ。

(11) 生活に関係の深い情報や施設などに興味や関心をもつ。
(12) 幼稚園内外の行事において国旗に親しむ。

3 内容の取扱い
上記の取扱いに当たっては，次の事項に留意する必要がある。
(1) 幼児が，遊びの中で周囲の環境と関わり，次第に周囲の世界に好奇心を抱き，その意味や操作の仕方に関心をもち，物事の法則性に気付き，自分なりに考えることができるようになる過程を大切にすること。また，他の幼児の考えなどに触れて新しい考えを生み出す喜びや楽しさを味わい，自分の考えをよりよいものにしようとする気持ちが育つようにすること。
(2) 幼児期において自然のもつ意味は大きく，自然の大きさ，美しさ，不思議さなどに直接触れる体験を通して，幼児の心が安らぎ，豊かな感情，好奇心，思考力，表現力の基礎が培われることを踏まえ，幼児が自然との関わりを深めることができるよう工夫すること。
(3) 身近な事象や動植物に対する感動を伝え合い，共感し合うことなどを通して自分から関わろうとする意欲を育てるとともに，様々な関わり方を通してそれらに対する親しみや畏敬の念，生命を大切にする気持ち，公共心，探究心などが養われるようにすること。
(4) 文化や伝統に親しむ際には，正月や節句など我が国の伝統的な行事，国歌，唱歌，わらべうたや我が国の伝統的な遊びに親しんだり，異なる文化に触れる活動に親しんだりすることを通じて，社会とのつながりの意識や国際理解の意識の芽生えなどが養われるようにすること。
(5) 数量や文字などに関しては，日常生活の中で幼児自身の必要感に基づく体験を大切にし，数量や文字などに関する興味や関心，感覚が養われるようにすること。

言葉
〔経験したことや考えたことなどを自分なりの言葉で表現し，相手の話す言葉を聞こうとする意欲や態度を育て，言葉に対する感覚や言葉で表現する力を養う。〕
1 ねらい
(1) 自分の気持ちを言葉で表現する楽しさを味わう。
(2) 人の言葉や話などをよく聞き，自分の経験したことや考えたことを話し，伝え合う喜びを味わう。
(3) 日常生活に必要な言葉が分かるようになるとともに，絵本や物語などに親しみ，言葉に対する感覚を豊かにし，先生や友達と心を通わせる。
2 内容
(1) 先生や友達の言葉や話に興味や関心をもち，親しみをもって聞いたり，話したりする。
(2) したり，見たり，聞いたり，感じたり，考えたりなどしたことを自分なりに言葉で表現する。

185

(3) したいこと，してほしいことを言葉で表現したり，分からないことを尋ねたりする。

(4) 人の話を注意して聞き，相手に分かるように話す。

(5) 生活の中で必要な言葉が分かり，使う。

(6) 親しみをもって日常の挨拶をする。

(7) 生活の中で言葉の楽しさや美しさに気付く。

(8) いろいろな体験を通じてイメージや言葉を豊かにする。

(9) 絵本や物語などに親しみ，興味をもって聞き，想像をする楽しさを味わう。

(10) 日常生活の中で，文字などで伝える楽しさを味わう。

3 内容の取扱い

上記の取扱いに当たっては，次の事項に留意する必要がある。

(1) 言葉は，身近な人に親しみをもって接し，自分の感情や意志などを伝え，それに相手が応答し，その言葉を聞くことを通して次第に獲得されていくものであることを考慮して，幼児が教師や他の幼児と関わることにより心を動かされるような体験をし，言葉を交わす喜びを味わえるようにすること。

(2) 幼児が自分の思いを言葉で伝えるとともに，教師や他の幼児などの話を興味をもって注意して聞くことを通して次第に話を理解するようになっていき，言葉による伝え合いができるようにすること。

(3) 絵本や物語などで，その内容と自分の経験とを結び付けたり，想像を巡らせたりするなど，楽しみを十分に味わうことによって，次第に豊かなイメージをもち，言葉に対する感覚が養われるようにすること。

(4) 幼児が生活の中で，言葉の響きやリズム，新しい言葉や表現などに触れ，これらを使う楽しさを味わえるようにすること。その際，絵本や物語に親しんだり，言葉遊びなどをしたりすることを通して，言葉が豊かになるようにすること。

(5) 幼児が日常生活の中で，文字などを使いながら思ったことや考えたことを伝える喜びや楽しさを味わい，文字に対する興味や関心をもつようにすること。

表現

〔感じたことや考えたことを自分なりに表現することを通して，豊かな感性や表現する力を養い，創造性を豊かにする。〕

1 ねらい

(1) いろいろなものの美しさなどに対する豊かな感性をもつ。

(2) 感じたことや考えたことを自分なりに表現して楽しむ。

(3) 生活の中でイメージを豊かにし，様々な表現を楽しむ。

2 内容

(1) 生活の中で様々な音，形，色，手触り，動きなどに気付いたり，感じたりするなどして楽しむ。

(2) 生活の中で美しいものや心を動かす出来事に触れ，イメージを豊かにする。

(3) 様々な出来事の中で，感動したことを伝え合う楽しさを味わう。

(4) 感じたこと，考えたことなどを音や動きなどで表現したり，自由にかいたり，つくったりなどする。

(5) いろいろな素材に親しみ，工夫して遊ぶ。

(6) 音楽に親しみ，歌を歌ったり，簡単なリズム楽器を使ったりなどする楽しさを味わう。

(7) かいたり，つくったりすることを楽しみ，遊びに使ったり，飾ったりなどする。

(8) 自分のイメージを動きや言葉などで表現したり，演じて遊んだりするなどの楽しさを味わう。

3 内容の取扱い

上記の取扱いに当たっては，次の事項に留意する必要がある。

(1) 豊かな感性は，身近な環境と十分に関わる中で美しいもの，優れたもの，心を動かす出来事などに出会い，そこから得た感動を他の幼児や教師と共有し，様々に表現することなどを通して養われるようにすること。その際，風の音や雨の音，身近にある草や花の形や色など自然の中にある音，形，色などに気付くようにすること。

(2) 幼児の自己表現は素朴な形で行われることが多いので，教師はそのような表現を受容し，幼児自身の表現しようとする意欲を受け止めて，幼児が生活の中で幼児らしい様々な表現を楽しむことができるようにすること。

(3) 生活経験や発達に応じ，自ら様々な表現を楽しみ，表現する意欲を十分に発揮させることができるように，遊具や用具などを整えたり，様々な素材や表現の仕方に親しんだり，他の幼児の表現に触れられるよう配慮したりし，表現する過程を大切にして自己表現を楽しめるように工夫すること。

第3章 教育課程に係る教育時間の終了後等に行う教育活動などの留意事項

1 地域の実態や保護者の要請により，教育課程に係る教育時間の終了後等に希望する者を対象に行う教育活動については，幼児の心身の負担に配慮するものとする。また，次の点にも留意するものとする。

(1) 教育課程に基づく活動を考慮し，幼児期にふさわしい無理のないものとなるようにすること。その際，教育課程に基づく活動を担当する教師と緊密な連携を図るようにすること。

(2) 家庭や地域での幼児の生活も考慮し，教育課程に係る

　　教育時間の終了後等に行う教育活動の計画を作成するよ
　　うにすること。その際，地域の人々と連携するなど，地
　　域の様々な資源を活用しつつ，多様な体験ができるよう
　　にすること。
　(3)　家庭との緊密な連携を図るようにすること。その際，
　　情報交換の機会を設けたりするなど，保護者が，幼稚園
　　と共に幼児を育てるという意識が高まるようにするこ
　　と。
　(4)　地域の実態や保護者の事情とともに幼児の生活のリズ
　　ムを踏まえつつ，例えば実施日数や時間などについて，
　　弾力的な運用に配慮すること。
　(5)　適切な責任体制と指導体制を整備した上で行うように
　　すること。
2　幼稚園の運営に当たっては，子育ての支援のために保護
　者や地域の人々に機能や施設を開放して，園内体制の整備
　や関係機関との連携及び協力に配慮しつつ，幼児期の教育
　に関する相談に応じたり，情報を提供したり，幼児と保護
　者との登園を受け入れたり，保護者同士の交流の機会を提
　供したりするなど，幼稚園と家庭が一体となって幼児と関
　わる取組を進め，地域における幼児期の教育のセンターと
　しての役割を果たすよう努めるものとする。その際，心理
　や保健の専門家，地域の子育て経験者等と連携・協働しな
　がら取り組むよう配慮するものとする。

「幼保連携型認定こども園教育・保育要領」

2017（平成29）年3月31日告示

第1章　総則

第1　幼保連携型認定こども園における教育及び保育の基本及び目標等

1　幼保連携型認定こども園における教育及び保育の基本

　　乳幼児期の教育及び保育は、子どもの健全な心身の発達を図りつつ生涯にわたる人格形成の基礎を培う重要なものであり、幼保連携型認定こども園における教育及び保育は、就学前の子どもに関する教育、保育等の総合的な提供の推進に関する法律（平成18年法律第77号。以下「認定こども園法」という。）第2条第7項に規定する目的及び第9条に掲げる目標を達成するため、乳幼児期全体を通して、その特性及び保護者や地域の実態を踏まえ、環境を通して行うものであることを基本とし、家庭や地域での生活を含めた園児の生活全体が豊かなものとなるように努めなければならない。

　　このため保育教諭等は、園児との信頼関係を十分に築き、園児が自ら安心して身近な環境に主体的に関わり、環境との関わり方や意味に気付き、これらを取り込もうとして、試行錯誤したり、考えたりするようになる幼児期の教育における見方・考え方を生かし、その活動が豊かに展開されるよう環境を整え、園児と共によりよい教育及び保育の環境を創造するように努めるものとする。これらを踏まえ、次に示す事項を重視して教育及び保育を行わなければならない。

（1）　乳幼児期は周囲への依存を基盤にしつつ自立に向かうものであることを考慮して、周囲との信頼関係に支えられた生活の中で、園児一人一人が安心感と信頼感をもっていろいろな活動に取り組む体験を十分に積み重ねられるようにすること。

（2）　乳幼児期においては生命の保持が図られ安定した情緒の下で自己を十分に発揮することにより発達に必要な体験を得ていくものであることを考慮して、園児の主体的な活動を促し、乳幼児期にふさわしい生活が展開されるようにすること。

（3）　乳幼児期における自発的な活動としての遊びは、心身の調和のとれた発達の基礎を培う重要な学習であることを考慮して、遊びを通しての指導を中心として第2章に示すねらいが総合的に達成されるようにすること。

（4）　乳幼児期における発達は、心身の諸側面が相互に関連し合い、多様な経過をたどって成し遂げられてい

くものであること、また、園児の生活経験がそれぞれ異なることなどを考慮して、園児一人一人の特性や発達の過程に応じ、発達の課題に即した指導を行うようにすること。

　　その際、保育教諭等は、園児の主体的な活動が確保されるよう、園児一人一人の行動の理解と予想に基づき、計画的に環境を構成しなければならない。この場合において、保育教諭等は、園児と人やものとの関わりが重要であることを踏まえ、教材を工夫し、物的・空間的環境を構成しなければならない。また、園児一人一人の活動の場面に応じて、様々な役割を果たし、その活動を豊かにしなければならない。

　　なお、幼保連携型認定こども園における教育及び保育は、園児が入園してから修了するまでの在園期間全体を通して行われるものであり、この章の第3に示す幼保連携型認定こども園として特に配慮すべき事項を十分に踏まえて行うものとする。

2　幼保連携型認定こども園における教育及び保育の目標

　　幼保連携型認定こども園は、家庭との連携を図りながら、この章の第1の1に示す幼保連携型認定こども園における教育及び保育の基本に基づいて一体的に展開される幼保連携型認定こども園における生活を通して、生きる力の基礎を育成するよう認定こども園法第9条に規定する幼保連携型認定こども園の教育及び保育の目標の達成に努めなければならない。幼保連携型認定こども園は、このことにより、義務教育及びその後の教育の基礎を培うとともに、子どもの最善の利益を考慮しつつ、その生活を保障し、保護者と共に園児を心身ともに健やかに育成するものとする。

　　なお、認定こども園法第9条に規定する幼保連携型認定こども園の教育及び保育の目標については、発達や学びの連続性及び生活の連続性の観点から、小学校就学の始期に達するまでの時期を通じ、その達成に向けて努力すべき目当てとなるものであることから、満3歳未満の園児の保育にも当てはまることに留意するものとする。

3　幼保連携型認定こども園の教育及び保育において育みたい資質・能力及び「幼児期の終わりまでに育ってほしい姿」

（1）　幼保連携型認定こども園においては、生きる力の基礎を育むため、この章の1に示す幼保連携型認定こども園の教育及び保育の基本を踏まえ、次に掲げる資質・能力を一体的に育むよう努めるものとする。

　ア　豊かな体験を通じて、感じたり、気付いたり、分

かったり、できるようになったりする「知識及び技能の基礎」
イ　気付いたことや、できるようになったことなどを使い、考えたり、試したり、工夫したり、表現したりする「思考力、判断力、表現力等の基礎」
ウ　心情、意欲、態度が育つ中で、よりよい生活を営もうとする「学びに向かう力、人間性等」

(2)　(1)に示す資質・能力は、第2章に示すねらい及び内容に基づく活動全体によって育むものである。

(3)　次に示す「幼児期の終わりまでに育ってほしい姿」は、第2章に示すねらい及び内容に基づく活動全体を通して資質・能力が育まれている園児の幼保連携型認定こども園修了時の具体的な姿であり、保育教諭等が指導を行う際に考慮するものである。

ア　健康な心と体
　　幼保連携型認定こども園における生活の中で、充実感をもって自分のやりたいことに向かって心と体を十分に働かせ、見通しをもって行動し、自ら健康で安全な生活をつくり出すようになる。

イ　自立心
　　身近な環境に主体的に関わり様々な活動を楽しむ中で、しなければならないことを自覚し、自分の力で行うために考えたり、工夫したりしながら、諦めずにやり遂げることで達成感を味わい、自信をもって行動するようになる。

ウ　協同性
　　友達と関わる中で、互いの思いや考えなどを共有し、共通の目的の実現に向けて、考えたり、工夫したり、協力したりし、充実感をもってやり遂げるようになる。

エ　道徳性・規範意識の芽生え
　　友達と様々な体験を重ねる中で、してよいことや悪いことが分かり、自分の行動を振り返ったり、友達の気持ちに共感したりし、相手の立場に立って行動するようになる。また、きまりを守る必要性が分かり、自分の気持ちを調整し、友達と折り合いを付けながら、きまりをつくったり、守ったりするようになる。

オ　社会生活との関わり
　　家族を大切にしようとする気持ちをもつとともに、地域の身近な人と触れ合う中で、人との様々な関わり方に気付き、相手の気持ちを考えて関わり、自分が役に立つ喜びを感じ、地域に親しみをもつようになる。また、幼保連携型認定こども園内外の様々な環境に関わる中で、遊びや生活に必要な情報を取り入れ、情報に基づき判断したり、情報を伝え合ったり、活用したりするなど、情報を役立てながら活動するようになるとともに、公共の施設を大切に利用するなどして、社会とのつながりなどを意識するようになる。

カ　思考力の芽生え

身近な事象に積極的に関わる中で、物の性質や仕組みなどを感じ取ったり、気付いたりし、考えたり、予想したり、工夫したりするなど、多様な関わりを楽しむようになる。また、友達の様々な考えに触れる中で、自分と異なる考えがあることに気付き、自ら判断したり、考え直したりするなど、新しい考えを生み出す喜びを味わいながら、自分の考えをよりよいものにするようになる。

キ　自然との関わり・生命尊重
　　自然に触れて感動する体験を通して、自然の変化などを感じ取り、好奇心や探究心をもって考え言葉などで表現しながら、身近な事象への関心が高まるとともに、自然への愛情や畏敬の念をもつようになる。また、身近な動植物に心を動かされる中で、生命の不思議さや尊さに気付き、身近な動植物への接し方を考え、命あるものとしていたわり、大切にする気持ちをもって関わるようになる。

ク　数量や図形、標識や文字などへの関心・感覚
　　遊びや生活の中で、数量や図形、標識や文字などに親しむ体験を重ねたり、標識や文字の役割に気付いたりし、自らの必要感に基づきこれらを活用し、興味や関心、感覚をもつようになる。

ケ　言葉による伝え合い
　　保育教諭等や友達と心を通わせる中で、絵本や物語などに親しみながら、豊かな言葉や表現を身に付け、経験したことや考えたことなどを言葉で伝えたり、相手の話を注意して聞いたりし、言葉による伝え合いを楽しむようになる。

コ　豊かな感性と表現
　　心を動かす出来事などに触れ感性を働かせる中で、様々な素材の特徴や表現の仕方などに気付き、感じたことや考えたことを自分で表現したり、友達同士で表現する過程を楽しんだりし、表現する喜びを味わい、意欲をもつようになる。

第2　教育及び保育の内容並びに子育ての支援等に関する全体的な計画等

1　教育及び保育の内容並びに子育ての支援等に関する全体的な計画の作成等

(1)　教育及び保育の内容並びに子育ての支援等に関する全体的な計画の役割
　　各幼保連携型認定こども園においては、教育基本法（平成18年法律第120号）、児童福祉法（昭和22年法律第164号）及び認定こども園法その他の法令並びにこの幼保連携型認定こども園教育・保育要領の示すところに従い、教育と保育を一体的に提供するため、創意工夫を生かし、園児の心身の発達と幼保連携型認定こども園、家庭及び地域の実態に即応した適切な教育及び保育の内容並びに子育ての支援等に関する全体的な計画を作成するものとする。
　　教育及び保育の内容並びに子育ての支援等に関する

全体的な計画とは、教育と保育を一体的に捉え、園児の入園から修了までの在園期間の全体にわたり、幼保連携型認定こども園の目標に向かってどのような過程をたどって教育及び保育を進めていくかを明らかにするものであり、子育ての支援と有機的に連携し、園児の園生活全体を捉え、作成する計画である。

　各幼保連携型認定こども園においては、「幼児期の終わりまでに育ってほしい姿」を踏まえ教育及び保育の内容並びに子育ての支援等に関する全体的な計画を作成すること、その実施状況を評価して改善を図っていくこと、また実施に必要な人的又は物的な体制を確保するとともにその改善を図っていくことなどを通して、教育及び保育の内容並びに子育ての支援等に関する全体的な計画に基づき組織的かつ計画的に各幼保連携型認定こども園の教育及び保育活動の質の向上を図っていくこと（以下「カリキュラム・マネジメント」という。）に努めるものとする。

(2)　各幼保連携型認定こども園の教育及び保育の目標と教育及び保育の内容並びに子育ての支援等に関する全体的な計画の作成

　教育及び保育の内容並びに子育ての支援等に関する全体的な計画の作成に当たっては、幼保連携型認定こども園の教育及び保育において育みたい資質・能力を踏まえつつ、各幼保連携型認定こども園の教育及び保育の目標を明確にするとともに、教育及び保育の内容並びに子育ての支援等に関する全体的な計画の作成についての基本的な方針が家庭や地域とも共有されるよう努めるものとする。

(3)　教育及び保育の内容並びに子育ての支援等に関する全体的な計画の作成上の基本的事項

　ア　幼保連携型認定こども園における生活の全体を通して第2章に示すねらいが総合的に達成されるよう、教育課程に係る教育期間や園児の生活経験や発達の過程などを考慮して具体的なねらいと内容を組織するものとする。この場合において、特に、自我が芽生え、他者の存在を意識し、自己を抑制しようとする気持ちが生まれるなどの乳幼児期の発達の特性を踏まえ、入園から修了に至るまでの長期的な視野をもって充実した生活が展開できるように配慮するものとする。

　イ　幼保連携型認定こども園の満3歳以上の園児の教育課程に係る教育週数は、特別の事情のある場合を除き、39週を下ってはならない。

　ウ　幼保連携型認定こども園の1日の教育課程に係る教育時間は、4時間を標準とする。ただし、園児の心身の発達の程度や季節などに適切に配慮するものとする。

　エ　幼保連携型認定こども園の保育を必要とする子どもに該当する園児に対する教育及び保育の時間（満3歳以上の保育を必要とする子どもに該当する園児については、この章の第2の1の(3)ウに規定

する教育時間を含む。）は、1日につき8時間を原則とし、園長がこれを定める。ただし、その地方における園児の保護者の労働時間その他家庭の状況等を考慮するものとする。

(4)　教育及び保育の内容並びに子育ての支援等に関する全体的な計画の実施上の留意事項

　各幼保連携型認定こども園においては、園長の方針の下に、園務分掌に基づき保育教諭等職員が適切に役割を分担しつつ、相互に連携しながら、教育及び保育の内容並びに子育ての支援等に関する全体的な計画や指導の改善を図るものとする。また、各幼保連携型認定こども園が行う教育及び保育等に係る評価については、教育及び保育の内容並びに子育ての支援等に関する全体的な計画の作成、実施、改善が教育及び保育活動や園運営の中核となることを踏まえ、カリキュラム・マネジメントと関連付けながら実施するよう留意するものとする。

(5)　小学校教育との接続に当たっての留意事項

　ア　幼保連携型認定こども園においては、その教育及び保育が、小学校以降の生活や学習の基盤の育成につながることに配慮し、乳幼児期にふさわしい生活を通して、創造的な思考や主体的な生活態度などの基礎を培うようにするものとする。

　イ　幼保連携型認定こども園の教育及び保育において育まれた資質・能力を踏まえ、小学校教育が円滑に行われるよう、小学校の教師との意見交換や合同の研究の機会などを設け、「幼児期の終わりまでに育ってほしい姿」を共有するなど連携を図り、幼保連携型認定こども園における教育及び保育と小学校教育との円滑な接続を図るよう努めるものとする。

2　指導計画の作成と園児の理解に基づいた評価

(1)　指導計画の考え方

　幼保連携型認定こども園における教育及び保育は、園児が自ら意欲をもって環境と関わることによりつくり出される具体的な活動を通して、その目標の達成を図るものである。

　幼保連携型認定こども園においてはこのことを踏まえ、乳幼児期にふさわしい生活が展開され、適切な指導が行われるよう、調和のとれた組織的、発展的な指導計画を作成し、園児の活動に沿った柔軟な指導を行わなければならない。

(2)　指導計画の作成上の基本的事項

　ア　指導計画は、園児の発達に即して園児一人一人が乳幼児期にふさわしい生活を展開し、必要な体験を得られるようにするために、具体的に作成するものとする。

　イ　指導計画の作成に当たっては、次に示すところにより、具体的なねらい及び内容を明確に設定し、適切な環境を構成することなどにより活動が選択・展開されるようにするものとする。

（ア）　具体的なねらい及び内容は、幼保連携型認定こども園の生活における園児の発達の過程を見通し、園児の生活の連続性、季節の変化などを考慮して、園児の興味や関心、発達の実情などに応じて設定すること。

（イ）　環境は、具体的なねらいを達成するために適切なものとなるように構成し、園児が自らその環境に関わることにより様々な活動を展開しつつ必要な体験を得られるようにすること。その際、園児の生活する姿や発想を大切にし、常にその環境が適切なものとなるようにすること。

（ウ）　園児の行う具体的な活動は、生活の流れの中で様々に変化するものであることに留意し、園児が望ましい方向に向かって自ら活動を展開していくことができるよう必要な援助をすること。

その際、園児の実態及び園児を取り巻く状況の変化などに即して指導の過程についての評価を適切に行い、常に指導計画の改善を図るものとする。

(3)　指導計画の作成上の留意事項

指導計画の作成に当たっては、次の事項に留意するものとする。

ア　園児の生活は、入園当初の一人一人の遊びや保育教諭等との触れ合いを通して幼保連携型認定こども園の生活に親しみ、安定していく時期から、他の園児との関わりの中で園児の主体的な活動が深まり、園児が互いに必要な存在であることを認識するようになる。その後、園児同士や学級全体で目的をもって協同して幼保連携型認定こども園の生活を展開し、深めていく時期などに至るまでの過程を様々に経ながら広げられていくものである。これらを考慮し、活動がそれぞれの時期にふさわしく展開されるようにすること。

また、園児の入園当初の教育及び保育に当たっては、既に在園している園児に不安や動揺を与えないようにしつつ、可能な限り個別的に対応し、園児が安定感を得て、次第に幼保連携型認定こども園の生活になじんでいくよう配慮すること。

イ　長期的に発達を見通した年、学期、月などにわたる長期の指導計画やこれとの関連を保ちながらより具体的な園児の生活に即した週、日などの短期の指導計画を作成し、適切な指導が行われるようにすること。特に、週、日などの短期の指導計画については、園児の生活のリズムに配慮し、園児の意識や興味の連続性のある活動が相互に関連して幼保連携型認定こども園の生活の自然な流れの中に組み込まれるようにすること。

ウ　園児が様々な人やものとの関わりを通して、多様な体験をし、心身の調和のとれた発達を促すようにしていくこと。その際、園児の発達に即して主体的・対話的で深い学びが実現するようにするとともに、心を動かされる体験が次の活動を生み出すことを

考慮し、一つ一つの体験が相互に結び付き、幼保連携型認定こども園の生活が充実するようにすること。

エ　言語に関する能力の発達と思考力等の発達が関連していることを踏まえ、幼保連携型認定こども園における生活全体を通して、園児の発達を踏まえた言語環境を整え、言語活動の充実を図ること。

オ　園児が次の活動への期待や意欲をもつことができるよう、園児の実態を踏まえながら、保育教諭等や他の園児と共に遊びや生活の中で見通しをもったり、振り返ったりするよう工夫すること。

カ　行事の指導に当たっては、幼保連携型認定こども園の生活の自然な流れの中で生活に変化や潤いを与え、園児が主体的に楽しく活動できるようにすること。なお、それぞれの行事については教育及び保育における価値を十分検討し、適切なものを精選し、園児の負担にならないようにすること。

キ　乳幼児期は直接的な体験が重要であることを踏まえ、視聴覚教材やコンピュータなど情報機器を活用する際には、幼保連携型認定こども園の生活では得難い体験を補完するなど、園児の体験との関連を考慮すること。

ク　園児の主体的な活動を促すためには、保育教諭等が多様な関わりをもつことが重要であることを踏まえ、保育教諭等は、理解者、共同作業者など様々な役割を果たし、園児の情緒の安定や発達に必要な豊かな体験が得られるよう、活動の場面に応じて、園児の人権や園児一人一人の個人差等に配慮した適切な指導を行うようにすること。

ケ　園児の行う活動は、個人、グループ、学級全体などで多様に展開されるものであることを踏まえ、幼保連携型認定こども園全体の職員による協力体制を作りながら、園児一人一人が興味や欲求を十分に満足させるよう適切な援助を行うようにすること。

コ　園児の生活は、家庭を基盤として地域社会を通じて次第に広がりをもつものであることに留意し、家庭との連携を十分に図るなど、幼保連携型認定こども園における生活が家庭や地域社会と連続性を保ちつつ展開されるようにするものとする。その際、地域の自然、高齢者や異年齢の子どもなどを含む人材、行事や公共施設などの地域の資源を積極的に活用し、園児が豊かな生活体験を得られるように工夫するものとする。また、家庭との連携に当たっては、保護者との情報交換の機会を設けたり、保護者と園児との活動の機会を設けたりなどすることを通じて、保護者の乳幼児期の教育及び保育に関する理解が深まるよう配慮するものとする。

サ　地域や幼保連携型認定こども園の実態等により、幼保連携型認定こども園間に加え、幼稚園、保育所等の保育施設、小学校、中学校、高等学校及び特別支援学校などとの間の連携や交流を図るものとす

る。特に、小学校教育との円滑な接続のため、幼保連携型認定こども園の園児と小学校の児童との交流の機会を積極的に設けるようにするものとする。また、障害のある園児児童生徒との交流及び共同学習の機会を設け、共に尊重し合いながら協働して生活していく態度を育むよう努めるものとする。

(4) 園児の理解に基づいた評価の実施

園児一人一人の発達の理解に基づいた評価の実施に当たっては、次の事項に配慮するものとする。

ア　指導の過程を振り返りながら園児の理解を進め、園児一人一人のよさや可能性などを把握し、指導の改善に生かすようにすること。その際、他の園児との比較や一定の基準に対する達成度についての評定によって捉えるものではないことに留意すること。

イ　評価の妥当性や信頼性が高められるよう創意工夫を行い、組織的かつ計画的な取組を推進するとともに、次年度又は小学校等にその内容が適切に引き継がれるようにすること。

3　特別な配慮を必要とする園児への指導

(1) 障害のある園児などへの指導

障害のある園児などへの指導に当たっては、集団の中で生活することを通して全体的な発達を促していくことに配慮し、適切な環境の下で、障害のある園児が他の園児との生活を通して共に成長できるよう、特別支援学校などの助言又は援助を活用しつつ、個々の園児の障害の状態などに応じた指導内容や指導方法の工夫を組織的かつ計画的に行うものとする。また、家庭、地域及び医療や福祉、保健等の業務を行う関係機関との連携を図り、長期的な視点で園児への教育及び保育的支援を行うために、個別の教育及び保育支援計画を作成し活用することに努めるとともに、個々の園児の実態を的確に把握し、個別の指導計画を作成し活用することに努めるものとする。

(2) 海外から帰国した園児や生活に必要な日本語の習得に困難のある園児の幼保連携型認定こども園の生活への適応

海外から帰国した園児や生活に必要な日本語の習得に困難のある園児については、安心して自己を発揮できるよう配慮するなど個々の園児の実態に応じ、指導内容や指導方法の工夫を組織的かつ計画的に行うものとする。

第3　幼保連携型認定こども園として特に配慮すべき事項

幼保連携型認定こども園における教育及び保育を行うに当たっては、次の事項について特に配慮しなければならない。

1　当該幼保連携型認定こども園に入園した年齢により集団生活の経験年数が異なる園児がいることに配慮する等、0歳から小学校就学前までの一貫した教育及び保育を園児の発達や学びの連続性を考慮して展開していくこ

と。特に満3歳以上については入園する園児が多いことや同一学年の園児で編制される学級の中で生活することなどを踏まえ、家庭や他の保育施設等との連携や引継ぎを円滑に行うとともに、環境の工夫をすること。

2　園児の一日の生活の連続性及びリズムの多様性に配慮するとともに、保護者の生活形態を反映した園児の在園時間の長短、入園時期や登園日数の違いを踏まえ、園児一人一人の状況に応じ、教育及び保育の内容やその展開について工夫をすること。特に入園及び年度当初においては、家庭との連携の下、園児一人一人の生活の仕方やリズムに十分に配慮して一日の自然な生活の流れをつくり出していくようにすること。

3　環境を通して行う教育及び保育の活動の充実を図るため、幼保連携型認定こども園における教育及び保育の環境の構成に当たっては、乳幼児期の特性及び保護者や地域の実態を踏まえ、次の事項に留意すること。

(1) 0歳から小学校就学前までの様々な年齢の園児の発達の特性を踏まえ、満3歳未満の園児については特に健康、安全や発達の確保を十分に図るとともに、満3歳以上の園児については同一学年の園児で編制される学級による集団活動の中で遊びを中心とする園児の主体的な活動を通して発達や学びを促す経験が得られるよう工夫をすること。特に、満3歳以上の園児同士が共に育ち、学び合いながら、豊かな体験を積み重ねることができるよう工夫をすること。

(2) 在園時間が異なる多様な園児がいることを踏まえ、園児の生活が安定するよう、家庭や地域、幼保連携型認定こども園における生活の連続性を確保するとともに、一日の生活のリズムを整えるよう工夫をすること。特に満3歳未満の園児については睡眠時間等の個人差に配慮するとともに、満3歳以上の園児については集中して遊ぶ場と家庭的な雰囲気の中でくつろぐ場との適切な調和等の工夫をすること。

(3) 家庭や地域において異年齢の子どもと関わる機会が減少していることを踏まえ、満3歳以上の園児については、学級による集団活動とともに、満3歳未満の園児を含む異年齢の園児による活動を、園児の発達の状況にも配慮しつつ適切に組み合わせて設定するなどの工夫をすること。

(4) 満3歳以上の園児については、特に長期的な休業中、園児が過ごす家庭や園などの生活の場が異なることを踏まえ、それぞれの多様な生活経験が長期的な休業などの終了後等の園生活に生かされるよう工夫をすること。

4　指導計画を作成する際には、この章に示す指導計画の作成上の留意事項を踏まえるとともに、次の事項にも特に配慮すること。

(1) 園児の発達の個人差、入園した年齢の違いなどによる集団生活の経験年数の差、家庭環境等を踏まえ、園児一人一人の発達の特性や課題に十分留意すること。特に満3歳未満の園児については、大人への依存

度が極めて高い等の特性があることから、個別的な対応を図ること。また、園児の集団生活への円滑な接続について、家庭等との連携及び協力を図る等十分留意すること。

(2) 園児の発達の連続性を考慮した教育及び保育を展開する際には、次の事項に留意すること。

ア 満3歳未満の園児については、園児一人一人の生育歴、心身の発達、活動の実態等に即して、個別的な計画を作成すること。

イ 満3歳以上の園児については、個の成長と、園児相互の関係や協同的な活動が促されるよう考慮すること。

ウ 異年齢で構成されるグループ等での指導に当たっては、園児一人一人の生活や経験、発達の過程などを把握し、適切な指導や環境の構成ができるよう考慮すること。

(3) 一日の生活のリズムや在園時間が異なる園児が共に過ごすことを踏まえ、活動と休息、緊張感と解放感等の調和を図るとともに、園児に不安や動揺を与えないようにする等の配慮を行うこと。その際、担当の保育教諭等が替わる場合には、園児の様子等引継ぎを行い、十分な連携を図ること。

(4) 午睡は生活のリズムを構成する重要な要素であり、安心して眠ることのできる安全な午睡環境を確保するとともに、在園時間が異なることや、睡眠時間は園児の発達の状況や個人によって差があることから、一律とならないよう配慮すること。

(5) 長時間にわたる教育及び保育については、園児の発達の過程、生活のリズム及び心身の状態に十分配慮して、保育の内容や方法、職員の協力体制、家庭との連携などを指導計画に位置付けること。

5 生命の保持や情緒の安定を図るなど養護の行き届いた環境の下、幼保連携型認定こども園における教育及び保育を展開すること。

(1) 園児一人一人が、快適にかつ健康で安全に過ごせるようにするとともに、その生理的欲求が十分に満たされ、健康増進が積極的に図られるようにするため、次の事項に留意すること。

ア 園児一人一人の平常の健康状態や発育及び発達の状態を的確に把握し、異常を感じる場合は、速やかに適切に対応すること。

イ 家庭との連携を密にし、学校医等との連携を図りながら、園児の疾病や事故防止に関する認識を深め、保健的で安全な環境の維持及び向上に努めること。

ウ 清潔で安全な環境を整え、適切な援助や応答的な関わりを通して、園児の生理的欲求を満たしていくこと。また、家庭と協力しながら、園児の発達の過程等に応じた適切な生活のリズムがつくられていくようにすること。

エ 園児の発達の過程等に応じて、適度な運動と休息

をとることができるようにすること。また、食事、排泄、睡眠、衣類の着脱、身の回りを清潔にすることなどについて、園児が意欲的に生活できるよう適切に援助すること。

(2) 園児一人一人が安定感をもって過ごし、自分の気持ちを安心して表すことができるようにするとともに、周囲から主体として受け止められ主体として育ち、自分を肯定する気持ちが育まれていくようにし、くつろいで共に過ごし、心身の疲れが癒やされるようにするため、次の事項に留意すること。

ア 園児一人一人の置かれている状態や発達の過程などを的確に把握し、園児の欲求を適切に満たしながら、応答的な触れ合いや言葉掛けを行うこと。

イ 園児一人一人の気持ちを受容し、共感しながら、園児との継続的な信頼関係を築いていくこと。

ウ 保育教諭等との信頼関係を基盤に、園児一人一人が主体的に活動し、自発性や探索意欲などを高めるとともに、自分への自信をもつことができるよう成長の過程を見守り、適切に働き掛けること。

エ 園児一人一人の生活のリズム、発達の過程、在園時間などに応じて、活動内容のバランスや調和を図りながら、適切な食事や休息がとれるようにすること。

6 園児の健康及び安全は、園児の生命の保持と健やかな生活の基本であり、幼保連携型認定こども園の生活全体を通して健康や安全に関する管理や指導、食育の推進等に十分留意すること。

7 保護者に対する子育ての支援に当たっては、この章に示す幼保連携型認定こども園における教育及び保育の基本及び目標を踏まえ、子どもに対する学校としての教育及び児童福祉施設としての保育並びに保護者に対する子育ての支援について相互に有機的な連携が図られるようにすること。また、幼保連携型認定こども園の目的の達成に資するため、保護者が子どもの成長に気付き子育ての喜びが感じられるよう、幼保連携型認定こども園の特性を生かした子育ての支援に努めること。

第2章 ねらい及び内容並びに配慮事項

この章に示すねらいは、幼保連携型認定こども園の教育及び保育において育みたい資質・能力を園児の生活する姿から捉えたものであり、内容は、ねらいを達成するために指導する事項である。各視点や領域は、この時期の発達の特徴を踏まえ、教育及び保育のねらい及び内容を乳幼児の発達の側面から、乳児は三つの視点として、幼児は五つの領域としてまとめ、示したものである。内容の取扱いは、園児の発達を踏まえた指導を行うに当たって留意すべき事項である。

各視点や領域に示すねらいは、幼保連携型認定こども園における生活の全体を通じ、園児が様々な体験を積み重ねる中で相互に関連をもちながら次第に達成に向かうものであるこ

と、内容は、園児が環境に関わって展開する具体的な活動を通して総合的に指導されるものであることに留意しなければならない。

また、「幼児期の終わりまでに育ってほしい姿」が、ねらい及び内容に基づく活動全体を通して資質・能力が育まれている園児の幼保連携型認定こども園修了時の具体的な姿であることを踏まえ、指導を行う際に考慮するものとする。

なお、特に必要な場合には、各視点や領域に示すねらいの趣旨に基づいて適切な、具体的な内容を工夫し、それを加えても差し支えないが、その場合には、それが第1章の第1に示す幼保連携型認定こども園の教育及び保育の基本及び目標を逸脱しないよう慎重に配慮する必要がある。

第1　乳児期の園児の保育に関するねらい及び内容

基本的事項

1　乳児期の発達については、視覚、聴覚などの感覚や、座る、はう、歩くなどの運動機能が著しく発達し、特定の大人との応答的な関わりを通じて、情緒的な絆が形成されるといった特徴がある。これらの発達の特徴を踏まえて、乳児期の園児の保育は、愛情豊かに、応答的に行われることが特に必要である。

2　本項においては、この時期の発達の特徴を踏まえ、乳児期の園児の保育のねらい及び内容については、身体的発達に関する視点「健やかに伸び伸びと育つ」、社会的発達に関する視点「身近な人と気持ちが通じ合う」及び精神的発達に関する視点「身近なものと関わり感性が育つ」としてまとめ、示している。

ねらい及び内容

健やかに伸び伸びと育つ

〔健康な心と体を育て、自ら健康で安全な生活をつくり出す力の基盤を培う。〕

1　ねらい
(1)　身体感覚が育ち、快適な環境に心地よさを感じる。
(2)　伸び伸びと体を動かし、はう、歩くなどの運動をしようとする。
(3)　食事、睡眠等の生活のリズムの感覚が芽生える。

2　内容
(1)　保育教諭等の愛情豊かな受容の下で、生理的・心理的欲求を満たし、心地よく生活をする。
(2)　一人一人の発育に応じて、はう、立つ、歩くなど、十分に体を動かす。
(3)　個人差に応じて授乳を行い、離乳を進めていく中で、様々な食品に少しずつ慣れ、食べることを楽しむ。
(4)　一人一人の生活のリズムに応じて、安全な環境の下で十分に午睡をする。
(5)　おむつ交換や衣服の着脱などを通じて、清潔になることの心地よさを感じる。

3　内容の取扱い
上記の取扱いに当たっては、次の事項に留意する必要がある。
(1)　心と体の健康は、相互に密接な関連があるもので

あることを踏まえ、温かい触れ合いの中で、心と体の発達を促すこと。特に、寝返り、お座り、はいはい、つかまり立ち、伝い歩きなど、発育に応じて、遊びの中で体を動かす機会を十分に確保し、自ら体を動かそうとする意欲が育つようにすること。
(2)　健康な心と体を育てるためには望ましい食習慣の形成が重要であることを踏まえ、離乳食が完了期へと徐々に移行する中で、様々な食品に慣れるようにするとともに、和やかな雰囲気の中で食べる喜びや楽しさを味わい、進んで食べようとする気持ちが育つようにすること。なお、食物アレルギーのある園児への対応については、学校医等の指示や協力の下に適切に対応すること。

身近な人と気持ちが通じ合う

〔受容的・応答的な関わりの下で、何かを伝えようとする意欲や身近な大人との信頼関係を育て、人と関わる力の基盤を培う。〕

1　ねらい
(1)　安心できる関係の下で、身近な人と共に過ごす喜びを感じる。
(2)　体の動きや表情、発声等により、保育教諭等と気持ちを通わせようとする。
(3)　身近な人と親しみ、関わりを深め、愛情や信頼感が芽生える。

2　内容
(1)　園児からの働き掛けを踏まえた、応答的な触れ合いや言葉掛けによって、欲求が満たされ、安定感をもって過ごす。
(2)　体の動きや表情、発声、喃語等を優しく受け止めてもらい、保育教諭等とのやり取りを楽しむ。
(3)　生活や遊びの中で、自分の身近な人の存在に気付き、親しみの気持ちを表す。
(4)　保育教諭等による語り掛けや歌い掛け、発声や喃語等への応答を通じて、言葉の理解や発語の意欲が育つ。
(5)　温かく、受容的な関わりを通じて、自分を肯定する気持ちが芽生える。

3　内容の取扱い
上記の取扱いに当たっては、次の事項に留意する必要がある。
(1)　保育教諭等との信頼関係に支えられて生活を確立していくことが人と関わる基盤となることを考慮して、園児の多様な感情を受け止め、温かく受容的・応答的に関わり、一人一人に応じた適切な援助を行うようにすること。
(2)　身近な人に親しみをもって接し、自分の感情などを表し、それに相手が応答する言葉を聞くことを通して、次第に言葉が獲得されていくことを考慮して、楽しい雰囲気の中での保育教諭等との関わり合いを大切にし、ゆっくりと優しく話し掛けるなど、積極的に言葉のやり取りを楽しむことができるようにするこ

と。

身近なものと関わり感性が育つ

〔身近な環境に興味や好奇心をもって関わり、感じたこと
　や考えたことを表現する力の基盤を培う。〕

1　ねらい

　(1)　身の回りのものに親しみ、様々なものに興味や関
　　心をもつ。

　(2)　見る、触れる、探索するなど、身近な環境に自分か
　　ら関わろうとする。

　(3)　身体の諸感覚による認識が豊かになり、表情や手
　　足、体の動き等で表現する。

2　内容

　(1)　身近な生活用具、玩具や絵本などが用意された中
　　で、身の回りのものに対する興味や好奇心をもつ。

　(2)　生活や遊びの中で様々なものに触れ、音、形、色、
　　手触りなどに気付き、感覚の働きを豊かにする。

　(3)　保育教諭等と一緒に様々な色彩や形のものや絵本
　　などを見る。

　(4)　玩具や身の回りのものを、つまむ、つかむ、たたく、
　　引っ張るなど、手や指を使って遊ぶ。

　(5)　保育教諭等のあやし遊びに機嫌よく応じたり、歌
　　やリズムに合わせて手足や体を動かして楽しんだり
　　する。

3　内容の取扱い

　　上記の取扱いに当たっては、次の事項に留意する必要
　がある。

　(1)　玩具などは、音質、形、色、大きさなど園児の発達
　　状態に応じて適切なものを選び、その時々の園児の興
　　味や関心を踏まえるなど、遊びを通して感覚の発達が
　　促されるものとなるように工夫すること。なお、安全
　　な環境の下で、園児が探索意欲を満たして自由に遊べ
　　るよう、身の回りのものについては常に十分な点検を
　　行うこと。

　(2)　乳児期においては、表情、発声、体の動きなどで、
　　感情を表現することが多いことから、これらの表現し
　　ようとする意欲を積極的に受け止めて、園児が様々な
　　活動を楽しむことを通して表現が豊かになるように
　　すること。

**第2　満1歳以上満3歳未満の園児の保育に関するねらい
　　　及び内容**

基本的事項

1　この時期においては、歩き始めから、歩く、走る、跳ぶ
　などへと、基本的な運動機能が次第に発達し、排泄の自
　立のための身体的機能も整うようになる。つまむ、めく
　るなどの指先の機能も発達し、食事、衣類の着脱なども、
　保育教諭等の援助の下で自分で行うようになる。発声も
　明瞭になり、語彙も増加し、自分の意思や欲求を言葉で
　表出できるようになる。このように自分でできることが
　増えてくる時期であることから、保育教諭等は、園児の
　生活の安定を図りながら、自分でしようとする気持ちを

尊重し、温かく見守るとともに、愛情豊かに、応答的に
関わることが必要である。

2　本項においては、この時期の発達の特徴を踏まえ、保
育のねらい及び内容について、心身の健康に関する領域
「健康」、人との関わりに関する領域「人間関係」、身近
な環境との関わりに関する領域「環境」、言葉の獲得に
関する領域「言葉」及び感性と表現に関する領域「表現」
としてまとめ、示している。

ねらい及び内容

健康

〔健康な心と体を育て、自ら健康で安全な生活をつくり出
　す力を養う。〕

1　ねらい

　(1)　明るく伸び伸びと生活し、自分から体を動かすこ
　　とを楽しむ。

　(2)　自分の体を十分に動かし、様々な動きをしようと
　　する。

　(3)　健康、安全な生活に必要な習慣に気付き、自分で
　　してみようとする気持ちが育つ。

2　内容

　(1)　保育教諭等の愛情豊かな受容の下で、安定感を
　　もって生活をする。

　(2)　食事や午睡、遊びと休息など、幼保連携型認定こ
　　ども園における生活のリズムが形成される。

　(3)　走る、跳ぶ、登る、押す、引っ張るなど全身を使う
　　遊びを楽しむ。

　(4)　様々な食品や調理形態に慣れ、ゆったりとした雰
　　囲気の中で食事や間食を楽しむ。

　(5)　身の回りを清潔に保つ心地よさを感じ、その習慣
　　が少しずつ身に付く。

　(6)　保育教諭等の助けを借りながら、衣類の着脱を自
　　分でしようとする。

　(7)　便器での排泄に慣れ、自分で排泄ができるように
　　なる。

3　内容の取扱い

　　上記の取扱いに当たっては、次の事項に留意する必要
　がある。

　(1)　心と体の健康は、相互に密接な関連があるもので
　　あることを踏まえ、園児の気持ちに配慮した温かい触
　　れ合いの中で、心と体の発達を促すこと。特に、一人
　　一人の発育に応じて、体を動かす機会を十分に確保
　　し、自ら体を動かそうとする意欲が育つようにするこ
　　と。

　(2)　健康な心と体を育てるためには望ましい食習慣の
　　形成が重要であることを踏まえ、ゆったりとした雰囲
　　気の中で食べる喜びや楽しさを味わい、進んで食べよ
　　うとする気持ちが育つようにすること。なお、食物ア
　　レルギーのある園児への対応については、学校医等の
　　指示や協力の下に適切に対応すること。

　(3)　排泄の習慣については、一人一人の排尿間隔等を
　　踏まえ、おむつが汚れていないときに便器に座らせる

195

などにより、少しずつ慣れさせるようにすること。

(4) 食事、排泄、睡眠、衣類の着脱、身の回りを清潔にすることなど、生活に必要な基本的な習慣については、一人一人の状態に応じ、落ち着いた雰囲気の中で行うようにし、園児が自分でしようとする気持ちを尊重すること。また、基本的な生活習慣の形成に当たっては、家庭での生活経験に配慮し、家庭との適切な連携の下で行うようにすること。

人間関係

〔他の人々と親しみ、支え合って生活するために、自立心を育て、人と関わる力を養う。〕

1 ねらい

(1) 幼保連携型認定こども園での生活を楽しみ、身近な人と関わる心地よさを感じる。

(2) 周囲の園児等への興味・関心が高まり、関わりをもとうとする。

(3) 幼保連携型認定こども園の生活の仕方に慣れ、きまりの大切さに気付く。

2 内容

(1) 保育教諭等や周囲の園児等との安定した関係の中で、共に過ごす心地よさを感じる。

(2) 保育教諭等の受容的・応答的な関わりの中で、欲求を適切に満たし、安定感をもって過ごす。

(3) 身の回りに様々な人がいることに気付き、徐々に他の園児と関わりをもって遊ぶ。

(4) 保育教諭等の仲立ちにより、他の園児との関わり方を少しずつ身につける。

(5) 幼保連携型認定こども園の生活の仕方に慣れ、きまりがあることや、その大切さに気付く。

(6) 生活や遊びの中で、年長児や保育教諭等の真似をしたり、ごっこ遊びを楽しんだりする。

3 内容の取扱い

上記の取扱いに当たっては、次の事項に留意する必要がある。

(1) 保育教諭等との信頼関係に支えられて生活を確立するとともに、自分で何かをしようとする気持ちが旺盛になる時期であることに鑑み、そのような園児の気持ちを尊重し、温かく見守るとともに、愛情豊かに、応答的に関わり、適切な援助を行うようにすること。

(2) 思い通りにいかない場合等の園児の不安定な感情の表出については、保育教諭等が受容的に受け止めるとともに、そうした気持ちから立ち直る経験や感情をコントロールすることへの気付き等につなげていけるように援助すること。

(3) この時期は自己と他者との違いの認識がまだ十分ではないことから、園児の自我の育ちを見守るとともに、保育教諭等が仲立ちとなって、自分の気持ちを相手に伝えることや相手の気持ちに気付くことの大切さなど、友達の気持ちや友達との関わり方を丁寧に伝えていくこと。

環境

〔周囲の様々な環境に好奇心や探究心をもって関わり、それらを生活に取り入れていこうとする力を養う。〕

1 ねらい

(1) 身近な環境に親しみ、触れ合う中で、様々なものに興味や関心をもつ。

(2) 様々なものに関わる中で、発見を楽しんだり、考えたりしようとする。

(3) 見る、聞く、触るなどの経験を通して、感覚の働きを豊かにする。

2 内容

(1) 安全で活動しやすい環境での探索活動等を通して、見る、聞く、触れる、嗅ぐ、味わうなどの感覚の働きを豊かにする。

(2) 玩具、絵本、遊具などに興味をもち、それらを使った遊びを楽しむ。

(3) 身の回りの物に触れる中で、形、色、大きさ、量などの物の性質や仕組みに気付く。

(4) 自分の物と人の物の区別や、場所的感覚など、環境を捉える感覚が育つ。

(5) 身近な生き物に気付き、親しみをもつ。

(6) 近隣の生活や季節の行事などに興味や関心をもつ。

3 内容の取扱い

上記の取扱いに当たっては、次の事項に留意する必要がある。

(1) 玩具などは、音質、形、色、大きさなど園児の発達状態に応じて適切なものを選び、遊びを通して感覚の発達が促されるように工夫すること。

(2) 身近な生き物との関わりについては、園児が命を感じ、生命の尊さに気付く経験へとつながるものであることから、そうした気付きを促すような関わりとなるようにすること。

(3) 地域の生活や季節の行事などに触れる際には、社会とのつながりや地域社会の文化への気付きにつながるものとなることが望ましいこと。その際、幼保連携型認定こども園内外の行事や地域の人々との触れ合いなどを通して行うこと等も考慮すること。

言葉

〔経験したことや考えたことなどを自分なりの言葉で表現し、相手の話す言葉を聞こうとする意欲や態度を育て、言葉に対する感覚や言葉で表現する力を養う。〕

1 ねらい

(1) 言葉遊びや言葉で表現する楽しさを感じる。

(2) 人の言葉や話などを聞き、自分でも思ったことを伝えようとする。

(3) 絵本や物語等に親しむとともに、言葉のやり取りを通じて身近な人と気持ちを通わせる。

2 内容

(1) 保育教諭等の応答的な関わりや話し掛けにより、自ら言葉を使おうとする。

(2) 生活に必要な簡単な言葉に気付き、聞き分ける。

(3) 親しみをもって日常の挨拶に応じる。

（4） 絵本や紙芝居を楽しみ、簡単な言葉を繰り返したり、模倣をしたりして遊ぶ。

（5） 保育教諭等とごっこ遊びをする中で、言葉のやり取りを楽しむ。

（6） 保育教諭等を仲立ちとして、生活や遊びの中で友達との言葉のやり取りを楽しむ。

（7） 保育教諭等や友達の言葉や話に興味や関心をもって、聞いたり、話したりする。

3　内容の取扱い

上記の取扱いに当たっては、次の事項に留意する必要がある。

（1） 身近な人に親しみをもって接し、自分の感情などを伝え、それに相手が応答し、その言葉を聞くことを通して、次第に言葉が獲得されていくものであることを考慮して、楽しい雰囲気の中で保育教諭等との言葉のやり取りができるようにすること。

（2） 園児が自分の思いを言葉で伝えるとともに、他の園児の話などを聞くことを通して、次第に話を理解し、言葉による伝え合いができるようになるよう、気持ちや経験等の言語化を行うことを援助するなど、園児同士の関わりの仲立ちを行うようにすること。

（3） この時期は、片言から、二語文、ごっこ遊びでのやり取りができる程度へと、大きく言葉の習得が進む時期であることから、それぞれの園児の発達の状況に応じて、遊びや関わりの工夫など、保育の内容を適切に展開することが必要であること。

表現

〔感じたことや考えたことを自分なりに表現することを通して、豊かな感性や表現する力を養い、創造性を豊かにする。〕

1　ねらい

（1） 身体の諸感覚の経験を豊かにし、様々な感覚を味わう。

（2） 感じたことや考えたことなどを自分なりに表現しようとする。

（3） 生活や遊びの様々な体験を通して、イメージや感性が豊かになる。

2　内容

（1） 水、砂、土、紙、粘土など様々な素材に触れて楽しむ。

（2） 音楽、リズムやそれに合わせた体の動きを楽しむ。

（3） 生活の中で様々な音、形、色、手触り、動き、味、香りなどに気付いたり、感じたりして楽しむ。

（4） 歌を歌ったり、簡単な手遊びや全身を使う遊びを楽しんだりする。

（5） 保育教諭等からの話や、生活や遊びの中での出来事を通して、イメージを豊かにする。

（6） 生活や遊びの中で、興味のあることや経験したことなどを自分なりに表現する。

3　内容の取扱い

上記の取扱いに当たっては、次の事項に留意する必要がある。

（1） 園児の表現は、遊びや生活の様々な場面で表出されているものであることから、それらを積極的に受け止め、様々な表現の仕方や感性を豊かにする経験となるようにすること。

（2） 園児が試行錯誤しながら様々な表現を楽しむことや、自分の力でやり遂げる充実感などに気付くよう、温かく見守るとともに、適切に援助を行うようにすること。

（3） 様々な感情の表現等を通じて、園児が自分の感情や気持ちに気付くようになる時期であることに鑑み、受容的な関わりの中で自信をもって表現をすることや、諦めずに続けた後の達成感等を感じられるような経験が蓄積されるようにすること。

（4） 身近な自然や身の回りの事物に関わる中で、発見や心が動く経験が得られるよう、諸感覚を働かせることを楽しむ遊びや素材を用意するなど保育の環境を整えること。

第3　満3歳以上の園児の教育及び保育に関するねらい及び内容

基本的事項

1　この時期においては、運動機能の発達により、基本的な動作が一通りできるようになるとともに、基本的な生活習慣もほぼ自立できるようになる。理解する語彙数が急激に増加し、知的興味や関心も高まってくる。仲間と遊び、仲間の中の一人という自覚が生じ、集団的な遊びや協同的な活動も見られるようになる。これらの発達の特徴を踏まえて、この時期の教育及び保育においては、個の成長と集団としての活動の充実が図られるようにしなければならない。

2　本項においては、この時期の発達の特徴を踏まえ、教育及び保育のねらい及び内容について、心身の健康に関する領域「健康」、人との関わりに関する領域「人間関係」、身近な環境との関わりに関する領域「環境」、言葉の獲得に関する領域「言葉」及び感性と表現に関する領域「表現」としてまとめ、示している。

ねらい及び内容

健康

〔健康な心と体を育て、自ら健康で安全な生活をつくり出す力を養う。〕

1　ねらい

（1） 明るく伸び伸びと行動し、充実感を味わう。

（2） 自分の体を十分に動かし、進んで運動しようとする。

（3） 健康、安全な生活に必要な習慣や態度を身に付け、見通しをもって行動する。

2　内容

（1） 保育教諭等や友達と触れ合い、安定感をもって行動する。

（2） いろいろな遊びの中で十分に体を動かす。

資料編

(3) 進んで戸外で遊ぶ。
(4) 様々な活動に親しみ、楽しんで取り組む。
(5) 保育教諭等や友達と食べることを楽しみ、食べ物への興味や関心をもつ。
(6) 健康な生活のリズムを身に付ける。
(7) 身の回りを清潔にし、衣服の着脱、食事、排泄などの生活に必要な活動を自分でする。
(8) 幼保連携型認定こども園における生活の仕方を知り、自分たちで生活の場を整えながら見通しをもって行動する。
(9) 自分の健康に関心をもち、病気の予防などに必要な活動を進んで行う。
(10) 危険な場所、危険な遊び方、災害時などの行動の仕方が分かり、安全に気を付けて行動する。

3 内容の取扱い
　上記の取扱いに当たっては、次の事項に留意する必要がある。
(1) 心と体の健康は、相互に密接な関連があるものであることを踏まえ、園児が保育教諭等や他の園児との温かい触れ合いの中で自己の存在感や充実感を味わうことなどを基盤として、しなやかな心と体の発達を促すこと。特に、十分に体を動かす気持ちよさを体験し、自ら体を動かそうとする意欲が育つようにすること。
(2) 様々な遊びの中で、園児が興味や関心、能力に応じて全身を使って活動することにより、体を動かす楽しさを味わい、自分の体を大切にしようとする気持ちが育つようにすること。その際、多様な動きを経験する中で、体の動きを調整するようにすること。
(3) 自然の中で伸び伸びと体を動かして遊ぶことにより、体の諸機能の発達が促されることに留意し、園児の興味や関心が戸外にも向くようにすること。その際、園児の動線に配慮した園庭や遊具の配置などを工夫すること。
(4) 健康な心と体を育てるためには食育を通じた望ましい食習慣の形成が大切であることを踏まえ、園児の食生活の実情に配慮し、和やかな雰囲気の中で保育教諭等や他の園児と食べる喜びや楽しさを味わったり、様々な食べ物への興味や関心をもったりするなどし、食の大切さに気付き、進んで食べようとする気持ちが育つようにすること。
(5) 基本的な生活習慣の形成に当たっては、家庭での生活経験に配慮し、園児の自立心を育て、園児が他の園児と関わりながら主体的な活動を展開する中で、生活に必要な習慣を身に付け、次第に見通しをもって行動できるようにすること。
(6) 安全に関する指導に当たっては、情緒の安定を図り、遊びを通して安全についての構えを身に付け、危険な場所や事物などが分かり、安全についての理解を深めるようにすること。また、交通安全の習慣を身に付けるようにするとともに、避難訓練などを通して、災害などの緊急時に適切な行動がとれるようにすること。

人間関係
〔他の人々と親しみ、支え合って生活するために、自立心を育て、人と関わる力を養う。〕

1 ねらい
(1) 幼保連携型認定こども園の生活を楽しみ、自分の力で行動することの充実感を味わう。
(2) 身近な人と親しみ、関わりを深め、工夫したり、協力したりして一緒に活動する楽しさを味わい、愛情や信頼感をもつ。
(3) 社会生活における望ましい習慣や態度を身に付ける。

2 内容
(1) 保育教諭等や友達と共に過ごすことの喜びを味わう。
(2) 自分で考え、自分で行動する。
(3) 自分でできることは自分でする。
(4) いろいろな遊びを楽しみながら物事をやり遂げようとする気持ちをもつ。
(5) 友達と積極的に関わりながら喜びや悲しみを共感し合う。
(6) 自分の思ったことを相手に伝え、相手の思っていることに気付く。
(7) 友達のよさに気付き、一緒に活動する楽しさを味わう。
(8) 友達と楽しく活動する中で、共通の目的を見いだし、工夫したり、協力したりなどする。
(9) よいことや悪いことがあることに気付き、考えながら行動する。
(10) 友達との関わりを深め、思いやりをもつ。
(11) 友達と楽しく生活する中できまりの大切さに気付き、守ろうとする。
(12) 共同の遊具や用具を大切にし、皆で使う。
(13) 高齢者をはじめ地域の人々などの自分の生活に関係の深いいろいろな人に親しみをもつ。

3 内容の取扱い
　上記の取扱いに当たっては、次の事項に留意する必要がある。
(1) 保育教諭等との信頼関係に支えられて自分自身の生活を確立していくことが人と関わる基盤となることを考慮し、園児が自ら周囲に働き掛けることにより多様な感情を体験し、試行錯誤しながら諦めずにやり遂げることの達成感や、前向きな見通しをもって自分の力で行うことの充実感を味わうことができるよう、園児の行動を見守りながら適切な援助を行うようにすること。
(2) 一人一人を生かした集団を形成しながら人と関わる力を育てていくようにすること。その際、集団の生活の中で、園児が自己を発揮し、保育教諭等や他の園児に認められる体験をし、自分のよさや特徴に気付

198

き、自信をもって行動できるようにすること。

(3) 園児が互いに関わりを深め、協同して遊ぶようになるため、自ら行動する力を育てるようにするとともに、他の園児と試行錯誤しながら活動を展開する楽しさや共通の目的が実現する喜びを味わうことができるようにすること。

(4) 道徳性の芽生えを培うに当たっては、基本的な生活習慣の形成を図るとともに、園児が他の園児との関わりの中で他人の存在に気付き、相手を尊重する気持ちをもって行動できるようにし、また、自然や身近な動植物に親しむことなどを通して豊かな心情が育つようにすること。特に、人に対する信頼感や思いやりの気持ちは、葛藤やつまずきをも体験し、それらを乗り越えることにより次第に芽生えてくることに配慮すること。

(5) 集団の生活を通して、園児が人との関わりを深め、規範意識の芽生えが培われることを考慮し、園児が保育教諭等との信頼関係に支えられて自己を発揮する中で、互いに思いを主張し、折り合いを付ける体験をし、きまりの必要性などに気付き、自分の気持ちを調整する力が育つようにすること。

(6) 高齢者をはじめ地域の人々などの自分の生活に関係の深いいろいろな人と触れ合い、自分の感情や意志を表現しながら共に楽しみ、共感し合う体験を通して、これらの人々などに親しみをもち、人と関わることの楽しさや人の役に立つ喜びを味わうことができるようにすること。また、生活を通して親や祖父母などの家族の愛情に気付き、家族を大切にしようとする気持ちが育つようにすること。

環境
〔周囲の様々な環境に好奇心や探究心をもって関わり、それらを生活に取り入れていこうとする力を養う。〕

1 ねらい
(1) 身近な環境に親しみ、自然と触れ合う中で様々な事象に興味や関心をもつ。
(2) 身近な環境に自分から関わり、発見を楽しんだり、考えたりし、それを生活に取り入れようとする。
(3) 身近な事象を見たり、考えたり、扱ったりする中で、物の性質や数量、文字などに対する感覚を豊かにする。

2 内容
(1) 自然に触れて生活し、その大きさ、美しさ、不思議さなどに気付く。
(2) 生活の中で、様々な物に触れ、その性質や仕組みに興味や関心をもつ。
(3) 季節により自然や人間の生活に変化のあることに気付く。
(4) 自然などの身近な事象に関心をもち、取り入れて遊ぶ。
(5) 身近な動植物に親しみをもって接し、生命の尊さに気付き、いたわったり、大切にしたりする。

(6) 日常生活の中で、我が国や地域社会における様々な文化や伝統に親しむ。
(7) 身近な物を大切にする。
(8) 身近な物や遊具に興味をもって関わり、自分なりに比べたり、関連付けたりしながら考えたり、試したりして工夫して遊ぶ。
(9) 日常生活の中で数量や図形などに関心をもつ。
(10) 日常生活の中で簡単な標識や文字などに関心をもつ。
(11) 生活に関係の深い情報や施設などに興味や関心をもつ。
(12) 幼保連携型認定こども園内外の行事において国旗に親しむ。

3 内容の取扱い
上記の取扱いに当たっては、次の事項に留意する必要がある。

(1) 園児が、遊びの中で周囲の環境と関わり、次第に周囲の世界に好奇心を抱き、その意味や操作の仕方に関心をもち、物事の法則性に気付き、自分なりに考えることができるようになる過程を大切にすること。また、他の園児の考えなどに触れて新しい考えを生み出す喜びや楽しさを味わい、自分の考えをよりよいものにしようとする気持ちが育つようにすること。

(2) 幼児期において自然のもつ意味は大きく、自然の大きさ、美しさ、不思議さなどに直接触れる体験を通して、園児の心が安らぎ、豊かな感情、好奇心、思考力、表現力の基礎が培われることを踏まえ、園児が自然との関わりを深めることができるよう工夫すること。

(3) 身近な事象や動植物に対する感動を伝え合い、共感し合うことなどを通して自分から関わろうとする意欲を育てるとともに、様々な関わり方を通してそれらに対する親しみや畏敬の念、生命を大切にする気持ち、公共心、探究心などが養われるようにすること。

(4) 文化や伝統に親しむ際には、正月や節句など我が国の伝統的な行事、国歌、唱歌、わらべうたや我が国の伝統的な遊びに親しんだり、異なる文化に触れる活動に親しんだりすることを通じて、社会とのつながりの意識や国際理解の意識の芽生えなどが養われるようにすること。

(5) 数量や文字などに関しては、日常生活の中で園児自身の必要感に基づく体験を大切にし、数量や文字などに関する興味や関心、感覚が養われるようにすること。

言葉
〔経験したことや考えたことなどを自分なりの言葉で表現し、相手の話す言葉を聞こうとする意欲や態度を育て、言葉に対する感覚や言葉で表現する力を養う。〕

1 ねらい
(1) 自分の気持ちを言葉で表現する楽しさを味わう。
(2) 人の言葉や話などをよく聞き、自分の経験したことや考えたことを話し、伝え合う喜びを味わう。

(3) 日常生活に必要な言葉が分かるようになるとともに、絵本や物語などに親しみ、言葉に対する感覚を豊かにし、保育教諭等や友達と心を通わせる。

2 内容

(1) 保育教諭等や友達の言葉や話に興味や関心をもち、親しみをもって聞いたり、話したりする。

(2) したり、見たり、聞いたり、感じたり、考えたりなどしたことを自分なりに言葉で表現する。

(3) したいこと、してほしいことを言葉で表現したり、分からないことを尋ねたりする。

(4) 人の話を注意して聞き、相手に分かるように話す。

(5) 生活の中で必要な言葉が分かり、使う。

(6) 親しみをもって日常の挨拶をする。

(7) 生活の中で言葉の楽しさや美しさに気付く。

(8) いろいろな体験を通じてイメージや言葉を豊かにする。

(9) 絵本や物語などに親しみ、興味をもって聞き、想像をする楽しさを味わう。

(10) 日常生活の中で、文字などで伝える楽しさを味わう。

3 内容の取扱い

上記の取扱いに当たっては、次の事項に留意する必要がある。

(1) 言葉は、身近な人に親しみをもって接し、自分の感情や意志などを伝え、それに相手が応答し、その言葉を聞くことを通して次第に獲得されていくものであることを考慮して、園児が保育教諭等や他の園児と関わることにより心を動かされるような体験をし、言葉を交わす喜びを味わえるようにすること。

(2) 園児が自分の思いを言葉で伝えるとともに、保育教諭等や他の園児などの話を興味をもって注意して聞くことを通して次第に話を理解するようになっていき、言葉による伝え合いができるようにすること。

(3) 絵本や物語などで、その内容と自分の経験とを結び付けたり、想像を巡らせたりするなど、楽しみを十分に味わうことによって、次第に豊かなイメージをもち、言葉に対する感覚が養われるようにすること。

(4) 園児が生活の中で、言葉の響きやリズム、新しい言葉や表現などに触れ、これらを使う楽しさを味わえるようにすること。その際、絵本や物語に親しんだり、言葉遊びなどをしたりすることを通して、言葉が豊かになるようにすること。

(5) 園児が日常生活の中で、文字などを使いながら思ったことや考えたことを伝える喜びや楽しさを味わい、文字に対する興味や関心をもつようにすること。

表現

〔感じたことや考えたことを自分なりに表現することを通して、豊かな感性や表現する力を養い、創造性を豊かにする。〕

1 ねらい

(1) いろいろなものの美しさなどに対する豊かな感性をもつ。

(2) 感じたことや考えたことを自分なりに表現して楽しむ。

(3) 生活の中でイメージを豊かにし、様々な表現を楽しむ。

2 内容

(1) 生活の中で様々な音、形、色、手触り、動きなどに気付いたり、感じたりするなどして楽しむ。

(2) 生活の中で美しいものや心を動かす出来事に触れ、イメージを豊かにする。

(3) 様々な出来事の中で、感動したことを伝え合う楽しさを味わう。

(4) 感じたこと、考えたことなどを音や動きなどで表現したり、自由にかいたり、つくったりなどする。

(5) いろいろな素材に親しみ、工夫して遊ぶ。

(6) 音楽に親しみ、歌を歌ったり、簡単なリズム楽器を使ったりなどする楽しさを味わう。

(7) かいたり、つくったりすることを楽しみ、遊びに使ったり、飾ったりなどする。

(8) 自分のイメージを動きや言葉などで表現したり、演じて遊んだりするなどの楽しさを味わう。

3 内容の取扱い

上記の取扱いに当たっては、次の事項に留意する必要がある。

(1) 豊かな感性は、身近な環境と十分に関わる中で美しいもの、優れたもの、心を動かす出来事などに出会い、そこから得た感動を他の園児や保育教諭等と共有し、様々に表現することなどを通して養われるようにすること。その際、風の音や雨の音、身近にある草や花の形や色など自然の中にある音、形、色などに気付くようにすること。

(2) 幼児期の自己表現は素朴な形で行われることが多いので、保育教諭等はそのような表現を受容し、園児自身の表現しようとする意欲を受け止めて、園児が生活の中で園児らしい様々な表現を楽しむことができるようにすること。

(3) 生活経験や発達に応じ、自ら様々な表現を楽しみ、表現する意欲を十分に発揮させることができるように、遊具や用具などを整えたり、様々な素材や表現の仕方に親しんだり、他の園児の表現に触れられるよう配慮したりし、表現する過程を大切にして自己表現を楽しめるように工夫すること。

第4 教育及び保育の実施に関する配慮事項

1 満3歳未満の園児の保育の実施については、以下の事項に配慮するものとする。

(1) 乳児は疾病への抵抗力が弱く、心身の機能の未熟さに伴う疾病の発生が多いことから、一人一人の発育及び発達状態や健康状態についての適切な判断に基づく保健的な対応を行うこと。また、一人一人の園児

の生育歴の違いに留意しつつ、欲求を適切に満たし、特定の保育教諭等が応答的に関わるように努めること。更に、乳児期の園児の保育に関わる職員間の連携や学校医との連携を図り、第3章に示す事項を踏まえ、適切に対応すること。栄養士及び看護師等が配置されている場合は、その専門性を生かした対応を図ること。乳児期の園児の保育においては特に、保護者との信頼関係を築きながら保育を進めるとともに、保護者からの相談に応じ支援に努めていくこと。なお、担当の保育教諭等が替わる場合には、園児のそれまでの生育歴や発達の過程に留意し、職員間で協力して対応すること。

（2）　満1歳以上満3歳未満の園児は、特に感染症にかかりやすい時期であるので、体の状態、機嫌、食欲などの日常の状態の観察を十分に行うとともに、適切な判断に基づく保健的な対応を心掛けること。また、探索活動が十分できるように、事故防止に努めながら活動しやすい環境を整え、全身を使う遊びなど様々な遊びを取り入れること。更に、自我が形成され、園児が自分の感情や気持ちに気付くようになる重要な時期であることに鑑み、情緒の安定を図りながら、園児の自発的な活動を尊重するとともに促していくこと。なお、担当の保育教諭等が替わる場合には、園児のそれまでの経験や発達の過程に留意し、職員間で協力して対応すること。

2　幼保連携型認定こども園における教育及び保育の全般において以下の事項に配慮するものとする。

（1）　園児の心身の発達及び活動の実態などの個人差を踏まえるとともに、一人一人の園児の気持ちを受け止め、援助すること。

（2）　園児の健康は、生理的・身体的な育ちとともに、自主性や社会性、豊かな感性の育ちとがあいまってもたらされることに留意すること。

（3）　園児が自ら周囲に働き掛け、試行錯誤しつつ自分の力で行う活動を見守りながら、適切に援助すること。

（4）　園児の入園時の教育及び保育に当たっては、できるだけ個別的に対応し、園児が安定感を得て、次第に幼保連携型認定こども園の生活になじんでいくようにするとともに、既に入園している園児に不安や動揺を与えないようにすること。

（5）　園児の国籍や文化の違いを認め、互いに尊重する心を育てるようにすること。

（6）　園児の性差や個人差にも留意しつつ、性別などによる固定的な意識を植え付けることがないようにすること。

第3章　健康及び安全

幼保連携型認定こども園における園児の健康及び安全は、園児の生命の保持と健やかな生活の基本となるものであり、

第1章及び第2章の関連する事項と併せ、次に示す事項について適切に対応するものとする。その際、養護教諭や看護師、栄養教諭や栄養士等が配置されている場合には、学校医等と共に、これらの者がそれぞれの専門性を生かしながら、全職員が相互に連携し、組織的かつ適切な対応を行うことができるような体制整備や研修を行うことが必要である。

第1　健康支援

1　健康状態や発育及び発達の状態の把握

（1）　園児の心身の状態に応じた教育及び保育を行うために、園児の健康状態や発育及び発達の状態について、定期的・継続的に、また、必要に応じて随時、把握すること。

（2）　保護者からの情報とともに、登園時及び在園時に園児の状態を観察し、何らかの疾病が疑われる状態や傷害が認められた場合には、保護者に連絡するとともに、学校医と相談するなど適切な対応を図ること。

（3）　園児の心身の状態等を観察し、不適切な養育の兆候が見られる場合には、市町村（特別区を含む。以下同じ。）や関係機関と連携し、児童福祉法第25条に基づき、適切な対応を図ること。また、虐待が疑われる場合には、速やかに市町村又は児童相談所に通告し、適切な対応を図ること。

2　健康増進

（1）　認定こども園法第27条において準用する学校保健安全法（昭和33年法律第56号）第5条の学校保健計画を作成する際は、教育及び保育の内容並びに子育ての支援等に関する全体的な計画に位置づくものとし、全ての職員がそのねらいや内容を踏まえ、園児一人一人の健康の保持及び増進に努めていくこと。

（2）認定こども園法第27条において準用する学校保健安全法第13条第1項の健康診断を行ったときは、認定こども園法第27条において準用する学校保健安全法第14条の措置を行い、教育及び保育に活用するとともに、保護者が園児の状態を理解し、日常生活に活用できるようにすること。

3　疾病等への対応

（1）　在園時に体調不良や傷害が発生した場合には、その園児の状態等に応じて、保護者に連絡するとともに、適宜、学校医やかかりつけ医等と相談し、適切な処置を行うこと。

（2）　感染症やその他の疾病の発生予防に努め、その発生や疑いがある場合には必要に応じて学校医、市町村、保健所等に連絡し、その指示に従うとともに、保護者や全ての職員に連絡し、予防等について協力を求めること。また、感染症に関する幼保連携型認定こども園の対応方法等について、あらかじめ関係機関の協力を得ておくこと。

（3）　アレルギー疾患を有する園児に関しては、保護者と連携し、医師の診断及び指示に基づき、適切な対応を行うこと。また、食物アレルギーに関して、関係機

関と連携して、当該幼保連携型認定こども園の体制構築など、安全な環境の整備を行うこと。

(4) 園児の疾病等の事態に備え、保健室の環境を整え、救急用の薬品、材料等を適切な管理の下に常備し、全ての職員が対応できるようにしておくこと。

第2　食育の推進

1　幼保連携型認定こども園における食育は、健康な生活の基本としての食を営む力の育成に向け、その基礎を培うことを目標とすること。

2　園児が生活と遊びの中で、意欲をもって食に関わる体験を積み重ね、食べることを楽しみ、食事を楽しみ合う園児に成長していくことを期待するものであること。

3　乳幼児期にふさわしい食生活が展開され、適切な援助が行われるよう、教育及び保育の内容並びに子育ての支援等に関する全体的な計画に基づき、食事の提供を含む食育の計画を作成し、指導計画に位置付けるとともに、その評価及び改善に努めること。

4　園児が自らの感覚や体験を通して、自然の恵みとしての食材や食の循環・環境への意識、調理する人への感謝の気持ちが育つように、園児と調理員等との関わりや、調理室など食に関する環境に配慮すること。

5　保護者や地域の多様な関係者との連携及び協働の下で、食に関する取組が進められること。また、市町村の支援の下に、地域の関係機関等との日常的な連携を図り、必要な協力が得られるよう努めること。

6　体調不良、食物アレルギー、障害のある園児など、園児一人一人の心身の状態等に応じ、学校医、かかりつけ医等の指示や協力の下に適切に対応すること。

第3　環境及び衛生管理並びに安全管理

1　環境及び衛生管理

(1) 認定こども園法第27条において準用する学校保健安全法第6条の学校環境衛生基準に基づき幼保連携型認定こども園の適切な環境の維持に努めるとともに、施設内外の設備、用具等の衛生管理に努めること。

(2) 認定こども園法第27条において準用する学校保健安全法第6条の学校環境衛生基準に基づき幼保連携型認定こども園の施設内外の適切な環境の維持に努めるとともに、園児及び全職員が清潔を保つようにすること。また、職員は衛生知識の向上に努めること。

2　事故防止及び安全対策

(1) 在園時の事故防止のために、園児の心身の状態等を踏まえつつ、認定こども園法第27条において準用する学校保健安全法第27条の学校安全計画の策定等を通じ、全職員の共通理解や体制づくりを図るとともに、家庭や地域の関係機関の協力の下に安全指導を行うこと。

(2) 事故防止の取組を行う際には、特に、睡眠中、プール活動・水遊び中、食事中等の場面では重大事故が発生しやすいことを踏まえ、園児の主体的な活動を大切

にしつつ、施設内外の環境の配慮や指導の工夫を行うなど、必要な対策を講じること。

(3) 認定こども園法第27条において準用する学校保健安全法第29条の危険等発生時対処要領に基づき、事故の発生に備えるとともに施設内外の危険箇所の点検や訓練を実施すること。また、外部からの不審者等の侵入防止のための措置や訓練など不測の事態に備え必要な対応を行うこと。更に、園児の精神保健面における対応に留意すること。

第4　災害への備え

1　施設・設備等の安全確保

(1) 認定こども園法第27条において準用する学校保健安全法第29条の危険等発生時対処要領に基づき、災害等の発生に備えるとともに、防火設備、避難経路等の安全性が確保されるよう、定期的にこれらの安全点検を行うこと。

(2) 備品、遊具等の配置、保管を適切に行い、日頃から、安全環境の整備に努めること。

2　災害発生時の対応体制及び避難への備え

(1) 火災や地震などの災害の発生に備え、認定こども園法第27条において準用する学校保健安全法第29条の危険等発生時対処要領を作成する際には、緊急時の対応の具体的内容及び手順、職員の役割分担、避難訓練計画等の事項を盛り込むこと。

(2) 定期的に避難訓練を実施するなど、必要な対応を図ること。

(3) 災害の発生時に、保護者等への連絡及び子どもの引渡しを円滑に行うため、日頃から保護者との密接な連携に努め、連絡体制や引渡し方法等について確認をしておくこと。

3　地域の関係機関等との連携

(1) 市町村の支援の下に、地域の関係機関との日常的な連携を図り、必要な協力が得られるよう努めること。

(2) 避難訓練については、地域の関係機関や保護者との連携の下に行うなど工夫すること。

第4章　子育ての支援

幼保連携型認定こども園における保護者に対する子育ての支援は、子どもの利益を最優先して行うものとし、第1章及び第2章等の関連する事項を踏まえ、子どもの育ちを家庭と連携して支援していくとともに、保護者及び地域が有する子育てを自ら実践する力の向上に資するよう、次の事項に留意するものとする。

第1　子育ての支援全般に関わる事項

1　保護者に対する子育ての支援を行う際には、各地域や家庭の実態等を踏まえるとともに、保護者の気持ちを受け止め、相互の信頼関係を基本に、保護者の自己決定を

尊重すること。

2　教育及び保育並びに子育ての支援に関する知識や技術など、保育教諭等の専門性や、園児が常に存在する環境など、幼保連携型認定こども園の特性を生かし、保護者が子どもの成長に気付き子育ての喜びを感じられるように努めること。

3　保護者に対する子育ての支援における地域の関係機関等との連携及び協働を図り、園全体の体制構築に努めること。

4　子どもの利益に反しない限りにおいて、保護者や子どものプライバシーを保護し、知り得た事柄の秘密を保持すること。

第2　幼保連携型認定こども園の園児の保護者に対する子育ての支援

1　日常の様々な機会を活用し、園児の日々の様子の伝達や収集、教育及び保育の意図の説明などを通じて、保護者との相互理解を図るよう努めること。

2　教育及び保育の活動に対する保護者の積極的な参加は、保護者の子育てを自ら実践する力の向上に寄与するだけでなく、地域社会における家庭や住民の子育てを自ら実践する力の向上及び子育ての経験の継承につながるきっかけとなる。これらのことから、保護者の参加を促すとともに、参加しやすいよう工夫すること。

3　保護者の生活形態が異なることを踏まえ、全ての保護者の相互理解が深まるように配慮すること。その際、保護者同士が子育てに対する新たな考えに出会い気付き合えるよう工夫すること。

4　保護者の就労と子育ての両立等を支援するため、保護者の多様化した教育及び保育の需要に応じて病児保育事業など多様な事業を実施する場合には、保護者の状況に配慮するとともに、園児の福祉が尊重されるよう努め、園児の生活の連続性を考慮すること。

5　地域の実態や保護者の要請により、教育を行う標準的な時間の終了後等に希望する園児を対象に一時預かり事業などとして行う活動については、保育教諭間及び家庭との連携を密にし、園児の心身の負担に配慮すること。その際、地域の実態や保護者の事情とともに園児の生活のリズムを踏まえつつ、必要に応じて、弾力的な運用を行うこと。

6　園児に障害や発達上の課題が見られる場合には、市町村や関係機関と連携及び協力を図りつつ、保護者に対する個別の支援を行うよう努めること。

7　外国籍家庭など、特別な配慮を必要とする家庭の場合には、状況等に応じて個別の支援を行うよう努めること。

8　保護者に育児不安等が見られる場合には、保護者の希望に応じて個別の支援を行うよう努めること。

9　保護者に不適切な養育等が疑われる場合には、市町村や関係機関と連携し、要保護児童対策地域協議会で検討するなど適切な対応を図ること。また、虐待が疑われる場合には、速やかに市町村又は児童相談所に通告し、適切な対応を図ること。

第3　地域における子育て家庭の保護者等に対する支援

1　幼保連携型認定こども園において、認定こども園法第2条第12項に規定する子育て支援事業を実施する際には、当該幼保連携型認定こども園がもつ地域性や専門性などを十分に考慮して当該地域において必要と認められるものを適切に実施すること。また、地域の子どもに対する一時預かり事業などの活動を行う際には、一人一人の子どもの心身の状態などを考慮するとともに、教育及び保育との関連に配慮するなど、柔軟に活動を展開できるようにすること。

2　市町村の支援を得て、地域の関係機関等との積極的な連携及び協働を図るとともに、子育ての支援に関する地域の人材の積極的な活用を図るよう努めること。また、地域の要保護児童への対応など、地域の子どもを巡る諸課題に対し、要保護児童対策地域協議会など関係機関等と連携及び協力して取り組むよう努めること。

3　幼保連携型認定こども園は、地域の子どもが健やかに育成される環境を提供し、保護者に対する総合的な子育ての支援を推進するため、地域における乳幼児期の教育及び保育の中心的な役割を果たすよう努めること。

さくいん

監修者

名須川知子（なすかわ ともこ）　桃山学院教育大学　教授

大方美香（おおがた みか）　大阪総合保育大学　学長

執筆者紹介（執筆順、＊は編著者）

伊丹昌一＊（いたみ しょういち）

担当：はじめに、レッスン1、レッスン6、レッスン14

※第2版についてはすべてのレッスンの改訂を担当

梅花女子大学 教授

主著：『合理的配慮の視点でつくる！ 特別支援教育の授業づくり＆指導案作成ガイド』（編著）　明治図書出版
2014年

　　　『「気づき」からの支援スタートブック──幼児の困難サインを上手にキャッチする』（編著）　明治図書出版
2012年

二木美香（みき みか）

担当：レッスン2、レッスン13、レッスン15

畿央大学 准教授

主著：『子どもの理解と援助（新基本シリーズ10）』（共著）　中央法規出版　2019年

　　　『教育心理学──保育・学校現場をよりよくするために』（共著）　嵯峨野書院　2016年

鎮　朋子（しずめ ともこ）

担当：レッスン3、レッスン4、レッスン7、レッスン12

梅花女子大学 准教授

主著：『保育実践にいかす障がい児の理解と支援』（共著）　嵯峨野書院　2014年

　　　『保育士のための相談援助──子どもと保護者への支援』（共著）　大学図書出版　2012年

閑喜美史（かんき みふみ）

担当：レッスン5、レッスン8

梅花女子大学 教授

主著：『「気づき」からの支援スタートブック──幼児の困難サインを上手にキャッチする』（共著）　明治図書出版
2012年

　　　『保育発達学（第2版）』（共著）　ミネルヴァ書房　2009年

高畑芳美（たかはた よしみ）

担当：レッスン9、レッスン10、レッスン11、第3章章末事例

梅花女子大学 准教授

主著：『長所活用型指導で子どもが変わる Part4』（編著）　図書文化社　2015年

　　　『乳・幼児期の気づきから始まる安心支援ガイド──発達障害CHECK&DO』（共著）　明治図書出版
2010年

大久保めぐみ（おおくぼ めぐみ）

担当：レッスン14事例

あいのそのこども園 園長

主著：『子ども理解からはじめる感覚統合遊び――保育士と作業療法士のコラボレーション』（編著）クリエイツかもがわ　2019年

『書ける！伝わる！保育所児童保育要録――書き方＆文例集』（共著）チャイルド本社　2018年

丹葉寛之（たんば ひろゆき）

担当：レッスン14事例

元藍野大学 講師

主著：『医療スタッフのためのLD診療・支援入門――子どもの学びと向き合う』（共著）　診断と治療社　2016年

編集協力：株式会社桂樹社グループ

装画：後藤美月

本文イラスト：寺平京子、宮下やすこ

本文デザイン：中田聡美

MINERVA はじめて学ぶ保育 9
インクルーシブ保育論　第2版

2017 年 9 月 10 日　初　版第 1 刷発行	〈検印省略〉
2021 年 3 月 10 日　初　版第 2 刷発行	
2022 年 2 月 10 日　第 2 版第 1 刷発行	定価はカバーに表示しています

監 修 者　名須川　知美子
　　　　　　大　方　美　香
編 著 者　伊　丹　昌　一
発 行 者　杉　田　啓　三
印 刷 者　藤　森　英　夫

発行所　株式会社　ミネルヴァ書房
　　607-8494　京都市山科区日ノ岡堤谷町 1
　　電話代表　(075) 581 - 5191
　　振替口座　01020 - 0 - 8076

Ⓒ伊丹ほか, 2022　　　　　　　　　　亜細亜印刷

ISBN978-4-623-09294-9
Printed in Japan

名須川知子／大方美香 監修

MINERVAはじめて学ぶ保育

全12巻／B5判／美装カバー

ミネルヴァ書房
https://www.minervashobo.co.jp/